노란화살표
방향으로 걸었다

노란화살표
방향으로 걸었다

Camino de Santiago

산티아고 순례기

서영은

열림원

✞

산티아고는

길이며, 숲이고,

낙엽이며, 바람이다.

산티아고는

우리 안의 성전 바깥에 있는

마지막 화살표이다.

산티아고 순례길의 마지막 표지석

노을을 입은 물의 성당

초원에 홀로 있는 살아 있는 푸른 화살표

노란 화살표   방향으로
걸었다

첫 번째 글 / 끝까지 대면하라, 생의 미궁을

두번째 글 / 길을 잃고, 다시 길에 사로잡히다

세 번째 글 / 가는구나, 가는구나, 나와 함께한 인연들……

Camino de Santiago
산티아고 가는 길

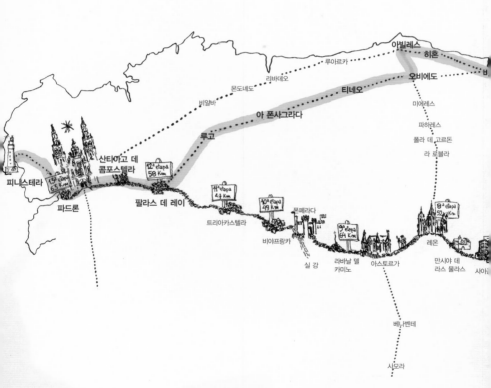

아빌레스
히혼
루아르카
리바데오
오비에도
비
몬도녜도
티네오
미에레스
비얄바
아 폰사그라다
파하레스
폴라 데 고르돈
루고
라 로블라
피니스테라
산티아고 데
콤포스텔라
12ª etapa
58 Km
14ª etapa
63 Km
파드론
팔라스 데 레이
11ª etapa
64 Km
트리아카스텔라
10ª etapa
49 Km
폰페라다
비야프랑카
8ª etapa
52 Km
9ª etapa
64 Km
레온
실 강
라바날 델
카미노
아스토르가
만시야 데
라스 물라스
사아
베나벤테
사모라

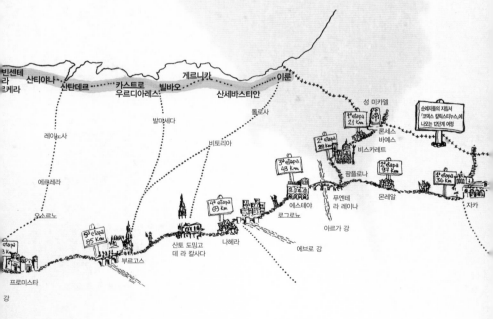

빈센테
라
케라

산티야나

산탄데르

카스트로
우르디아레스

빌바오

게르니카

산세바스티안

이룬

성 미카엘

순례자들의 지침서
'코텍스 칼릭스티누스'에
나오는 12단계 여정

레이노사

발마세다

톨로사

1ª etapa
21 Km

론세스

비토리아

2ª etapa
28 Km

바예스

비스카레트

에르레라

3ª etapa
48 Km

팜플로나

2ª etapa
37 Km

4ª etapa
36 Km

오르노

4ª etapa
65 Km

에스테야

푸엔테
라 레이나

몬레알

하카

5ª etapa
85 Km

로그뇨

아르가 강

etapa
3 Km

부르고스

산토 도밍고
데 라 칼사다

나헤라

에브로 강

프로미스타

강

다시 짐이 꾸려졌다. 그것조차도 내가 가려는 길 위에서는 짐이 된다. 도대체 이제부터 나는 어떤 길을 떠나려고 하는 것일까? 아니, 길은 이미 시작되었고, 그 길이 이미 나를 새롭고 다르게 빚어가고 있었다.

Camino de Santiago
첫 번째 글

끝까지 대면하라,
생의 미궁을

내 인생의 먼 지평에서부터 나의 나됨을 인도해온 화살표

올 것이 왔다

———

그날 오후에 한 신문사가 주관하는 장편소설 최종심사 회의가 있었다. 장소는 프레스센터 19층 석류홀이었다. 그 심사는 그해에 내가 참여한 여덟 번째 심사였고, 시기적으로 그해의 마지막 심사이기도 했다.

점심식사 후 심사소감을 다시 한 번 훑어보고 나서 시계를 보았다. 아직 두 시간이나 여유가 있었다. 이제 홀가분한 마음으로 내 글을 쓸 수 있겠다고 생각하며 독해를 마친 원고를 종이가방에 넣고, 쓰다가 덮어둔 장편 원고를 다시 펼쳐놓았다. 왠지 한숨이 나왔다. 보이지 않는 먹구름이 가슴에 드리워지는 것 같았다. 뭔가 깊이 생각해보아야 할 것이 있는 것 같았다. 하지만 지금 그것을 천착하고 있을 수는 없었다.

외출 준비를 해야 하는 것이 먼저였다. 알맞은 시간에 회의장에 도착하려면 지금부터 준비를 해도 시간이 넉넉지는 않았다. 옷걸이에 걸려 있는 옷들을 뒤적거리다 검은 정장 재킷과 회색 바지를 골랐다. 심의를 하는 자리이므로 남의 시선을 끄는 차림보다는 정중함이 느껴지는 단정한 차림이 좋을 듯싶었다. 가방은 자주색 서류가방, 신발도 자주색 부츠형 구두로 정해놓고, 욕실로 들어갔다.

욕실에서 나왔을 때는 생각보다 시간이 많이 지나 있었다. 20여 일간 잡혀 있던 일에서 해방된 기분에 너무 여유를 부린 것일까? 이제는 오히려 서둘러야 했다.

택시를 탔다. 택시기사가 백미러로 뒷자리를 넘겨다보며 말했다.

"분위기가 참 좋으시네요. 실례지만 교수십니까?"

"아뇨, 저는 소설 쓰는 사람이에요."

"네, 그렇군요. 어쩐지⋯⋯."

작가연하지 않아도 그 존재감에서 하고 있는 일을 남이 짐작하게 한다는 것은 흐뭇한 일이다. 내가 되고 싶었던 꼭 고만큼의 자화상이랄까? 시청 앞에 잔디광장이 조성된 뒤로는 남대문에서 유턴을 해야 서울신문 정문 앞에서 내릴 수 있었다. 신호대기 시간이 길어 유턴을 하는 데만도 십 분 이상 걸렸다.

회의실 안으로 들어섰다. 불빛이 유난히 환했고, 하얀 천이 덮여 있는 긴 테이블 양쪽으로 사람들이 앉아 있었다. 여느 심사 때보다 심사위원의 숫자가 배는 많았다. 안쪽으로 의자 하나가 비어 있었다. 비어 있는 의자 쪽으로 가기 위해, 앉아 있는 사람들 등 뒤로 걸어가는 동안 누가 심사위원으로 와 있는지 눈으로 살폈다. K씨도, Y씨도, S씨도, B씨도? 두 달 전, 넉 달 전, 여섯 달 전 다른 심사에서 만났던 사람들이었다. 대한민국의 중요한 문학상 심사를 거의 도맡아 해온 심사위원들의 면면을 확인하는 순간 왠지 얼굴이 화끈 달아올랐다. 내가 그들 가운데 한 사람이란 것이 부끄러웠다. 그들이 나에게, 내가 그동안 심사를 너무 많이 해온 것을 깨우쳐주었다. 폭식. 그것은 갑자기 엄습한 감정이 아니고 둔중하게 뒤통수를 치는 묵직한 인식이었다. 의자에 앉기 전 전체를 향해 가벼운 목례를 하며 나는 스스로 어색한 미소를 지었다.

곧바로 회의가 시작되었다.

예심부터 참여해온 젊은 작가들이 먼저 심사소견을 발표하기 시작했다. 그중의 한 젊은 평론가는 내가 맘속으로 '당선작'으로 꼽고 있는 작품을 '낡은 소재, 낡은 수법'이라고 일축해버리고, 내가 첫 번째로 제외시킨 작품에 대해서는 '요즘 트렌드를 반영한 톡톡 튀는 감성이 돋보인다'고 평했다. 다른 젊은 위원들의 소견도 대체로 그와 비슷했다.

본심 위원 중에서는 내가 먼저 발표하게 되었다.

"……그에 비해, 이 작품은 재개발로 와해되고 있는 변두리 동네가 무대지만, 70년대식 세태 고발이나, 서민 삶의 애환을 그리고 있지는 않습니다. 이 작품은 같은 소재를 다루고 있음에도 한국문학의 상투적 리얼리즘을 산뜻하게 벗어던지고 있습니다. 독특한 성격의 등장인물들이 자아내는 기이한 생기와 그들이 벌이는 서투르고 우스꽝스러운 사건들을 통해서, 변환되는 삶의 은밀한 아름다움과 신비로움을 포착하고 있는 작가의 색다른 상상력이 주목됩니다. 에밀 쿠스트리차의 『집시의 시간』보다 훨씬 매혹적인 분위기의 작품이라 생각합니다."

그리고 다음은 내 연배의 또 다른 심사위원 차례였다.

나는 그의 말을 주의깊게 들었다. 말의 내용은 내 생각과 별 차이가 없었으나, 그의 존재감에서 나는 내가 부끄럽게 느꼈던 것을 찾아냈다. 그는 단지 작품에 대한 소견만 말하고 있는 것이 아니었다. 여유 만만한 그의 태도에서는 그동안 그가 형성해온 보이지 않는 영향력이 묻어나왔다. 그 영향력은 이미 자기과시와 권력의 속성으로 변질되어 있었고, 그는 그것으로 해서 자기 삶에 기득권적 이로움을 많이 얻고 있었다.

그 순간 나는 작가로서 내가 있어야 할 자리를 너무 멀리 떠나와 있는 것을 느꼈다. 심사 때문에 밀쳐놓았던 원고를 다시 책상 위에 펼쳐놓으면서 저절로 한숨이 흘러나온 이유가 무엇이었는지 이제 분명해졌다. 생활비를 얻기 위한 방편으로써 심사에 참여하는 것이라면, 한 번이나 두 번으로 족했다. 그 이외의 것은 사양했어야 했다. 나는 왜 그렇게 하지 못했던 것일까? 내가 뿌리치지 못한, 내 안의 더 내밀한 속임수는 무엇이었을까?

암스테르담에 있는 반 고흐 미술관에서였다. 발길을 붙잡고 계속 들여다보게 하는 그림이 있었다. 푸른 바탕에 활짝 핀 아몬드꽃이 그려진 그림이었다. 색채도 구도도 조잡한 벽지 같았다. 동생 테오의 득남을 축하하기 위해 그렸다고 했다. 하지만 화가로선 그만큼 그리기 힘든 작품도 없었을 것이다. 캔버스 가득 화사하게 핀 아몬드꽃은, 화가의 우울한 존재적 통찰을 간신히 감추고, 아기를 위해 억지로 웃고 있는, 고통의 다른 얼굴이었다. 그 억지 화사함 뒤에는, 삶의 부조리를 끝까지 대면해온, 다 해진 〈구두〉캔버스에 유채, 37.5×45cm, 암스테르담 반 고흐 미술관, 1886 가 있었다.

나는 문학을 시작할 때 내 문학이 있을 자리는, 그 낡은 구두, 제 몸을 아무리 부딪쳐도 삶이 양지로 변하지 않는, 또는 끝내 양지 쪽으로 자리를 옮길 수 없는 비통한 증거로서, 다 해진 그 구두가 있는 자리라 여겼다. 그것은 계층의 문제가 아니라, 스스로 자기의 소임을 선택한 자

빈센트 반 고흐, 〈구두〉, 캔버스에 유채, 37.5×45cm, 암스테르담 반 고흐 미술관 (1886)

의 숙명 같은 것이다. 그러고 보면, 택시기사의 말에서 섣부른 자부심을 가질 게 아니라, 부끄러움을 느껴야 마땅했다. 나의 외모는 허상을 추구해온 결과였다.

심의는 마무리 단계에 이르렀다. 최종심에 오른 작품의 장단점을 두루 짚어가는 식의 평이 이어졌으나 말하는 사람의 심중이 어떤 작품에 꽂혀 있는지 듣는 사람은 짐작이 가능했다. 두 작품을 놓고, 젊은 위원들은 A, 나이 든 위원들은 B로 나뉘었고, 투표 결과 A작품이 당선작으로 선정되었다. 젊은 위원들의 숫자가 더 많았기 때문이다.

나는 가방을 열어 심사비가 들어 있는 봉투를 테이블 위에 꺼내놓았다.

"이 작품이 당선작이 된다면, 저는 심사위원직을 사퇴하겠습니다. 이 작품을 뽑기 위해 심사위원이 된다는 것은 제게는 아무런 의미가 없습니다."

순간 좌중에 썰렁한 침묵이 감돌았다. 그것은 작품에 대한 얘기가 아니었다. 내가 나 자신에게 하는 선언이었다.

인생의 중요한 결단이란 불시에 찾아들어 남모르게 치러지는 정신적 엑스터시와 같다. 그가 코앞에 있는 수건을 흔든다고 해서, 그 수건이 빨간색인가 하얀색인가 하는 것에 주목할 필요는 없다. 입술을 꾸욱 다물고 힘껏 시위를 당긴 방향, 화살이 날아가는 방향이 중요한 것이다.

하지만 나는 어떤 식으로든지 자신의 행동을 수습해야 했다. 벌떡 일어나서 자리를 뜨기는 쉬워도, 앉아서 그 썰렁한 침묵이 흐트러지기를 기다리기는 어려웠다. 그들이 누구인가. 삶을 언어로 요리하는 일급 요리사들이다. 침묵이야말로 그들이 자기를 가장 세련되게 표현하는 절제된 언어이다. 나 역시 내 행위에 대해 아무런 부연 설명을 달지 않았다.

잠시 후 주최 측 문화부장의 손에 의해 심사비는 내 가방 안으로 되돌아왔고, 나는 누군가의 팔에 이끌려 뒤풀이 장소까지 따라갔다. 시간이 흐르는 동안 내 행동은 일종의 해프닝으로 마감되고 있었다. 나는 술도 마시고 안주도 먹고, 누군가 하는 농담에 웃음도 섞었다. 전화를 받고 불리어 나온 당선작가가 인사를 했을 때도 아무 일 없었던 듯 축하인사말까지 건넸다.

마침내 2차 자리를 파할 때가 되었다. 3차 자리로 옮겨갈 즈음, 나는 문화부장에게 작별인사를 건네었다.

"먼저 가겠어요."

"지금까지 남아 있어주셔서 감사합니다."

그냥 인사치레가 아니었다. 그의 표정이 무안을 타는 것처럼 붉었다. 내 심중을 꿰뚫어보고 있는 걸까. 그가 내미는 손을 잡는 대신 나는 마음을 실어 그를 포옹했다. 그 포옹 속에는 그와 다른 길을 향해 첫 발자국을 떼어놓는, 다소 상기된 얼굴의 내가 입술을 깨물고 있었다.

길이 나를 불렀다

———

그날 이후 몇 달이 지나갔다.

나는 분명 내 맘속 결단이 가리키는 방향으로 상당히 걸어갔고, 여전히 걸어가고 있다고 생각하는데, 주변에 달라진 것은 아무것도 없었다. 사막을 걸을 때처럼 떠나온 지점에서 보면, 꽤 멀리 걸어왔고, 한 걸음 한 걸음에 땀방울이 스며 있다는 것을 자기 자신은 아는 일이지만, 사방의 풍경은 여전히 똑같은, 여전히 같은 지점에 머물고 있는 것 같은 상태였다.

사업에 실패한 조카로 인해 살던 집이 경매로 넘어가 졸지에 집을 잃고, 김포 어디에서 월세 집을 얻어 살고 있는 동생. 당뇨병인 아내를 먼저 보내고 혼자된 뒤 아들과 둘이 살고 있던 아파트에 불이 나서 가재도구를 몽땅 잃어버리고 새로 삶을 시작한, 칠순의 나이 든 오빠. 시부모의 유산을 받아 개업한 한국 음식점에 손님이 없어 4년 만에 시카고 중심가의 가게를 은행에 넘기고 귀국한 뒤 남편은 친구가 하는 음식점의 주방장이 되고, 자기는 영어학원 강사가 되어 고된 맞벌이 부부로 살고 있는 여자 조카. 내게서 빌린 자금으로 사업을 벌였다가 3년 만에 날려버리고 여전히 암중모색 중인 남자 조카는 마음의 여유까지 잃었는지 신년이 되어도 나에게 전화 한 통 하지 않았다.

그뿐만이 아니었다. 내 마음에서는 김동리와의 인연을 다 내려놓고 싶은데, 밖에서는 끊임없이 그의 사진이 필요하다, 육필원고가 필요하다, 작가의 방을 꾸미겠다 등등의 일로 전화가 걸려왔다.

마이너스 통장마저 점점 바닥을 보이고 있었지만, 나 자신의 상태는 그다지 나쁘지 않았다. 어찌 됐든 나는 고흐의 구두가 있는 자리로 되돌아왔다. 삶이 나에게 베푸는 호의란 현실에서는 그다지 많지 않았다. 그래도 자신이 불행하다는 느낌은 없었다. 그저 무연히 창밖을 내다보고 있노라면 '사는 게 왜 이렇게 재미가 없을까, 마음에 생기가 없어' 하고 남의 말 하듯 중얼거리곤 했다. 아침마다 책상 앞에 붙어 앉아 젖은 옷을 다시 걸치듯, 펜을 들고 원고지를 한 장 한 장 메워보지만, 한편으로는 이런 것을 써서 뭐하나 싶은 회의가 자신의 작업에 스스로 찬물을 끼얹는, 그런 날들이 이어졌다.

그러는 사이 해가 바뀌었고, 하루하루가 물 마른 계곡에 고인물이 천천히 흐르듯 지나갔다. 5월이 되었다. 내 생일을 앞둔 어느 날이었다. 예전에 소설을 가르쳤던 학생들이 찾아왔다. 한 사람은 수필가로, 또 한 사람은 시인으로, 두 사람은 소설가로 데뷔를 해서 활동하고 있었다. (나는 그들의 데뷔에 아무 역할도 하지 않았다.)

우리는 집 근처에 있는 '모네'란 카페로 갔다. 천장에서 길게 내려온 따스한 불빛의 등불이 오후의 잔양과 겹쳐져 실내를 밝히고 있었다.

우리는 테이블에 둘러앉아 음식을 주문했고, 주문한 음식이 나오기를 기다리는 동안 나는 그네들의 얼굴을 찬찬히 살피고 있었다. 내가 자기들에게 도움이 되는 역할을 아무것도 하지 않았음에도 그네들의 나에 대한 무언의 기대치는 여전했다. 설사 그네들 쪽에서 나에게 원하는 것이 아무것도 없다 하더라도, 최소한 지금의 사회적 지위만은 그대로 지키고 있기를 바라는 것은 분명했다. 나는 그것마저 던질 각오를 하고 있으므로, 그런 속내를 더 이상 감추고 싶지 않았다. '이제는 누구 앞에서도 얼굴을 가리고 있던 수건을 내려야 할 때이다…….' 나는 고개를 숙인 채 커피를 한 모금, 또 한 모금 마시며 속생각을 다지고 있었다.

그러자, 누군가 먼저 대화의 문을 열었다.

"선생님은 지난 연말 바쁘셨죠?"

"아니, 조용하게 혼자 지냈어."

"여기저기 심사하신 것 봤어요."

"아, 아 그거……."

"이번에 이상문학상 수상작품이 같은 작가의 2년 전 작품보다 못한 것 같아요."

"이번에 나는 그 문학상 심사하지 않았는데? 아니다, 했구나……."

"너무 많이 하시다 보니 헷갈리시는가 보다."

한 학생이 손으로 입을 가리고 쿡쿡 웃었다. 그녀의 웃음은 그 일로 부끄러움을 자각했던 내 마음과 동일한 것이 아니었다. 하지만 나는 자기를 설명하거나 변명하고픈 마음을 지그시 누르고 있었다. 그녀가 모종의 부러움을 그렇게 표현했다면(이전의 나는 그것을 은근히 즐겼다), 그 마음자리에서 내가 이미 떠났다는 것을 설명하는 것 자체가 우스운 일이었다. 왜 떠났는가, 그 말을 하고 싶은 것도, 듣고 싶은 것도 그 자리에서는 나 하나뿐인 것 같았다. 마음의 등으로 스쳐간 한기에 공연히 팔뚝을 문지르며 나는 그녀들을 무연한 표정으로 지켜보았다.

학생들은 서로 활발하게 이야기를 나누고 있었다. 나는 그네들이 눈치채지 못하는 사이 열외로 비켜나고 있었다. 귀를 음악에, 눈을 창밖 거리에 주고 있었다. 오디오에서 흘러나오는 사라 브라이트만의 노래가 그녀들 속의 내 빈자리를 잔잔하게 적시고 있었다.

"얼마 전 신문에 난 김영하 씨 기사 봤니?"

"응, 대학에 사표를 내고 집을 팔아 캐나다로 간다며? 글 쓰는 것도 완전히 접은 건가?"

"그렇게 무작정 다 버리는 게 아니라 환경을 바꿔보는 것 같아. 옮겨 앉을 자리도 다 마련해두고. 캐나다 무슨 대학 연구소라지? 그러다 글도 쓰고 그러겠지."

"그 양반 재주 좋으시네. 상이란 상은 다 받고."

"그 사람 아기도 안 낳겠다고 했다며?"

누군가의 말이, 또는 그 말이 암시하는 어떤 것이 내 관심을 끌었다. 나는 다시 대화의 자리로 돌아왔으나, 쉽사리 담소에 동참할 수는 없었다. 어쩌면 화제가 된 김영하의 행적에서 공감되는 접점이 있는 것 같기도 하고 아닌 것 같기도 했다. 그보다는……

"언제 돌아왔어요?"

H를 바라보는 내 표정이 진지해졌다. 강의를 접은 뒤 소식이 끊겼다

가 최근에서야 그녀가 펴낸 창작집 인터뷰 기사를 보고, 그동안 목사인 남편을 따라 우즈베키스탄에 가서 선교활동을 하고 3년 만에 돌아왔다는 것을 알게 되었다.

"작년 봄이요. 돌아와서 바로 연락드리지 못해 죄송해요. 제 책 받으셨죠? 막상 책을 묶어 내고 보니 부끄러워요."

사실 나는 그녀의 책을 읽어보지 않았다. 우편물이 오면 봉투만 찢어서 잠깐 훑어보고 그대로 쌓아두는 형편이었다. 지난 2년 사이 소설만 거의 2만 매 이상 읽고 났더니, 작품에 치여 소설이란 말만 들어도 고개가 돌아갈 지경이었다. 최근 들어 내가 열독하고 있는 책들은 거의 비문학인들이 쓴 책이었다.

"그런데 굳이 이슬람권에 가서 선교를 한 무슨 특별한 이유라도?"

"저는 그저 남편을 따라갔어요. 속으로는 남이 못 쓰는 소재를 얻고 싶은 욕심이 있었고요."

"언니, 신문에 난 사진 참 예쁘더라."

"그 전날 배탈이 나서 눈이 쑥 들어갔어."

"책 제목이 좋아요. 언니가 정한 거예요?"

"아니, 나는 그것 말고 다른 걸로 하고 싶었는데, 출판사에서……."

내 시선을 의식한 그녀가 나와의 대화를 다시 이으려고 눈을 깜박거렸다. (아까 무슨 말씀을 하셨는지?) 그러다 그녀의 얼굴에 수줍은 미소가 퍼졌다.

"선생님 제 작품 보셨으면…… 한말씀 해주세요."

나는 입가에 묻은 커피 자국을 닦았다.

"보내준 창작집은 아직 읽지 못했어요. 그중 두 편은 잡지에 발표된 우수작품 심사 때 올라와서 읽었어요. 그 이전 작품이 체험을 녹인 이야기였다면 최근에 발표한 작품은 이야기가 사라지고 조립한 정황만 있다는 느낌을 받았어요. 이런저런 심사를 하면서 내가 느낀 점은, 있을 법하지 않은 가공세계를 작품소재로 다루는 것은 그 나름대로 긍정적 의미가 없지 않지만 작가의 세계 인식, 인간에 대한 이해, 삶 전반에 대한 통찰력이 부족한 상태에서 그저 멋대로 상상의 조각을 꿰어 맞추는 식으로 쓰인 작품이 많았어요. 아니면 여성지 기사 투의 얄팍한 감성으로 관계의 표면, 인물의 표면만 스케치하는 식의 소설들. 어쨌든, 요즘 젊은 작가들은 삶의 정황이 품고 있는 내재적 진실을 드러내는 것에 소홀할 뿐만 아니라, 서툴러요. 소설에서 참이야기가 실종되고 있어요. 우선 인물이 살아 숨쉬게 해야 해요. 그 인물들의 살아 숨쉼이 인생이어야 해요. 조립해서 짜맞춘 이야기와 저절로 생성되는 이야기는 전혀 달라요. 있을 법한 정황 속에서 인물들이 성격대로 살도록 놔두고, 그 흐름을 자연스럽게 따라가노라면 이야기가 태어나고, 그렇게 태어난 이야기가 다른 이야기를 물고 오는 식의, 작품 속 시간의 변환만 잘 살려도 좋은 작품이 된다고 나는 생각해요. 어느 부분을 드러내고 어느 부분을 생략하는가 하는 차이에 따라 작가적 역량이 가늠된다고 봐요. 괴이한 성격의 인물들을 등장시켜 괴이하고 파격적인 행동을 하게 한다고 해서 소설이 새로워지는 것은 아니지요."

나는 입술을 깨물기도 하고, 커피 잔을 들어올려 마실 듯하다가 다시 내려놓는 등, 간간이 말을 쉬었다. 그사이 한쪽에서는 세 번 이혼한 여성작가의 이야기로 분분했다. 주위의 어수선한 소란에도 나를 향한 H의 눈빛이 진지했다. 들을 귀가 하나만 있어도 상관없었다. 이제야말로 내가 하고 싶은 말을 할 때이다, 라고 나는 생각했다.

"좋은 작품을 쓰는 작가가 반드시 완성된 인격은 아니에요. 세상에는 그 두 가지를 동시에 이룬 것으로 보이는 작가들이 있지만 그 두 가지는 양립이 되지 않는, 가치 선택에서 하나가 하나를 내려놓을 때만 얻어지는 것이에요. 재능을 극대화시켜, 신기神技의 정점에 도달하고픈 것은 모든 예술가의 꿈입니다. 그러나, 인격 완성을 생애의 목표로 삼는다면 재능은 걸림돌이 될 수 있어요. 예술은 나를 남기는 것에, 종교는 나를 버리는 것에 헌신하는 것이에요. 남기는 것에는 그것의 수단이 무엇이든 내가 있지만, 버리는 것에는 목숨을 버릴지라도 내가 남지 않아요. 예술가의 재능이 신을 위해 쓰임 받는 경우라 해도, 그것은 그의 예술이지 신에 귀의했다고 볼 수는 없어요. 나는 이제 신을 더 깊이 알기 위해 문학이 걸림돌이 된다면 문학을 내려놓으려고 해요. 내 안에서 문학은 자기표현의 욕구이고, 밖에서는 세상 사람들의 인정, 명예를 얻는 것이었다면, 그 두 가지 다 내게는 차선의 가치에 지나지 않아요. 이제 절대적 가치를 위해 삶을 던져야 할 때라는 생각이 들어요."

오가던 말들이 그치고 모두의 귀가 내게로 쏠려 있었다. 다들 고개를 숙인 채 잠잠히 있었다. 그때 운동모를 쓴 유일한 청일점인 L이 씩 웃음을 흘리며 말했다.

"선생님 혹시 암 진단 받으셨어요?"

한바탕 웃음이 지나간 뒤였다. 테이블 끝에서 내 말을 유심히 듣고 있던 Y가 불쑥 끼어들었다.

"선생님 아무래도 제가 산티아고 모시고 가야 되겠어요."

뜬금없는 제안이었다. 그녀는 느닷없이 '아, 알았다' 하고 소리치는 것 같았다.

"하기는, 2년 전부터 가려고 맘먹고 있기는 한데……."

말은 그렇게 했지만, 나는 그녀의 제의가, 내 맘속 결의와 무슨 상관이 있는지 얼핏 가늠이 되지 않았다.

"제가 그냥 하는 말이 아니에요. 꼭 모시고 가고 싶어요."

"언제요?"

"좋기는 4월, 5월인데 너무 촉박하다 싶으면 7월도 괜찮아요. 더울 때이긴 하지만 어차피 그 길은 고행을 무릅쓰고 가는 길이니까요."

학생들의 시선이 일제히 내게로 집중되었다.

"얼마나 걸려요?"

"걷는 데만 40일 잡으면 될 거예요. 그리고 한 10일은……."

산티아고에 세 번째 다녀온 Y는 최근에 책까지 펴냈다.

나는 잘 씹지 않은 입 안의 음식을 꿀꺽 삼키듯 대답했다.

"좋아요. 갑시다."

고독하라, 죽을 만큼

———

한 달이 지나도 Y로부터는 아무런 소식이 없었다. 나도 그녀에게 전화를 하지 않았다. 그녀에게 사정이 생겨 흐지부지되어도 아무 상관이 없었다.

내 생활은 이미 '카미노 데 산티아고'를 위한 모드로 서서히 전환하고 있었다. 나의 계획에 동행同行은 없었다. Y는 방향을 가리킨 것으로 이미 충분히 자기 역할을 다했다.

그 방향은 내게 참으로 절묘했다. 나는 인생에서 두 번의 큰 위기를 '걷기'로 극복해낸 경험이 있었다.

1983년 전후 내 생활은 엉망으로 헝클어져 있었다. 수중에 7천 원밖에 없으면서도 직장을 덜컥 그만두었고, 어머니를 편하게 해드린다고 이문동의 연탄보일러 집에서 서초동의 가스보일러 집으로 이사를 했는데, 가스비만 20만 원 넘게 나오는 바람에 직장을 다시 가져야 할지 고민이 컸다. 내가 데리고 있는 오빠의 딸을 미국의 아빠에게 보내기 위해 친엄마를 설득해야 하는 부담도 내 앞에 놓인 과제였다. 거기다 건강이 극도로 나빠져 풀잎 하나 쳐드는 것도 힘에 부쳤다.

어느 날 이른 아침, 운동화 끈을 조여 매고 집을 나섰다. 한 걸음 걷고 나서 쉬고, 하는 식으로 우면산까지 갔다. 그날 이후 매일 산행과 명상을 지속했다. 그러는 사이 건강이 서서히 회복되었고, 피폐한 몸에 다시 맑은 기운이 되돌아왔다. 정신도 '가장 세련된 수준으로 조율된 의식'(수전 손택) 상태가 되었다. 나는 글쓰기에 몰두했다. 『황금 깃털』, 『산행』, 『먼 그대』 등의 작품이 이 무렵에 쓰였다.

그해 10월, 잡지사에서 날아온 한 통의 전화로 내 생활은 다시 혼돈으로 빠져들었다. 작품 『먼 그대』가 이상문학상 수상작으로 선정되었다는 소식이었다.

내 나이는 서른여덟 살이었고, 작가 '서영은'이라는 이름을 알고 있는 일반인들은 많지 않았다. 수상 소식이 전해지자마자 나는 세상의 소란에 휘말렸다. 신문의 인터뷰, 잡지 인터뷰, 방송 출연, 시상식, 몰려드는 원고 청탁들, 독자들이 보내오는 편지들, 쉴 새 없이 울려대는 전화벨…… 당시로선 아무도 시도하지 않았던 잡지사의 마케팅 전략 때문이었다.

내 이름이 세상에 널리 알려지는 것과 비례해서, 내 마음의 여유는 폭우에 깎이는 산의 절개지처럼 세상 속으로 쓸리어나갔다. 얄팍하고 거짓된 칭찬, 집단 심리에 편승한 일시적 관심인 줄 알면서도 나는 높고 낮은 강단에 올라, 독자들의 값싼 호기심에 부응하려고 애썼다.

밤늦게까지 거리를 떠돌다가 집에 돌아와서 익명의 독자가 안겨준 시든 꽃다발을 병에 꽂고 마감을 넘긴 원고를 써보려고 책상 앞에 앉을 때면, 심장을 겨누는 총부리처럼 허탈감이 엄습했다. 쫓기는 자의 초조와 불안. 마감은 표면적 이유였다.

나는 몇 차례 망설이다 수화기를 집어들었다.

"주무세요?"

"응, 이제 자려고. 왜?"

"그냥."

나는 땅이 꺼질 듯 한숨을 쉬었다.

"말해봐, 왜 그러는지."

"다 아시잖아요."

"뭘?"

"남은 죽을 것 같은데, 태평이로군요."

"어어, 점점, 무슨 소리야?"

"정말 몰라서 그러세요?"

"정말 모르겠다니까."

"관두세요. 끊을게요."

전화를 끊고 나면 자기 환멸감이 가슴을 더욱 옥죄었다. 나는 벌떡 일어나 방 안을 서성거리다 시계를 쳐다보았다. 11시 20분. 겉옷을 걸쳐 입고 현관을 나서려는데 전화벨이 울렸다.

"저 지금 그리로 갈 거니까 끊으세요."

"늦었어. 마음 가라앉히고 글이나 써. 내일 마감이라며."

"이 판국에 글이 써져요!"

"내일 학교 끝나고 들를게, 어서 마음 가라앉히고 글 써. 그럼 끊는다. 잘 자."

"안 돼요. 끊지 말아요."

"나도 잠을 자야 내일 출근하지."

그녀의 졸음 섞인 목소리에 기분이 상한 나는 수화기를 난폭하게 내려놓았다. 다시 시계를 쳐다보았다. 그사이 시간이 이십 분이나 지나 통금이 가까워오고 있었다. 나는 두 손을 맞잡고 식식거리다 겉옷을 벗어 팽개치고 침대에 펑 하고 드러누웠다. 일순간에 마음의 불길이 사그라지며 오한이 엄습하듯 제정신이 들었다.

'도무지 말이 안 돼.' 그녀에 대한 내 감정은 행패에 가까웠다. 그럼에도 나는 그 행패를 멈출 수가 없었다. 이유라고 해봐야 터무니없는 것이었다. 그녀는 나의 중학교 때 국어 선생이었고, 나를 몹시 사랑해주었다. 나만을 사랑해주는 줄 알았던 그녀가 다른 아이도 나만큼 사랑해주는 것을 알게 되자, 나는 크레졸을 마시고 자살을 기도했다. 얼마 후 그녀는 서울로 전출이 되었고, 그후 소식이 끊긴 채 세월이 많이 흘렀다.

까마득한 기억을 헤치고 그녀가 난데없이 전화를 해온 것은 신문에 난 내 기사를 보고서였다. 몇십 년 만의 해후의 자리. 그녀는 머리칼이 희끗한 초로의 아주머니가 되어 있었다. 전류가 흐르듯 가슴이 쩌르르 했다. 연민이었다. 하지만 나는 도리어 그녀에게 난폭해졌다. 어린 시절 그녀가 나에게 입힌 상처로 인해 고통을 받았으니 당신도 고통을 받아보라는 식이었다. 그녀는 자기로 해서 내가 그토록 큰 상처를 입은 줄 몰랐으며, 가능하다면 지금이라도 자신이 그 상처를 치유해주고 싶다고 말했다.

나는 그녀의 상냥한 마음을 교묘히 휘두르기 시작했다. 한밤중에도 전화를 해서 마냥 수화기를 붙잡고 그녀의 감정을 희롱했고, 툭하면 오라 가라 해서 그녀의 속맘이 어디에 있는지 확인하려고 했다. 그녀가 힘들어하고 아파하면 더욱 난폭하게 몰아붙였다. 마침내, 되풀이되는 나의 횡포에 지친 그녀가 연락을 끊으려 하자, 나는 마구 사나워져 기어이 내 뜻에 그녀를 굴복시키고 스스로 자신이 한심스러워 울음을 터뜨렸다.

'도대체 내 안의 이 폭력성은 무엇에서 연유하는 것인가? 그녀가 내게 입힌 상처 때문이라고? 천만에, 너는 너 자신을 속이고 있어.'

나는 더 이상 자신을 속일 수가 없었다. 그녀를 놓아주어야 했다. 한밤중에 전화기를 부여잡고 있던 손을, 자신의 머리카락 속에 쑤셔박고 밤을 지새운 다음 날, 나는 창백한 얼굴로 현관으로 나와 신발장에서 운동화를 찾아내 먼지를 털었다. 나는 걷고 또 걸었다. 그렇게 해서 내 안의 미친 불길로부터 탈출하기 시작했다.

지인들은 말했다. '니 얼굴이 드라큘라 같았다'고.

1990년에는 건강하던 남편이 갑자기 뇌졸중으로 쓰러졌고, 그 여파로 내 앞에 벌어진 일들로 인해 엄청난 상처를 입었다. 고개만 돌려도 죽음이 곁에 있었다. 약이 있으면 약을 삼키고 싶었고, 칼이 있으면 칼로 손목을 베고 싶었고, 벼랑이 앞에 있으면 뛰어내려 죽고 싶었다. 생을 유지하는 것보다 버리는 것이 훨씬 쉬워 보였다.

육체와 정신 모두 너덜너덜한 천 조각처럼 구멍이 숭숭 뚫려 있어,

마음이 이리 휘청하면 몸은 저리 휘청했다. 거기다 웬 설움이 그렇게 꼬깃꼬깃 접혀 있던지, 아무 때고 아무 앞에서고 펑펑 울어댔다. 그러다 잠깐 마음이 바로 서면 무엇인지 내가 아닌 어떤 것이 내 안에서 나를 휘두르고 있구나, 싶었다. 나를 계속 죽음 앞으로 끌고 가는 것도, 설움 타는 것도, 슬퍼서 펑펑 우는 것도, 내가 아닌, 나를 점령하고 있는 다른 존재임이 분명했다. 그러던 어느 날 집 안에서 크게 다치는 사고가 일어났다. 하마터면 급소가 찍혀 목숨을 잃을 뻔했다. 그때 어떤 목소리가 '너 이대로 가면 죽는다' 고 경고해주었다. 나는 정신을 다잡고 나를 휘두르는 어두운 기운과 맞서겠다고 결심했다.

방법은 또다시 '걷기' 였다. 걷기에서 돌파구를 찾아낼 생각이었다.

거부하는 자신의 멱살을 잡아, 비 오듯 땀을 쏟는 몸을 이끌고, 나는 우면산을 향해 한 걸음 한 걸음 걸었다. 아무 생각도 하지 않고 오로지 걷기만 했다. 내 안에서 나를 휘젓던 그것이 슬며시 나를 내려놓자 설움도 슬픔도 진정되었다. 나는 하마터면 귀신에 씔 뻔했던 것이다.

그때로부터 20년의 세월이 흘렀다.

나는 심리적으로 안정되어 있었고, 넉넉하지는 않지만 혼자 생활하는 데는 부족함이 없었다. 사회로부터도 분에 넘치는 대우를 받고 있어 오히려 미안할 지경이었다. 적당히 처신만 잘하면 남은 여생도 큰 과오 없이 잘 지내다 눈을 감게 될 것이다. 그럼에도 내가 그런 나의 상황을 위기로 느낀 것은 '배부른 위선'처럼 보일지 모른다.

그러나 남의 눈이 아니라 나의 눈으로 나를 보면, 그 정도 선에서 이

한 번뿐인 귀한 인생을 마감할 수 없는, 어떤 결정적인 차원이 분명히 있음에도, 그 주변에서 맴돌며 시늉만 하고 있다는 부끄러움과 안타까움이 있었다. 신의 마음과 자기 마음 사이에 종이 한 장의 틈도 없이 일체를 이루고 지고의 행복이 무엇인지 알고 있는 사람들이 이 세상에 있는 이상, 내가 성취했다고 여기는 그 어떤 것도 보잘것없는 자기만족적 의미에 지나지 않았다. 그런 뼈아픈 진실을 감춘 채 '그만하면 괜찮은 거지' 하고 언제까지 남을 속이듯 자기도 속이며 살 수 있겠는가.

영혼이, 보이지 않는 장검에 깊숙이 찔리어 피 흘리고 있는데.

나는, 내가 나를 속이고 있는 안온한 자리를 파헤쳤고, 그것과 왜 타협을 해왔는지 직시하려 했고, 힘들고 외롭더라도 다시는 그 자리로 되돌아가지 않겠다고 다짐했다.

'산티아고'는 단호한 부름처럼 천천히 나를 준비시켰다.

나는 그곳에 다녀온 사람들이 펴낸 책을 읽어보거나, 인터넷에 들어가 그곳에 대한 정보를 얻거나, 사람들을 만나 경험담을 들어보거나 할 생각은 조금도 없었다. 여행이라면, 준비 없이 떠나서 어떤 돌발사건을 만난다 해도 그것대로 겪어보는 것이 나의 무지막지한 방식이었다. 하물며 '카미노 데 산티아고'는 여행이 아니었다.

나의 준비는 단 한 가지, 자신에게 '고독하라, 죽을 만큼 고독하라'고 일러주는 것이었다.

고독은 침묵을 요람 삼아 홀로 자존自存하는 상태이다. 흙 속에 파묻혀 살지고 있는 고구마처럼 '되어가며' 사는 것이다. 크나큰 섭리의 품에 안겨 스스로 넘치도록 강하고 편안한 것이다.

그즈음 지인들은 나와 전화 통화가 되면 대뜸 이렇게 물었다.

"선생님 어디 다녀오셨어요?"

"아니요. 집에 있었는데요."

"그런데 왜 전화를 받지 않으셨어요? 휴대폰도 안 받고 집 전화도 안 받으시던데요?"

"산책 나갔었나 봐요. 아니면 뜰에서 개들하고 놀고 있었나?"

"휴대폰 좀 가지고 다니세요."

"그럴게요."

"제가 무슨 일로 전화했는지 궁금하지도 않으세요?"

"궁금해요."

"이건 엎드려 절 받기네."

출판사에 근무하는 또 다른 지인과의 통화.

"선생님, 제가 보낸 이메일 보셨죠?"

"아니, 아직. 이따가 들어가서 볼게요."

"그럼 보시고 나서 전화 주세요."

나는 나의 부재를 여기저기서 확인할 수 있었다. 시간이 좀더 지나면, 아니 벌써 나의 부재는 다른 사람들에 의해 메워지고 있었다. 나는 개의치 않았다. 전화와 이메일에 연결되어 있는 의식의 끈을 끊는 것도 마음대로, 다시 잇는 것도 내 마음대로였다.

그 끈이 세상과 연결되면 사회적 명사라는 사람들과의 어울림이 이루어졌고, 각종 행사에 불리어 나가 가슴에 꽃을 달고 단상에 올라 몇 마디 축사를 했고, 각종 원고 청탁을 받았고, 심사 의뢰를 받곤 했다. 겉으로 번드레하게 보이는 나의 삶은 기실 이런 것들에 의존해 있었고, 더 나아가 이런 것들에 쓰임 받고, 조종당하고 있었다. 그 쓰임은 깊은 교감이나 연대가 목적이 아닌 사교, 도회적 웃음으로 위장된 거래 같은 것임에도 나는 혹시 잠시 자리를 비운 사이에 그들의 용무가 나를 비켜갈까 봐, 개들에게 밥을 주기 위해 뜰에 나갈 때도 전화기를 휴대했었다…….

이제 아무 일도, 그 어느 누구도, 고독해지려는 나를 막을 수 없으리라.

그래서 그만, 나는 Y로부터 온 이메일을 며칠 지나서 열어보게 되었다. 그녀의 메일에는 이런 내용이 있었다.

'그날 그 카페에서 선생님이 얘기하시는 걸 옆에서 들으면서 뭔가 꽉 찔려오는 게 있었어요. 카미노! 그때부터 내 속에 갈등이 일었고요. 갈등은 쉽게 한쪽으로 쏠렸습니다. 모시고 가자! 지금 선생님께 필요한 건 걷는 시간 갖기다! 이 무슨 주제넘은 넘겨짚기인지, 그게 왜 또 그리 굳어지는지. 암튼 선생님, 이번엔 꼭 떠나셔야 합니다.'

그 소란한 중에도 그녀가 내 심중의 가장 깊은 곳에서 일어나고 있는 반란을 어떻게 감지했으며, 손을 쭉 뻗어 가리킨 방향이 어쩌면 그렇게 내가 무의식중에 찾고 있던 바와 일치할 수 있었단 말인가. 나는 다시 한 번 감탄했다. 내가 감탄한 것은 사람에게가 아니라 이 모든 일이 돼

가는 정황이 예사롭지 않았기 때문이다.

　그러면서 한편으론 그다지 달갑지 않은 속내가 불쑥 혼잣말이 되어 튀어나왔다.

　'모시고 가긴, 내 발로 내가 가는 거지…….'

　어찌 됐든 내 앞엔 이미 안내를 자임하는 사람이 손을 흔들며 서 있었다.

습관의 삭발

그 뒤 그녀에게서는 며칠 간격으로 '우선 해야 할 것들', '두서없이', '또 하나요', '생각나는 대로', '그간 진척사항', '깜빡 잊은 말' 등등의 제목을 달고 이메일이 날아왔다. 나는 그때마다 메일을 인쇄하고 출력해서 메모판에다 압핀으로 꽂아놓았다.

그녀의 메일은, 내가 무엇으로부터 떠나고 있으며, 어느 방향으로 옮겨가고 있는지를 나타내고 있었다. 뿐만 아니라, 옮겨가고 있는 방향에서 무엇을 만나게 될 것인지도 암시하고 있었다.

— 제가 너무 무리한 제의를 했나요? 그래서 지금 몸과 맘이 다 무거우신가요? 그렇게 강하게 나간 것은 기실 제 자신을 다지기 위함이기도 했지요. 제가 몰아친다고 선생님이 휘둘리실 분이 아니란 걸 알면서도. 그래요. 저 가끔 웃기지요. 그러나 이번은 달라요. 선생님을 꼭 거기로 모시고 갈 사명감까지 느꼈어요. 그러니까 오늘까지 6일 동안 내내 같은 맘입니다. 암튼 저질러보는 겁니다. 만약, 만약 이번에 안 가시면 후회하실 겁니다. (협박! 공갈!) 우선 내년 이후에는 저부터 자신이 없으니까요. 어디 원고 펑크 내시더라도 기왕 내킨 거 해치우기로 맘 굳게 다지십시오.

비용은 300만 원쯤이면 넉넉하진 않지만 50일쯤 버티지 않을까. 변수는 비시카드로 때우고. 하긴 물가 상승률도 무시는 못하지만. 만부득이하면 공항에서 잠자면 적어도 40, 50유로는 버니까. 놀라십니까? 거기선 그거 별로 이상하거나 부끄러운 일 아녜요.

'원고를 펑크 내면 어때?', '비용이 초과되면 어때?', '놀라기는?', 나는 피식 미소를 지었다. '누구의 안내도 도움도 필요 없다. 무슨 일이 닥쳐도 상관없다' 하는 속마음은 그녀를 위해 감추고 있는 게 나을 듯했다. 그것은 결심을 넘어서, 길이라는 미지의 영토에 나 자신을 던지는 헌신의 서약이었다.

— 9월 27일(토) 10시 50분 인천 출발 — 14시 15분(베트남 도착) — 9월 27일(토) 23시 05분(베트남 출발) — 9월 28일(일) 06시 45분(파리 도착). 기차역으로 이동하는 시간을 대충 다섯 시간쯤 잡고(먼젓번에 졸다가 비행기 놓치고 해서 넉넉히 잡았음) 기차역에서 목적지 IRUN까지 또 다섯 시간쯤 잡았습니다. 3시 50분에 파리 출발, 이룬행 기차가 있어서 그걸 예약하려고 합니다. 이 기찻삯이 유독 비싼데, 우리 계획과 비교적 맞아떨어지거든요. 암튼 그날 밤을 이룬 알베르게에서 자고, 순례카드를 받아야 하니까요. 3시 50분 기차를 타면 약간 늦은 시간에 거기 닿지만 애써야지요. (파리는 기찻삯이 주말인가 아닌가에 따라, 급행 완행인가에 따라, 그리고 출발시간에 따라 다르다고요.) 그래서 4일치 유레일패스

2인용(70유로 정도)을 끊으면 이후 국철, 기차 등등을 타기에 편리하지 않을까 합니다.

귀국일자는 11월 11일쯤이면 어떨지요. 일정에 맞춰서 제가 인상 깊었던 도시 몇 군데 들르고, 마드리드에도 들러 벼룩시장(일요일에만 열림. 꼭 보여드리고 싶어요. 옛것들.) 보고, 그날 밤기차 타면 새벽에 파리에 도착하니까, 귀국 비행기 시간과 웬만하면 연결될 듯해서요.

너무 걱정하지 마시고요. 짐 꾸리는 것은 제가 최대한 고집 피울 건데요…….

'웬 벼룩시장? 옛것들? 꼭 보여주고 싶다고?' 그녀와 나의 마음자리에는 상당한 간극이 있었다. 그녀의 옛것들에 대한 취향, 나는 이미 오래전에 지나왔다. 93년 그 벼룩시장에서 사온, 나무로 빚은 '피에로'는 집 안 어딘가에 걸려 있으나, 일 년에 한 번 눈을 맞출까 말까 했다.

— 앞으로 당분간 생각나는 대로 하나씩 주문할 것입니다.

순모장갑 있으면 가지고 가세요. 수면양말도 챙기세요. 먹을거리로 흔히 미숫가루를 준비하는데, 난 평소에도 그게 별로이지만 그것도 무게가 제법 나가니 참고하시길.

먹을거리는 그때그때 현지 조달이 무난할 듯. 그러니까 그 길에서는 도무지 자기 고집이 무색해집니다.

'난 김치 없으면 밥 못 먹어. 빵은 안 돼. 매일 목욕. 합숙. 새벽잠. 미

운 사람. 고운 사람. 등등' 챙기게 안 합니다. 그 길은. 자기가 구겨져야
합니다. 배가 고프면 빵이든 빵죽이든 먹게 되지요. 그거 재미있습니
다. 한동안 고춧가루, 김, 마른 멸치가 효도하지요. (멸치는 얼마나 아껴
먹었던지 항상 끝까지 남겨졌지요. 멸치 넣고 수제비 끓여서 나눠 먹었다고 하
니 제 아들이 '어머니 그 아까운 걸' 할 정도로 딱 입가심용으로만 썼으니까요.
멸치 꽁다리 한 개를 찾으려고 호주머니를 홀랑 뒤집으면서 남편에게 미친 거
같다는 소릴 들었으니까요.)

남의 나라에서 나는 음식을 놓고 특별히 고집 부리는 것이 없다. 고
추장이나 김치 건건이 같은 것은 있어도 그만 없어도 그만이다. 혼자 지
내는 동안 게으름이 늘어 입맛을 챙기지 않았기 때문에, 나의 입은 오래
무시당하고 살아온 남편이 무성의한 아내의 밥상에 그러려니 하고 길
들여진 것과 같다. 그녀의 당부에 나는 해당되는 것이 없었다.
　'자기 입맛이 오히려 까다로운 게 아니야?' 나는 고개를 갸우뚱한 채
생각에 잠겼다. 길 떠나 토종음식에 집착하는 친구와 동행했던 기억은
그다지 좋지 않았다.

　　— 산책길에 메모한 거 또 하나 나왔어요. 선생님 머리요. 그 긴 머
리론 불편해요. 거기 걷는 이들 긴 머리 없어요. 아예 민 여자도 하나
봤어요. 단발은 있었고, 대개는 아주 짧은 컷인데. 만약 선생님이 보글
보글한 파마를 하신다면 너무 섹시해 걱정이고, 우선 자르는 데 용기가

필요할 테고. 파마를 짧게 해도 중간에 한 번 잘라줘야 해요. 짧은 컷은 귀국할 즈음에 적당히 길어서 늅데요.

내 머리카락은 이미 충분히 짧은 상태였다. 일주일 전, 단골 미장원으로 갔다. 마침 손님이 없는 한가로운 시간이었다. 남자 미용사는 스포츠신문을, 여자 미용사는 창가에 앉아 여성지를 보고 있었다. 여자 미용사가 잡지를 덮고 일어나서 반갑게 인사했다.

"그러잖아도 오실 때 됐는데, 했어요."

그녀는 내 가방을 받아 수납장에 넣고 열쇠를 건네주었다. 하얀 꽃무늬 감색 가운을 입고 나는 거울 앞에 앉았다. 거울에 비친 내 모습을 짧은 순간 깊게 들여다보고, 나는 생각했다. '저것은 시간의 껍데기다.'

지난 세월, 숱하게 미용실을 찾게 했던 모임들과 그 모임에서 있었던 일들과 만났던 사람들, 그 부질없고 달뜬 분위기들이 떠올랐다. 이제 저 얼굴은, 더 이상 나의 내면을 담는 그릇이 될 수 없다……

"염색하기 전에 커트부터."

"머리를 자르시려고요?"

"네, 거의 삭발 수준으로 짧게."

미용사는 왜냐고 묻지 않았다. 올려서 핀을 꽂아온 머리와 '삭발 수준의 짧은 머리' 사이에 생긴 하늘과 땅만큼의 획기적인 변화를, 그녀는 그저 '파격적 패션의 일종'으로 여기는 듯했다.

잠시 후, 그녀의 숙달된 가위질에 의해 사각사각 잘린 머리카락이 하얀 커트보 위로 떨어지기 시작했다. 시선이 거울 쪽이 아니라, 아래로 향했다. 잘린 머리카락의 길이가 내 마음과 선명하게 일치했다. 나는 '그만하면 됐다'고 판단했다. 손님의 심중을 알지 못함에도, 한마디 말에 자신의 손끝 기술을 일치시키는 미용사의 숙련된 기능. 프로다웠다.

그사이 모녀로 보이는 손님 둘이 미용실로 들어섰다. 모녀는 거드름을 피우며 남자 미용사의 안내를 받고 창가 쪽 자리로 가서 앉았다. 어머니는 커다란 보석 반지가 번쩍거리는 손으로 머리칼을 툭툭 치며 파마를 주문했고, 딸은 휴대폰에 문자를 찍으며 커트를 주문했다. 미용사가 준비를 하고 있는 사이, 모녀는 밖에서부터 해오던 얘기를 계속했다. 딸이 새로 바꾸려는 자동차에 대한 얘기였다.

"글쎄, 볼보는 좀 투박해 보이지 않니? 젊은 사람은 비엠떠블유가 낫지 않을까?"

"연지 아빠는 폭스바겐을 추천하고 싶다는데……."

실내가 조용했기 때문에 뜻하지 않게 두 사람의 대화에 귀를 기울이고 있는 동안, 나는 문득 누군가에게 말이 하고 싶어졌다.

커트를 끝낸 미용사가 내 머리에 염색약을 바르기 시작했다. 거울에 비친 어린 미용사를 거울 밖의 내가 쑥스럽게 쳐다보았다.

"내가 열흘 뒤에 산티아고로 가요."

"아, 네에……."

"스페인 서쪽에 있는 도시인데요, 옛날에 야곱이 전도여행을 했던 길이에요."

"……?"

나는 뒤늦게 후회했다. '도무지 무슨 소린지 감을 못 잡는군.' 그래
도…….

"팔백 년 된 길인데, 걸어서 가는 거예요."

"거기는 차가 없나요?"

장님에게 머리를 맡긴 격이었으나, 어찌 됐든 그녀의 숙달된 손놀림
에 의해, 맘속 결의와 일치하는 내 모습이 드디어 거울 속에 쓰윽 등장
했다.

작별인사

 Y는 '카미노' 얘기를 아무에게도 하지 말라고 했으나, 말하지 않을 수 없는 사정이 종종 생겼다. 심사를 맡았던 데서 시상식에 나오라고 한다든지, 미리 해둔 약속을 취소해야 한다든지, 내가 떠난다는 것을 알지 못하는 사람들이 만남을 청할 때였다.

 K교수의 전화도 그중의 하나였다. K교수는 사회적 지위로나, 사는 형편으로나 우리나라 최상위층 1퍼센트에 해당되는 사람이었다.

 "제가 다음 주에 학생들을 데리고 영인문학관에 가려고 하는데, 그때 나오셔서 자료 설명도 좀 해주시고, 저녁식사를 같이 하면 어떨까 하는데 시간이 되시겠어요?"

 영인문학관에서는 김동리·최정희 특별전시회를 하고 있는 중이었다. 대부분의 전시자료가 내 손에서 나갔고, 그 디스플레이도 내 손에서 이루어졌다.

 "좋은 생각이신데, 제가 사실은 그때 여기에 있지 않아서……."

 "어디 가시나요?"

 그가 가리킨 그 '어디'는 장소였으나, 내게는 세상 잡사에서 비켜나 거뜬히 홀로 유유자적하는 내적 상태였다. 그러한 자기를 커튼 뒤에 감춘 채 나는 예의를 갖춰 대화를 이어나갔다. 예의를 내려놓으면 금방 대화가 끊어질 상황이었다.

"네, 산티아고요."

"산티아고가 칠레에 있는 건가요?"

"아뇨. 스페인."

"도망가시는군요."

"……어어 네……?"

"아쉽군요. 여행하면서 좋은 것 보시면 엽서 한 장 보내주십시오."

전화를 끊고 나서 나는 잠시 가만히 서 있었다. 평소 친근하다고 알고 있었던 그가 무척 낯설었다. 엽서를 보면 내가 그냥 여행을 떠난 것이 아님을 알게 되겠지. 잊기 전에 그의 주소를 찾아 수첩에 적어 넣었다.

산티아고로 떠나는 날짜가 가까워지자 지인들이 이것저것 필요하다고 짐작되는 물건들을 선물했다.

잠잘 때 신는 보온양말, 허리보호대, 말린 야채 칩, 미숫가루, 목에 매는 면 스카프, 워킹 양말, 버너와 코펠, 침낭과 배낭, 모자 그리고 현금 등등.

택배로 배달된 배낭과 침낭은 히말라야를 18번 등정한 작가가 보낸 것이었다. 포장을 풀자마자 무게가 어느 정도인지 가늠해보았다. 생각한 것보다 훨씬 무거웠다. 아마도 그의 기준에서는 최경량의 물건을 고르고 골랐을 법한데, 내게는 만만치 않은 무게였다. 게다가 다른 짐을 더할 경우, 그 무게는 훨씬 늘어날 터인데…… 배낭을 짊어지고 방 안을 걸어보았다.

'이 정도쯤이야……'

짐짓 행진을 하듯 씩씩하게 걷다 말고 갑자기 우뚝 섰다. '배낭과 침낭만으로도 무게가 이 정도면 짐을 채웠을 때는 장난이 아니겠네. 이 짐을 지고, 매일 이삼십 킬로씩 걸을 수 있을까?' 걱정스러웠다.

이때까지만 해도 나는 짐의 무게가 걷기에 얼마나 큰 영향을 끼치는지 알지 못했다. 그저 선물을 준 사람들의 성의가 고마워서 이것도 저것도 다 가져갈 요량을 하고 있었다. 하지만 막상 짐을 꾸리려고 보니, 꼭 필요한 것과 가벼운 것 위주로 선별하지 않을 수 없었다.

버너와 코펠은 가장 작은 사이즈임에도 가볍지는 않았고, 거기다 기내 반입이 금지된 품목이었다. 그래도 어느 산중에 홀로 떨어질 경우를 대비해 가져갈 방도를 고심해보기로 했다.

그런데 배낭과 침낭이 문제였다. 방 한쪽에 세워둔 배낭에 눈길이 갈 때마다 메어보고, 메어볼 때마다 자신이 없어지곤 했다. 그렇게 가늠해보기를 여러 차례 하고 있을 때였다.

한 지인에게서 전화가 왔다.

"접니다. 지금 뭐 하고 있습니까?"

"배낭 메고 방 안을 걸어보고 있어요."

"아, 참, 어디 가신다고 했지. 깜박했네. 가기 전에 식사라도 하실까요?"

"갔다 온 다음에 하지요. 그러나저러나, 어느 분이 배낭과 침낭을 보내주셨는데, 무게가 만만치 않아 계속 고심하고 있어요."

"그러면, 구매한 곳으로 가서 더 가벼운 걸로 바꾸셔야지요."

그렇게 하려면, 보내준 사람에게 어느 매장에서 샀는지 물어봐야 하고, S의 성격에는 그것을 다시 보내주면 자기가 교환해주겠다고 할 터인즉……

지금까지 망설이고 있던 문제가 그와 통화하는 중에 명쾌하게 풀렸다.

"최부장님 등산하시죠? 이 배낭과 침낭 최부장님 드릴게요. 이따가 내가 나갈 일이 있는데, 갖다줄게요."

"그래도 주신 분 성의가 있는데."

"바로 그거라니까요."

나는 과감히 배낭을 선물로 준 S의 '호의'를 접었다.

"최부장님이 저 대신 잘 써주시면, 주신 분도 좋아할 거예요."

"그러시다면, 지금은 바쁘실 테니까, 다녀와서 주세요."

"아뇨, 이따가 사무실 근처에 가서 전화할게요."

통화를 하면서 미처 깨닫지 못한 의식이 수면 위로 불쑥 떠올랐다. 그가 '다녀온 뒤에 만나자'고 했을 때, 나는 속으로 대뜸 '못 돌아올 수도 있는데' 하는 말을 삼켰다.

길을 떠날 때마다 늘 그랬었다. 내게는 길 떠남이 단순한 여행이 아니었다. 애벌레가 자기 집이었던 고치를 벗어던지듯 그렇게 이전 삶의 자리를 떠나, 다른 삶의 자리에서 다른 삶을 살고 싶은 욕구를 실현하고자 하는 적극적 꿈이었다. 가령 스페인의 마요르카 섬 같은 데서 만난 독실한 기독교 신자인 남자와 새 삶을 시작해도 좋겠다는 생각, 그의 가게에서 양파를 까면서, 손님들에게 서빙을 하면서. 요컨대 나의 모든 여행은, 되돌아오지 않기 위해 비장하게 떠난다고 해야 할까.

이번에는 특히 그랬다. 만약 내가 되돌아오지 않는다면, 멀쩡한 새 물건을 집에 두고 썩히는 것이다. 누군가 더 긴요하게 쓸 수 있는 사람이 있을 때 즉각 줘버리는 것이 좋다.

약속시간에 조금 앞서 나는 외출채비를 했다. 배낭과 침낭을 그냥 손에 들고 가려니 무거워서 등에 짊어져야 했다. 그러다 보니 옷차림도 거기에 걸맞게 입게 되었고, 신발도 워킹 전용 신발을 신어야 했다. 집을 나설 때는, 마치 이미 산티아고 장도에 오른 것 같은 느낌이었다.

1711번 버스를 타고 세종문화회관 앞에서 내렸다. 최부장의 사무실까지는 한참 걸어야 했다. 몇 발짝 걸었을 때 기묘한 착시가 생겼다. 이쪽에서 저쪽 방향으로 걷는 사람은 나 혼자뿐이었고, 모든 사람들이 저쪽에서 이쪽 방향으로 걸어오고 있었다. 나는 그 사람들과 눈을 마주쳐보려고 애썼으나, 단 한 사람의 눈길도 잡을 수가 없었다. 얼마 전 꿈이 생각났다. 바다였다. 내가 혼자서 잠수함만 한 큰 고래 등에 업혀 물살을 가르며 파도를 거슬러 질주하고 있었다.

광화문 지하도 근처에는 전경들이 대오를 이루고 길바닥에 앉아 있었다. 등을 보이고 있는 그들의 검은 대오가 꼭 꿈속의 고래 등 같았다. 내 안에서 다져지고 있는 그 무엇이 세상의 대세大勢와 맞서는 것임을 암시하는 것 같았다.

사람들은 물밀듯이 내 곁을 지나갔다. 그 흐름의 보이지 않는 기운이 내 존재의 살을 파면서 지나갔다. 파인 자리에 통증이 느껴졌다. 나는 우뚝 한자리에 섰다. 땡볕 살이 머리를 뜨겁게 달구는 정오의 밝은 빛 속에, 내 안에서 힘차게 뻗어나간 강한 빛이 저 먼 하늘 한가운데서 하나의 영롱한 별처럼 빛나고 있었다. 나는 숨을 크게 들이쉬었다. 착시가 사라졌다. 다시 걷기 시작했다.

최부장이 근무하고 있는 빌딩의 유리 회전문이 나를 서늘한 에어컨 바람 속으로 끌어당겼다. 프런트데스크에서 인터폰으로 전화를 했다. 오피스맨들이 끊임없이 엘리베이터로 빨려들어가고, 문이 열릴 때마다 안에서 무더기로 쏟아져나왔다. 얼마 전까지만 해도 그들처럼 지붕 아래 삶을 살던 내가 이제는 길 위로 나서서, 등에 짐을 진 채 그들을 멀찍이 바라보고 있었다.

잠시 후 엘리베이터에서 나온 최부장이 내 앞으로 다가왔다. 나는 말 없이 배낭을 벗어 그에게 건네었다. 그에게 건네지는 순간 그 배낭은 짐이 아니라 레저용 가방일 뿐이었다.

그가 활짝 웃으며 말했다.

"그럼 잘 다녀오세요."

나는 손을 흔들며 돌아섰다. 몇 걸음 가다가 뒤를 돌아다보았다. 망연히 지켜 섰던 그가 화들짝 놀란 듯 손을 흔들었다. 나도 다시 손을 흔들었다.

마음의 미로를 닫았다

———

떠나기 이틀 전이었다. 그녀로부터 전화가 왔다.

"전데요."

10년의 세월이 지나갔다. 8년 동안 완전히 소식을 끊고 지냈다. 독한 마음으로 입술을 깨물고 살았다. 지난 2년 전부터는 다시 만나고 있으나, 내 쪽에서는 여전히 전화를 하는 것이 두려워서 받기만 하고 있었다.

"아, 네, 잘 지냈어요?"

흐트러진 호흡을 감추기 위해 내 목소리는 한 옥타브 높아졌다. 그녀에 대한 것은 아무것도 잊히지 않았다……

"금주 중에 점심 같이하실 수 있으세요?"

"내가 내일모레 산티아고로 가요."

"어마, 멋있다. 잘됐네. 그럼 오늘 점심 같이해요."

"그럴까요."

그녀의 마음 구석구석을 지치도록 엿보면서 스스로 수인囚人으로 살았던 때가 있었다. 그녀를 만나러 가기 위해 옷을 몇 번씩 갈아입고 택시를 몇 번씩 갈아탔던 때가 있었다. 설명이 안 되는 감정이었다.

　　　폭풍우 치는 어느 날 밤

깊은 잠에서 깨어난 메첸거슈타인은

미친 사람같이 방을 내려와,

급히 말을 타고 숲의 미로迷路 속으로 달려갔다.

_에드거 앨런 포

　그녀는 내 안의 비밀스런 미로였고, 그 길은 미치지 않으면 갈 수 없는 길이었다. 그녀가 있었기에 나는 자기 무의식의 바닥까지 뒤집어 볼 수 있었고, 두려워하면서도 그 금단의 문을 열어젖혔다. 호흡이 끊어질 만큼 몰아쳤던 격정적 감정 자체가 상처였던 그 기억에는 아직 여진餘震이 남아 있었다. 이제 그 여진까지도 정리해야 할 때가 되었다.

　약속시간이 가까워졌지만 나는 아무 일도 하지 않았다. 그녀를 의식하지 않고 그녀를 만날 수 있을까. 자기를 신중하게 가늠해보았지만 그녀가 앞에 없을 때와 앞에 있을 때 어떻게 달라질지는 자신이 없었다. 그녀를 통과하는 데 10년을 바쳤지만 아직 마음의 꼬리가 잘리지 않은 상태였다.

　큰일을 앞두고 다시 마음이 흔들리고 싶지 않았다. 어떻게 할까. 다녀와서 만나자고 할까. 시간을 유예시킨다고 달라지는 것이 있을까. 예전에 겪었던 마음의 격통이 남긴 상흔傷痕, 그것은 내가 잊고 있을 때도 홀로 피 흘리고 있는 기억이었다. 기억 속으로 걸어들어가 그것이 아직도 살아 있는 상처인지 죽은 상처인지 확인하기 위해서는 만남을 피할 것이 아니라, 싫도록 만나고 또 만나서 마음의 피딱지를 떨어지게 해야 하지 않을까.

화장을 하지 않은 맨얼굴이나 허름한 옷차림 자체가 이미 그녀를 의식하고 있다는 증거였다. 나는 주머니가 주렁주렁 달린 카키색 트레킹 바지에 헐렁한 셔츠, 운동화를 신고 집을 나섰다. 발걸음이 가볍지 않았다.

창가에 앉아 그녀를 기다렸다. 십 분쯤 지났을 때 주차장에 도착한 검은 승용차에서 그녀가 밖으로 나왔다. 운전기사가 자동차 문을 잡아주었다. 창 너머로 그녀를 바라보는 동안 나는 눈을 돌리고 싶은 순간을 지그시 넘겼다. 알 것 같았다. '그녀'라는 내 애착의 정체를. 나는 자신에게 중얼거렸다. '난 아무렇지도 않아. 다 지나간 일이야.'

그녀가 내 앞에 와서 앉았을 때 나는 이 만남이 예비된 자리라는 것을 깨달았다. 산티아고로 떠남에 앞서 내려놓아야 할 것들 중에 '그녀'는 자기애自己愛와 동일한 값의 어떤 것이었다.

우리는 '점심을 같이 먹자고 했으니, 점심을 같이 먹는다'는 듯, 맨송맨송한 분위기를 연출하며 가끔씩 대화를 나누었다.

"걷는 동안 기도를 해줄 테니, 소원을 한 가지만 말해보세요."

"너무 속물적이어서 부끄러운데요."

그녀의 얼굴이 활짝 핀 꽃같이 미소를 터뜨렸다. 그녀의 미소가 가끔씩 나를 주눅 들게 했던 것이 기억났다. 내가 순수하고자 하면 그녀는 이미 순수한 자리에 가 있었다. 그럴 때마다 나의 말은 항상 뒷북을 치는 것 같았다.

"그것이 무엇이건 그 욕망은 통과해야 되는 것 아닌가?"

사족이라는 것을 알면서도 나는 말했다. 그러나 이전처럼 열패감은 들지 않았다.

"돈, 많은 돈을 벌고 싶어요."

"어느 정도 규모? 천억?"

"그보다 더 많을수록 좋아요."

그녀는 그처럼 많은 돈이 왜 필요한지 설명하지 않았다. 내 마음을 엿보지 않아도 평정심을 유지하고 있다는 증거였다. 예전에 내가 그녀를 무지막지하게 흔들었던 때의 틈, 떨림은 조금치도 없었다.

그것은 나에게 다행스런 일이었고, 또한 쓸쓸한 일이기도 했다.

그렇다, 내 안의 미로도, 말馬도 다 사라졌다.

유언장을 썼다

세 사람은 이미 로비에서 나를 기다리고 있었다.

한 사람은 치과의사 백박사였고, 독실한 크리스천인 이여사, 그리고 백박사의 친구 정장로님. 백박사는 S호텔의 소믈리에가 가장 어려워하는 고객이었다. 그 자리는 백박사가 초청하는 자리였다.

23층에 있는 레스토랑은 한국의 초상류층이나 드나들 법한 분위기였다. 흰 눈처럼 하얀 식탁보가 덮여 있는 테이블 위엔 분홍 꽃이 탐스럽게 꽂혀 있는 하얀 수반과 불꽃이 나비처럼 한들거리는 낮은 촛대가 있었다. 모양이 각각 다른 유리잔들이 한 사람을 위해 다섯 개씩 놓여 있었다.

나는 좀 어리둥절한 기분이었다. 예상치 못한 럭셔리한 초대였다.

검은 정장 차림의 웨이터가 공손한 자세로 주문을 받아 적고 있는 사이, 나는 방금 들어선 젊은 커플에게 눈길을 주었다. 젊은 여성은 목과 어깨가 드러난 검은 드레스에 진주 목걸이를 하고 있었다.

나는 그녀와 헤어진 후 다른 볼일을 보고, 그 차림 그대로 식사 초대 장소로 이동했다.

나의 헐렁한 차림 자체가 그 장소에서는 다른 방향을 가리키고 있는 화살표였다. 하얀 접시에 담긴 애피타이저가 먼저 서빙되었고, 첫 번째 와인 잔이 화이트와인으로 채워진 후 이여사가 식전 기도를 인도했다. 그 기도 안에서 산티아고가 모습을 드러냈다. '아멘' 하며 백박사가 숙였던 고개를 쳐들고 나를 바라보았다.

"어디 가신다는 게 무슨 말이세요?"

그 이후로는 '카미노 데 산티아고'가 대화의 중심 화제가 되었다. 나는 왜 순례를 결심하게 되었는지, 그 결심을 행동으로 옮기기까지 어떤 내면의 변화를 겪었는지 소상하게 이야기를 했다. 누구 앞에서도 하지 못했던 이야기였다. 그토록 가까이 있는 들을 귀들이, 나의 깊은 내면에서 이야기를 이끌어내는 것 같았다. 화사한 꽃, 한들거리는 촛불, 최고의 요리장이 만든 프랑스 요리에서 풍기는 향기로운 냄새, 그리고 잔잔한 물결이 살랑거리는 듯 실내에 흐르는 클래식 음악 사이로 내가 가야 할 험난한 길이 실낱같이 희미하게 모습을 드러냈다.

"그곳에 다녀온 사람한테 들은 얘기인데요, 순례자들은 마침내 걸어서 산티아고에 도착한 뒤, 성당 앞에 있는 옛날 왕궁건물 안의 고급 레스토랑에서 비싼 식사를 하면서 스스로 자축을 한다고 해요. 저는 거꾸로 축하 식사부터 하고 길을 떠나는 셈이 되네요."

"그거야말로 주가 동행하시겠다는 약속을 이미 받으신 거네요."

이여사가 잔잔한 미소를 띠고 말했다. 나는 속으로 조그맣게 '아멘' 하고 와인 잔을 들어올렸다. 그와 동시에 다른 세 사람도 같이 잔을 들어올렸고, 네 개의 잔이 동시에 '주가 동행!' 하는 소리를 내는 것처럼 부딪쳤다.

식사 후, 우리 네 사람은 로비의 칵테일라운지로 자리를 옮겼다. 곳곳의 테이블에서 손님들이 칵테일 잔을 앞에 두고 담소를 나누고 있었다. 피아니스트가 연주하는 음악이 잔잔한 물결처럼 귓전을 적시는 가운데, 사람들의 이목도 아랑곳하지 않고, 백박사는 또다시 내 손을 붙잡고 내 장도를 위해 기도해주었다. 고개를 숙이고 있었으나 남을 의식하여 한군데로 온전히 모이지 않던 마음이 치마폭을 벌리듯 기도를 담아 받았다.

이제 나는 드디어 내 가슴 한가운데 마지막까지 비워두었던 자리가 무엇을 위한 것이었는지 깨달았다.

잘 싼 짐을 풀어야 했다. 무게를 다시 조정해야 했다.

짐을 풀어서 하나씩 방바닥에 늘어놓아 보니 깨달아지는 것이 있었다. 짐이 무거워진 이유는 짐 자체에 있는 것이 아니라, 남을 의식하는 내 생각에 있었다. '고상하게', '멋스럽게', '깔끔하게' 보이고 싶다는. 그 생각을 접고 나니, 짐을 다시 꾸리기가 훨씬 쉬워졌다.

겐조 스웨터, 질 샌더 셔츠 아웃! 겔랑 립스틱, 이브 생 로랑 콤팩트도 아웃! 카르티에 스카프도 아웃! 나침반, 버너와 코펠도 아웃(선물로 준 J에게는 미안)! 비디오카메라 아웃!

생활용품과 속옷류도 여분의 것이 셋이면 둘로, 둘이면 하나로 줄이고, 화장품도 선크림과 기초 두 가지, 상비약은 세 가지로, 지인들이 맛있는 먹을거리를 많이 주었지만, 미숫가루와 김만 조금 길양식으로 담았다.

더 손댈 것 없이 선별되었음에도 더 이상 배낭에 들어가지 않는 것은 손가방 하나를 따로 만들었다.

짐에는 남이 탐낼 만한 것이 아무것도 없었다. 잃어서 아까운 것도 없었다. 이 짐으로는 멋은커녕 딱 노숙자나 다름없는 행색이 될 수밖에 없었다. 여분을 줄이고, 비상용품을 없애버렸으니 그만큼 길 위의 돌발 상황에 무방비로 노출되는 셈이었다.

어쨌든, 짐을 가볍게 하려고 애쓰는 동안 짐이 내 안에 있던 외식外飾하는 자아를 낮아지게 만들었고, 검소하게 만들었다. 어떻게 보이든 신경쓰지 않겠다고 생각하니 짐이 훨씬 가벼워졌다.

다시 짐이 꾸려졌다. 그것조차도 내가 가려는 길 위에서는 짐이 된다. 도대체 이제부터 나는 어떤 길을 떠나려고 하는 것일까? 아니, 길은 이미 시작되었고, 그 길이 이미 나를 새롭고 다르게 빚어가고 있었다.

마치 유체 이탈하듯 삶의 육肉으로부터 배낭 하나만 달랑 가지고 빠져나오고 있는 중이랄까.

떠나기 전날 밤 9시부터 유언장을 쓰기 시작했다. (일주일 전에 유언 내용을 녹음하고, 컴퓨터로 정리한 목록을 유사시 집행인이 되어줄 목사님에게 드렸으나, 자필로 작성된 것만 법적 효력을 지닌다고 했다.)

자필로 다시 목록을 하나하나 만들고 일부의 내용을 수정하다 말고 나는 혼잣말을 중얼거렸다. '뭐야, 너무 많잖아. 이게 다 내 것이란 말인가.'

과소비와 욕심의 흔적에 놀라지 않을 수 없었다. 조카의 사업 실패로 소유 자체는 예전보다 훨씬 줄었지만, 욕심이 작아지니 가진 것이 갑자기 많아 보였다. 보는 이 없는데도 얼굴이 붉어졌다.

유언장이 완성되었다. 한 통만 육필로 작성하고 나머지 두 통은 복사를 하는 중에 복사기가 고장을 일으켜 기계가 더 이상 작동되지 않았다. 할 수 없이 또다시 손으로 베꼈다.

드디어 봉투에 유언장을 집어넣고, 집행인이 될 목사님과 지인 두 사람의 주소를 썼다. 봉인을 하고 나서 시계를 보니 새벽 4시였다. 집에서 출발해야 하는 시각은 아침 7시. 밤을 꼬박 새운 데다, 떠나기 전부터 쌓인 피로와 긴장감이 일시에 몰려왔으나 잠을 청할 수 없었다.

간추려진 배낭 하나. 무게는 12, 13킬로그램. 그 밖의 모든 것들은 '내 손'에서 '당신들의 손'으로 넘어갔다. '소유'로부터의 유체 이탈. 참으로 홀가분한 출발이다!

2008년 9월 27일 아침 7시, 세 개의 열쇠가 매달려 있는 열쇠뭉치 하나와 세 통의 봉함 편지를 동생에게 건네고, 뜰에서 야단법석하며 나를 배웅하는 봉순, 점순, 귀동이, 봉이의 손을 일일이 잡아준 뒤 대문을 나섰다.

바다는 캄캄했다. 하늘도 캄캄했다. 깊이
파인 해안선이 캄캄한 바다를 안은 자궁
처럼 조용히 철썩거리며 태초의 적막 같
은 고요를 어루만지고 있었다. 절벽 위에
세워진 등대 불빛이 지상에 내려온 별처
럼 아득하게 멀리 보였다. 성스런 허파의
숨결이 온 천지에 가득했다.

길을 잃고, 다시
길에 사로잡히다

배낭은 누군가의 꿈이자 역사이다.

호치민HOCHIMIN에서
후안 마이

짐을 부치고, 출국수속을 마친 뒤 공항 보호구역으로 나와서 탑승 대기실에 앉기까지 긴 시간이 걸리지 않았다. 아직 자국自國 영토 안에 있음에도 몸은 이미 몇 차례의 검색을 거치면서 긴장한 나머지 감기 초기 증세처럼 코가 막히고, 목이 깔깔했다.

이 나라 저 나라 여행을 제법 많이 다녔고, 그중에는 전쟁 중인 나라도 있었지만, 그때와 지금은 확연히 다른 상황이었다. 내 뒤에는 그날 나를 위해 그토록 열렬히 기도를 해주신 분들이 있었고, 그 기도는 그저 인간적 친절로 나를 격려해준 것이 아니라, 하나님의 인도하심을 간구한 기도였기 때문에, 이 길은 나를 넘어서는 체험이 되어야 한다는 사실이었다.

누가 시킨 바도 강요한 바도 아니었다. 그러나 나는 지금까지 한 번도 자기 몸을 이토록 절대적인 약속 앞에 세워본 일이 없는 터라 정신보다는 몸에 대한 의구심이 컸다. 거기다 소지품도 변변치 않고 수중에 가진 돈도 몇 푼 없고 카드도 소지하지 않은 데서 오는 불안감도 있었다.

그나마 동행이 있다는 것 정도가 위안이라고 하나⋯⋯.

나의 동행은 짐만 남겨두고 어디로 갔는지 보이지 않는다. 스스로 안내자로 자처했음에도, 그녀는 내 곁에 붙어 있는 것이 거북한 모양이었

다. 친구도, 친척도 아닌, 명색이 자기 선생인 사람과 나란히 앉아 알콩
달콩 대화를 나눌 정도로 스스럼없는 성격이 아니라는 점 외에, 정체불
명의 초조감 같은 것이 얼핏 엿보였다. 길 위의 휴지(休止) 같은 이런 시간
을 수없이 많이 맞닥뜨리게 될 텐데, 그 초조감이 어떤 흉기로 드러날지
가늠하기 어려웠다.

내심 신경이 쓰이는 그녀의 서성거림을 무시한 채 나는 수첩을 꺼내
어 간단한 메모를 했다. 그러자 한 글자 한 글자가 마치 촛농처럼 마음
의 불안을 잠재워주었다.

비행기 안에서 억지로 자는 둥 마는 둥 하는 동안 경유지인 호치민
시에 도착했다는 멘트가 흘러나왔다. 파리로 가는 비행기를 갈아타기
까지 열두 시간가량의 여유시간을 어떻게 보낼지 아직 정한 바가 없었
다. 흐릿한 정신을 수습하고 안전벨트를 하는데, 갑자기 마음 한가운데
서 오랜 상처의 아픔 같은 통증이 느껴졌다.

후안 마이!

그러자 정신이 번쩍 들면서 통증이 한층 예리하게 마음을 파고들었
다. 갑자기 베트남에 꼭 들러야 할 것 같았다.

나는 생각에서 깨어나 꾹 다물고 있던 입술을 풀고 동행에게 말했다.

"우리 입국수속하고 베트남에 들어가 봅시다."

2년 전 어느 날 나는 신문을 통해 후안 마이를 알게 되었다. 그 기사
는 그녀의 참혹한 죽음에 대한 것이었다. 열아홉 살 꽃다운 나이의 후안
마이는 코리안드림을 꿈꾸며 41세의 한국 남성과 결혼했다. 하지만 한

국의 신혼집에 도착하자마자 그녀의 꿈은 산산이 부서졌다. 신랑은 일
용직 노동자였고, 지하에 있는 월세방에는 살림도구 하나 변변한 것이
없었다. 어린 처녀는 이웃에 아는 사람 하나 없고, 신랑하고도 말이 통
하지 않아 어렵고 힘든 사정을 털어놓을 사람조차 없이 방 안에 갇혀 지
내다시피 했다는 것이다. 참다못한 어느 날, 신랑에게 베트남 집으로 돌
아가고 싶다고 한마디 하자 신랑은 '너를 사오느라 천만 원이나 빚돈을
얻었는데, 돌아가면 나는 어쩌란 말이야?!' 하면서 때리기 시작한 것이
죽기까지 때렸다고 한다. 그 좁은 방 안에서 야수와 같은 폭력 앞에 맨
몸으로 홀로 내던져진 그 어린 여자가 느꼈을 공포를 생각하며 나는 며
칠 동안 잠을 이루지 못했다. 살을 섞고 아내로 맞아들인 연약한 여자를
죽음으로까지 몰아가도록 폭력을 휘두른 그 남자의 무지한 분노를 생
각할 때도 잠이 오지 않았다.

무엇보다, 자기의 딸이 먼 타국에서 남편이라는 사람에게 맞아 죽었
다는 소식을 들었을 때의 그 어머니의 비통한 심정, 또한 자기가 낳은
아들이 사람을 때려 숨지게 했다는 소식을 들었을 때의 그 어머니 된 여
성의 참담한 심정이 내 마음을 아프게 했다.

며칠이 지나도록 나는 그 감정을 비켜날 수 없었다. 어떻게 하든 죽
은 후안 마이의 어머니를 위로해줄 방도를 찾고 싶었다. 가까운 지인들
에게 사연을 설명하고 모금을 시작했다. 많지 않은 액수지만, 그래도 달
러로 환전했을 경우 베트남에서는 작은 집을 한 채 살 수 있다는 금액이
모아졌다.

가장 달콤했던 휴식

몇 달 동안 전달할 방도를 찾고 있던 중, 다행히 한국에 초청된 베트남의 원로 시인 한 사람과 젊은 여류 작가 한 사람을 만날 수 있어 그 편으로 전달했다. 그 원로 시인은 후안 마이의 집이 시골 오지에 있지만, 자신이 직접 그곳까지 찾아가서 어머니에게 꼭 전달해주겠다고 약속했다.

그것이 나와 후안 마이와의 인연이었다.

"그래요. 넉넉한 시간은 아니지만, 시내 관광은 할 수 있겠지요."

우리는 각각 속내가 다른 채로 베트남 입국에 합의했다.

타국의 국경을 넘는다는 것은 언제나 긴장이 되는 일이다. 그 너머 세계에서 통용되는 언어를 모르고 아는 사람 하나 없을 때는 더욱 그렇다. 세관 직원의 사소한 몸짓 하나하나가 바로 내 앞에 가로놓인 국경이다. 하지만 심정적으로 베트남은 내게 어쩐지 배다른 동생이 사는 나라처럼 느껴졌다.

마침내 세관 직원이 내 여권에 스탬프를 꽝 찍었다.

공항 밖으로 나서자마자 밀려드는 뜨겁고 후덥지근한 공기. 옷을 한 겹 덧입은 것 같은 느낌. 이내 땀이 주르륵 흘러내렸다.

구릿빛 피부에 체격이 작은, 오종종한 이목구비의 사람들이 따따거리는 말들. 시장에 데려다 달라는 간단한 말을 소통하는 데만도 십여 분이 걸렸다. 달리는 차창 밖 풍경을 내다보며 나는 맘속으로 '후안 마이, 이곳이 네가 태어난 곳이구나' 하는 막연한 슬픔에 잠겼다. 시내로 진입하면서, 거리는 도시의 창자가 다 밖으로 쏟아져나온 것 같은 혼란스러운 광경이 이어졌다. 길을 가득 메운 오토바이 행렬과 건널목도 없이 차도를 위태롭게 건너다니는 행인들, 고막이 찢어질 듯한 소음, 어수선한 도로변 상점들과 조악한 간판들, 길가에 늘어선 노점상들······.

하지만 낯설지는 않았다. 그것은 몇 년 전 우리의 모습이었다.

택시는 우리를 '벤탄' 시장 앞에 내려주었다.

동대문이나 남대문 시장에 온 듯 익숙한 풍경이었다. 물건들을 첩첩이 쌓아놓는 고임새도 닮아 있었고 60, 70년대에 시장을 점유했다 사라진 물건들이 거기 있었고, 시장 안에 가득 떠도는 역하고 기이한 냄새와, 팔려는 사람들, 사려는 사람들이 뒤엉켜 뿜어내는 열기도 낯설지 않았다. 말은 알아들을 수 없지만 호객을 하는 소리에 이끌려 눈을 마주치면 지친 듯 땀에 젖은 얼굴들 뒤에 후안 마이가 있었다. 찜통 속 같은 좁은 통로를 이리 기웃 저리 기웃하면서 어디든 몸을 내려놓고 쌀국수라도 먹어보려고 하는데 좀체 몸이 마음의 말을 듣지 않았다.

어쩔거나, 어느새 내 몸이 이렇게 높아졌는가.

그러나 과일가게는 달랐다. 그 고장에서만 나는 형형색색의 싱싱한 과일들이 구미를 당기게 했다. 단돈 4달러를 주고 제대로 익은 망고를 세 개나 받았다. 서울에서 한 개에 1만 5천 원씩 하는 것을 생각하면 더 사고 싶었으나, 짐 되는 것이 무서웠다.

그런대로 레스토랑 꼴을 갖춘 음식점에 들어가서야 상한 비위를 달래며 비로소 메뉴를 들여다보고 쌀국수를 시켰다. 서울에서 자주 먹던 맛과 큰 차이가 있었고, 어쩐지 꺼림칙해서 국물은 남겼다. 그리고 나서 칼을 빌려 망고 껍질을 벗겼다.

"이게 무슨 과일이라고요?"

동행은 처음 먹어보는 과일이라고 했다. 식당에서 나왔을 때 시장으로 다시 가서 망고를 더 사오겠다고 했다.

그녀를 기다리는 동안 나는 시장 앞에서 땡볕 살 아래 쭈그리고 앉아 토스트를 팔고 있는 어린 여자를 민망해하며 지켜보았다. 그녀는 또 다른 후안 마이였다. 여기도 저기도 후안 마이가 단돈 몇 달러를 벌기 위해 하루 종일 땡볕 아래서 땀을 흘리고 있었다. 내 마음은 그 토스트를 단 한 개라도 사서 먹고 싶은데, 몸이 그 앞으로 가려 하지 않았다. 그곳 사람처럼 그 토스트를 맛있게 먹지 못한다면, 그들과 내가 제대로 하나가 될 수 없다. 하나 될 수 없는 동정심은 서푼어치 값도 안 되는 것이다. 후안 마이에게 용서를 구하며 나는 슬그머니 고개를 떨어뜨렸다.

앞으로, 내 마음, 내 생각에, 몸을 굴복시켜 낮추게 할 일이 큰 과제였다.

다시 공항 보호구역으로 돌아왔을 때, 코 막힘은 더욱 심해져 있었고 방광염 증세까지 겹쳐 몸에서 신열이 났다.

'몸아, 이 길에서는, 너를 상전으로 받들 수 없다. 그러니 너 혼자 알아서 불안을 떨쳐내라.'

이럴 때 타이레놀이라도 먹어두면 한결 나으련만, 약병이 배낭 안에 있어, 파리에 도착할 때까지 참을 수밖에 없었다.

'돌멩이 하나쯤 돌려놓는다고 무슨 일이 있을까' 하고 가볍게 생각할 수 있다.
하지만 화살표 방향이 바뀌었을 때 순례자는 엉뚱한 길로 접어들 수 있다.

파리PARIS에서

망고

———

28일 아침 6시 50분, 드골 공항에 도착했다. 짐을 찾고 나서 파리 몽파르나스 역으로 이동하기 위해 버스를 탔다. 이곳에서 순례의 첫 출발지인 이룬으로 가는 기차를 타기 위해서였다.

세련된 차림의 파리지앵들을 태운 버스 안엔 깔끔한 침묵이 흘렀다. '순례'라는 숭고한 뜻을 마음 깊이 품었을 뿐 노숙인 행색에 다름없는 내가 나 자신을 의식하고 있을 뿐, 그들의 까칠한 침묵 속엔 커다란 배낭을 짊어진 동양인 여자 두 사람에 대해서는 호기심조차 담겨 있지 않았다. 단정하고 꼿꼿한 자세로 앞만 바라보고 있는 그들 옆의 나는 없는 존재나 다름없었다.

차창 밖으로 스쳐가는 이른 아침의 도시 풍경도 깔끔하고 새치름해 보였다. 사선으로 촘촘히 세워져 있는 수많은 자전거에서부터, 도로변에 가지런히 주차되어 있는 자동차들과 필기체 알파벳으로 흘려 쓴 작은 간판들은 물론, 신호등과 도로 곳곳에 박혀 있는 말뚝까지도 어떤 통일된 미적 감각을 공유하고 있었고, 그것이 눈길 주는 곳마다 하나같이 아름다운 질서로 드러나 있었다. 베트남 호치민 시가 지상으로 노출하고 있는 그 무질서, 혼란, 제멋대로인 원색적 활기를, 파리는 시 행정이나 국가정책에 따라 지하에 매설하거나 시스템으로 관리하여 질서를 구현하고, 시민 개개인의 교양과 절제로 다스리고 있는 듯했다.

한 시간 남짓 걸려서 몽파르나스 역에 도착했다. 동행은 이른으로 떠나는 기차 시간과 기차가 출발하는 선voie을 알아본다며 이곳저곳을 분주하게 돌아다녔다. 그동안 나는 2층에 있는 스낵점에서 카푸치노 한 잔을 마시며 그녀를 기다렸다. 여기까지는 그래도 괜찮았다.

내 곁으로 돌아온 그녀는 손에 들고 있던 비닐봉지가 짐이 된다며 망고를 먹어치워야겠다고 했다. 아기 머리통만 한 덜 익은 망고 하나와 그보다 작은 망고 두 개를 봉지에서 꺼내어 테이블 위에 올려놓았다. 기내식을 먹을 때 챙겨둔 플라스틱 칼을 꺼내어 그녀는 망고를 깎기 시작했다. 처음 먹어보는 과일이 너무 맛있었던 나머지, 나에게 달러를 빌려서까지 망고를 사긴 했으나, 잘 익은 것보다 큰 것을 고른 듯했다. 덜 익은 망고는 열 시간 가까이 그녀의 발밑에서 뒹굴며 설익은 채 뭉그러져 있어, 작고 무딘 칼로는 도무지 매끄럽게 껍질이 벗겨지지 않았다. 그 모양은 마치 어설픈 백정이 무딘 칼로 멧돼지 한 마리를 잡겠다고 쩔쩔매고 있는 형국처럼 우스꽝스러워 보였다.

그녀가 망고즙으로 뒤범벅이 된 질퍽한 손으로 노란 과육 한 점을 내게 내밀었다. 나는 질겁한 듯 고개를 가로저었다. 뿐만 아니라, 같은 테이블에 앉아 있으면서도 그녀와 내가 일행이 아니란 듯 앞에 놓인 카푸치노를 한 모금 홀짝 마시고 나서 딴청을 피웠다. 물론 스낵점 카운터 앞 둥근 의자에 한 다리를 걸치고 에스프레소 한 잔을 앞에 둔 채 〈르 몽드〉지를 들여다보고 있는 맵시 좋은 프랑스 청년이나, 이웃 테이블에서

크루아상이 곁들여진 커피 한 잔으로 아침을 먹으며 조근조근 대화를 나누고 있는 젊은 프랑스 여성들은, 옆자리에서 벌어지고 있는 원색적 광경에 눈길조차 주는 일이 없었다.

베트남에서는 그토록 맛있었고, 이제 배 속으로 들어가면 필수 영양소로 분해 흡수되어 에너지로 변환될 귀한 과일이 갑자기 짐스러워진 것에 당황한 듯, 맛을 음미할 사이도 없이 그것을 빨리 먹어치울 일념으로 그녀의 손동작이 빨라졌다.

그러는 사이, 나는 그녀가 눈치채기 전에 얼른 속마음을 뉘우쳤다. 잠시 동안이나마 그녀로부터 도망친 것이 창피스러워 이제부터는 그녀가 어떤 행동을 하더라도 곁을 지키리라 결심했다.

마침내 우리의 망고 아침식사는 테이블까지 온통 더럽히며 끝이 났다.

이룬으로 가는 기차는 오후에 출발한다고 했다. 그녀가 대합실의 의자 세 개를 붙이고 잠을 자는 사이, 나는 읽을거리를 꺼내려고 짐을 뒤적거렸다. 좁은 가방 안에서조차 책은 쉽사리 찾아지지 않았다. 정작 찾지 않을 때는 불쑥 튀어나오면서, 일단 찾기 시작하면 없어진 듯 애를 먹이는 게 짐의 야릇한 심술이다. 무료할 때는 심술하고 겨루어보는 것도 재미있다.

윗옷과 바지에는 여덟 개의 주머니가 달려 있다. 수시로 필요한 것들 — 물휴지, 손거울, 이쑤시개, 소금, 디카, 수첩 등은 바지 바깥 주머니에 넣어두었지만, 기억이 없어지니 찾기는 매일반이다. 주머니에 손을 집어넣을 때마다 이것저것 생각지도 않은 것들까지 쏟아져나온다. 기내에서

취득한 것들이다. 담요를 씌웠던 비닐 커버 두 장(비닐봉지 두 개를 겹치면 질겨져서 옆이 터진 쇼핑백 속의 것들을 옮겨 담을 수 있다). 기내식에 딸려 나오는 일회용 컵, 나이프, 포크, 스푼 그리고 일회용 후추, 잼, 버터.

겨우 하루가 지났을 뿐인데, 짐은 그사이에 적잖이 늘어나 있다. 크기에 따라, 그때그때 상황에 따라, 거의 반사적으로, 이 주머니 저 주머니에 쑤셔넣다 보니, 주머니마다 불룩해져 임산부처럼 몸이 두루뭉술해진다. 노숙자들이 왜 옷을 더께더께 껴입고 주머니마다 불룩한지 이해할 것 같다. 길에서 길로 걸어다녀야 하는 사람들은 가능하면 물건을 손에 들지 않고 몸에 달아매어 짐의 무게를 자신의 체중과 동화시키려 하기 때문이다.

끄집어낸 것들을 다시 주머니에 챙겨 넣다 보니, 찾고 있던 책 생각은 날아가 버리고, 손톱깎이를 하나 사야 하겠다는 생각이 대신 떠올랐다.

역 바깥으로 나가 작은 잡화가게에서 손톱깎이 하나를 사가지고 돌아왔다. 그녀는 자리에서 일어나 앉아 있었다.

"그렇게 큰 걸 샀단 말이에요?"

"이것밖에 없으니 어쩌겠어요."

"얼마 줬어요?"

"4유로."

"세상에나."

그녀는 혀를 차는 대신 '세상에나'라는 말을 썼다. 그것은 시작에 불과했다.

이룬_{IRUN}에서

가 리 비 조 개

이룬 역이 가까워지고 있었다. 어두운 창밖을 내다보며 그녀는 자신
이 겪었던 악몽을 털어놓았다. 2년 전 그녀와 그녀의 남편은 국경 수비
대원에게 이유를 모르는 채 여권을 압수당하고, 하루 동안 잡혀 있었다
고 했다. 나쁜 기억을 되살리는 그녀의 얼굴엔 그때의 불안 밑에 또다시
그런 곤욕을 당하면 어쩌나, 하는 걱정이 겹쳐 있었다.

마치 밀입국하는 사람들처럼 고개를 푹 숙인 채 조금은 불안해하
며, 앞서 내린 사람들 뒤를 그저 뒤따라가고 있는 동안 우리는 어느새
프랑스 영토에서 스페인 영토로 넘어와 있었다. 이게 웬일인가 하는
사이, 같이 내린 사람들은 어디론지 다 사라져버렸고 이제부터 순례
자 숙소를 찾아가야 하는 우리만 한적한 밤길 위에 댕그라니 남겨져
있었다.

주위를 두리번거리던 그녀는 불이 켜져 있는 어느 상점 안으로 들어
갔다.

밖으로 나온 그녀가 서둘러 걷기 시작했다. 시간이 늦어 알베르게 문
이 닫혔을까 봐 염려된다고 했다.

돌아가는 상황을 알지 못한 탓에, 알베르게 문이 닫혔으면 다른 숙소
를 찾으면 될 테고, 하다못해 노숙이라도 하면 되지, 하는 속내를 품고

나는 느긋하게 그녀의 뒤를 쫓아갔다.

"살았다, 하나님!"

간신히 찾아간 어느 집 문 앞에서 그녀가 반색을 하며 성호를 그었다.

초인종을 여러 번 누른 끝에 문이 열렸다. 머리가 하얀 할머니의 모습이 나타났다. 할머니는 밤늦게 들이닥친 나그네가 조금쯤 귀찮은 기색이었다. 그것이 마음에 걸리는지 2년 전엔 아주 친절한 남자 관리인이 있었다고 그녀가 혼잣말을 중얼거렸다.

'이 밤중에 지붕 아래 발을 들여놓은 것만도 감사할 일이지.'

지붕 아래 있다는 것만으로도 이렇게 감사한 일이 있었던가. 자기 안에서 솟은 감정이 무슨 보석인 양 신기했다.

할머니를 뒤따라 들어간 곳은 조그만 거실이었다. 사방 벽에 지도와 알림문, 오래된 성당과 좋은 풍경사진 같은 것들이 다닥다닥 붙어 있었다. 가운데 있는 직사각형 테이블 위엔 여러 도시의 관광 브로슈어들과 간단한 사무용품이 놓여 있었다.

배낭을 벗어놓고 의자에 앉았다. 피로감이 산처럼 밀려들었다. 역시 몸이었다. 아, 이제 좀 씻을 수 있겠구나 하는 기대감이 꿀물처럼 달았다. 후딱 방으로 안내되는가 했더니, 무슨 절차가 있었다.

할머니는 스페인어, 그녀는 영어로 대화를 나누는데 도무지 소통이 되지 않았다. 그때 안쪽에서 턱에 수염이 더부룩한 남자가 나타났다. 그도 순례자이며 저녁 무렵에 도착했다고 한다. 그가 스페인어와 영어를 동시에 말하게 되면서, 간단한 소통이 시작되었다.

순례자들의 여권, 크리덴셜 카드

할머니가 그에게 도움을 청했다. 그가 펜을 들고 카드의 빈칸에 우리의 신상을 적어 넣었다. 그것이 이른바 순례자들이 필수적으로 소지해야 하는 '크리덴셜 카드'였다.

"이게 뭐예요?"

나는 그녀가 건네주는 것을 받아 들었다.

"선생님 내 책 안 읽으셨구나."

이름, 국적, 나이, 직업, 주소 등이 적혀 있는 그 카드는 앞으로 우리가 길을 가는 동안 내내, 어느 알베르게에 묵든지 우리의 신원을 증명해 주고, 그곳을 거쳐 갔다는 증거로 도장을 받는다는 그녀의 설명.

마침내, 내 이름이 적혀 있는 카드를 받았구나! 카드의 맨 앞 빈칸에, 순례자를 상징하는 가리비조개에 '이룬'이란 지명이 표시된 최초의 스탬프도 찍혔다. 할머니는 거기에 '28. 9. 2008'이라고 날짜를 적어 넣었다. 카드의 앞면은 오래된 성당의 나무 문고리에 매달려 있는 조롱박과 가리비조개 그림이었다. 그녀가 조롱박의 잘록한 아랫부분에다 'ZITA짓다'라고 적어 넣는 것을 보고, 나는 'LOVE'라고 적어 넣었다. 그런데 나에겐 '짓다'보다 몸도 마음도 날쌘 cheetah로서의 이미지가 더 가깝게 느껴졌다.

숙박비는 일인당 3유로(2년 전엔 무료였다고 한다). 거기다 내일 아침 7시에 조식도 준다고 한다. 바구니에 담겨 있는 가리비조개도 하나 챙겼다. 암행어사가 마패를 부여받았을 때의 뿌듯함이 이러했을까. 다만 이 가리비조개는 걸어서 산티아고에 도착했을 때 비로소 그것에 값하는 의미가 완성되는 것이므로 뿌듯, 으쓱하기엔 시기상조이긴 하다.

드디어 방이 배정되었다. 빈방인 줄 알고 문을 벌컥 열었더니 이미 누군가 침낭 속에 들어 팔로 얼굴을 가리고 누워 있었다. 갑자기 그녀를 의식하고 나니, 말소리 발소리는 물론 모든 것이 조심스러워졌다. 방은 아주 작았다. 'ㄱ'자 형으로 간이침대가 아래위 2층으로 두 개씩, 네 개가 한 방에 있었다. 치타는 나에게 아래층을 주고 자기는 사다리가 놓인 위쪽 침대로 올라갔다. 샤워도 먼저 하도록 양보해주었다.

욕실은 딱 한 사람 들어가면 꽉 차는 공간이었다. 세면대, 변기 그리고 선 채 샤워만 할 수 있도록 벽에 고정되어 있는 샤워기가 있었다. 어쨌든 찝찝한 몸의 고통을 해소하기에는 부족함이 없는, 있을 건 다 있는 셈이다.

'뭘 더 바라?'

코가 닿을 듯 가까이 있는 거울을 보며 나는 싱긋 웃었다.

문이 잠기지 않아 서두르긴 했어도, 용변도 보고 샤워도 하고 머리도 감고 양치도 하고 나서 욕실에서 나왔을 때는 날아갈 것처럼 개운했다. 내친김에 짐을 좀 정리하고 싶었지만, 부스럭대다가 잠든 사람을 깨울까 봐 그만두었다.

침낭을 펴고 안으로 들어가서 누웠다. 눕자마자 '와우!' 소리가 절로 나왔다. 이 놀라운 편안한 충족감.

지금까지 내 몸이 나를 속였단 말인가. 생각해보면, 그 충족감은 합리적 생각을 넘어서는 것이다. 자리 펴고 누운 매트리스는 몸을 조금만

도대체 화살표는 어디 있단 말인가.

움직여도 쉿소리를 내고, 반듯이 누워 눈을 준 곳엔 2층 침상의 바닥이 덮어 누를 듯 가까이 내려와 있다. 방 안엔 창문이 없어 공기가 탁하고, 생면부지 사람의 숨소리가 숨을 내쉴 때마다 자기의 숨과 섞이는 것도 거북살스럽다. 등을 대고 누운 자리 그 이외엔 모든 것이 너무나 낯설고 불편한데도, 바로 등을 대고 누운 그 작은 자리가 편하다는 것만으로 이렇게 행복할 수 있단 말인가. 믿기지 않는 일이다.

"그 문 닫지 마세요."

자는 줄 알았던 여성이 상반신을 일으키고, 샤워를 하고 들어온 치타에게 까칠하게 말했다. 그녀는 얼굴이 홍당무처럼 붉었다. 아마도 알레르기 때문에 공기에 민감한 것 같았다. 치타가 2층 침상으로 올라가서 침낭을 펴고 그 속에 들기까지, 스프링이 삐거덕거리는 소리가 한동안 계속되었다. 잠시 후 그 소리는 코 고는 소리로 바뀌었다. 외국인 여성은 혀를 차며 몇 차례 몸을 뒤척이다가 짐을 싸들고 방을 나가버렸다. 이번엔 깊이 잠든 줄 알았던 치타가 자기는 어두우면 잠이 안 온다고 불을 켰다. 그리고 열어놓았던 문도 닫아버렸다.

예민한 두 여성의 신경 줄다리기는 끝났지만, 나는 눈이 부시게 밝은 형광등 불빛과, 천장이 들썩이는 듯한 코 고는 소리 속에 맑은 정신으로 깨어 있었다.

여전히 내 몸 누운 자리는 흡족하기 그지없다. 설사 신경에 거슬리는 것이 있다 해도 아무런 방해가 되지 않는다.

지구 반대편에 있는 집은 너무 아득하여 없는 것만 같고, 내가 누구

란 것을 아는 사람 하나 없고, 가진 것도 없고, 다만 내 앞에는 걸어서
걸어서 찾아가야 할 먼 땅 '산티아고'가 있을 뿐인데, 도대체 이 흡족함
의 정체는 무엇일까?

드디어 걷기 시작하다
노란 화살표

———

　할머니가 준비한 아침은 빵과 비스킷, 버터 그리고 단지째 식탁에 오른 잼이었다. 할머니는 머그잔에 커피와 우유를 부어준 뒤 곧바로 주전자를 가져가버렸다. 비스킷 한 조각에 커피 한 잔을 후딱 마시고 일어나는 나에게 치타가 말했다.

　"여기서 든든하게 먹어둬야 해요."

　나는 그 말을 귓등으로 흘렸다. 먹는 것도 성가실 만큼 마음은 이미 길 위에 있었다.

　화장실에 다녀와서 짐을 다시 쌌다. 식후에 먹을 약이나, 세면 후 얼굴에 바를 간단한 화장품, 손거울이 담긴 파우치 하나는 아예 열어볼 엄두조차 내지 못했다. 기억의 수장고가 흐트러져 손은 코앞에 있는 것도 찾기 힘들어한다. 집에서의 습관 또한 군더더기로 만들어버린다.

　옷가지와 잠잘 때 필요한 것들은 배낭 바닥에 넣고 식품은 전부 꺼내어 보조가방으로 옮겼다. 식품 무게는 가는 동안 먹어버리면 가벼워질 수 있기 때문이다.

　치타는 어느새 떠날 채비를 하고 나를 기다리고 있었다. 마음이 바빠졌다.

　아직 챙기지 못한 몇 가지 물건들을 허겁지겁 바지 주머니에 쑤셔넣고 배낭을 짊어졌다. 왼손엔 보조가방 오른손엔 지팡이를 잡고, 이미 계단을 내려가고 있는 치타를 뒤쫓아갔다.

어슴푸레한 새벽의 쌀쌀한 기운이 기대에 부푼 마음을 주춤하게 했다. 일요일의 단잠에 빠져 있는 주택가 골목길엔 지나다니는 차량도 행인도 없었다. 집집마다 닫혀 있는 창문 위로 커튼이 무겁게 드리워져 있었다. 나는 비로소 내가 안락한 집 안의 생활을 접고, 멀고도 험한 길 위에 서 있는 것을 실감했다. 산티아고는 하나의 동기일 뿐이었다.

몇 발자국 가다가 문득 뒤돌아보니 어느 집 4층 창문에 커튼이 젖혀져 있었다.

'나, 가요.'

그 어두운 안쪽을 향해 맘속으로 손을 흔드는 순간, 나는 방금 나 자신에게 결별인사를 한 것일지도 모른다, 고 생각했다.

한편, 그녀는 모처럼 나타난 행인을 붙잡고, 길을 묻고 있었다. 그녀가 "과달루페?" 하니, 상대방도 똑같이 "과달루페?" 할 뿐 소통이 되는 것 같지 않았다. 길 중간에 서서 자신 없이 이쪽인가, 저쪽인가 하며 둘러보던 그녀가 반색을 하며 소리쳤다.

"여깄다!"

그녀가 가리킨 것은 길갓집 담 모퉁이의 밑돌에 표시된 노란 화살표였다. 그것이 이 순례길에서 우리가 발견한 최초의 길안내 표시였다.

그 이후, 그녀는 어미가 새끼에게 먹을 것을 손짓해주는 것처럼 "여기!", "저기!" 하면서 계속 노란 화살표를 가리키며 앞서 걸었다. 하지만 나는 번번이 그 표시가 눈에 띄지 않아 그냥 지나치기 일쑤였다. 때로는 멈춰 서서 두리번거리다 보면, 어느새 치타는 저만큼 앞서 가고 있어, 저절로 길에 표시된 노란 표시가 아니라, 그녀의 꽁무니를 뒤쫓는 형국이 되었고, 그녀의 걸음을 따라잡기에 여념이 없었다.

'표시를 하려면 사람 눈에 좀 잘 띄게 해놓든지⋯⋯.' 얼마 걷지도 않았는데 벌써 숨이 가빠지자 괜한 탓을 했다.

순례자들에게 생명선 같은 그 표시가 도시의 길에서는 자동차 위주의 각종 표지판에 밀려 길가에 놓인 쓰레기통에, 가로등 기둥에, 또 어떤 것은 담벼락의 밑돌에 눈치를 보듯 그려져 있었다.

변두리의 한적한 골목길로 들어서자, 노란 화살표는 몇 걸음 앞서 방향을 인도해주며 척척 보이는 자리에서 스스로 손짓을 하고 있는 것 같았다. 순례자들에 대한 주민들의 상냥하고 친절한 마음이 이제는 자동차를 홀대하고 걷는 사람 편이 되어주는 듯했다.

변두리의 마지막 집, 대문 기둥에 표시된 노

고통의 한 걸음이 가슴에서 기쁨의 이슬로 맺히는…….

란 화살표를 끝으로, 드넓은 농경지 사이로 시원하게 뚫린 외길이 펼쳐졌다. 동트는 기운으로 불그레하게 물들어 있는 탁 트인 들판에서 선선한 바람이 불어왔다. 등에 찬 땀이 한순간에 잦아들었다.

어느새 치타와 나와의 거리는 두세 발짝 사이로 좁혀졌다. 이슬방울에 신발이 축축하게 젖어들어도 기분이 상쾌했다.

"여기 이것 좀 보세요."

그녀의 말은 나에게 화살표의 위치를 가르쳐주려는 것이 아니었다. 이슬이 반짝이는 풀섶에 살짝 몸을 숨기고 있는 돌멩이에 그려진 노란 화살표, 그것을 보는 순간 '어쩌면!' 소리가 절로 나오는 느낌을 공유하고자 하는 마음이었다. 고개만 끄덕했기 때문에 앞서 걷는 그녀는 내가 속 깊이 공감하는 것을 알지 못했다. 잠시 후 목책에 그려진 어린아이 손가락 같은 화살표를 보고 이번엔 내가 감탄을 했다.

"선생님 굉장히 빨리 길에 적응하시네요."

글쎄, 그것을 적응이라고 해야 할지…… 담벼락이나 가로등 기둥에 그려져 있는 표시는, 표시 자체로선 눈에 잘 띄어도 오히려 놓칠 때가 많고, 넓은 대자연 속의 노란 화살표는 자연의 일부처럼 보여 놓치기 쉬

움에도 오히려 눈에 더 잘 띈다. 자연 속의 화살표는 살아 숨쉬는 생물처럼 스스로 눈에 띄게 하는 힘을 발산하고 있다.

멀리 허공에서 치맛자락을 휘날리는 것 같은 산들의 능선, 능선을 지르밟으며 한가로이 흘러가는 구름, 바람에 일렁이고 있는 습지의 갈대, 그 탐스런 수염을 분홍빛으로 물들이는 아침햇살, 갸웃이 고개를 숙인 채 이슬을 물고 있는 작은 풀꽃들…….

한 걸음씩 나아갈 때마다 얼레를 감는 것처럼 풍경이 가슴 안으로 들어온다. 구름을 보고, 새소리를 듣고, 풀냄새를 맡고, 바람을 숨쉬고, 삶에 대해 생각하는 것이 동시적으로 이루어진다. 나란 존재가 현재진행형의 싱싱한 '동사' 의 한 묶음으로 변하고 있다. 마치 물을 박차고 뛰어오르는 물고기처럼…… 아침햇살에 부서지는 생각의 비늘이 빛을 뿌리며 사방으로 튄다.

한동안 화살표가 보이지 않는다. 직선 외길, 이렇게 계속 가기만 해도 되는 걸까, 문득 때아닌 의구심이 불쑥 고개를 쳐든다. '혹시 샛길을 그냥 지나친 것은 아닐까?' 불안해하는 즉시, 길바닥 돌 위에 그려져 많은 사람들의 발길에 닳아버린 화살표가 희미하게 미소 짓듯 '의심하지 마, 그냥 가면 돼' 하고 안심시켜준다. 그렇다, 내가 보는 것이 아니라 화살표 쪽에서 먼저 내 안의 생각을 읽고 눈길을 끌어당겨 간다. 어쩌면 화살표는 상냥하고 친절한 자원봉사자들의 손길을 빌려 신께서 직접 길을 인도하시겠다는 약속과 은총의 표시일지 모른다.

'아, 그렇다면……' 회심의 미소를 지으며 괜히 발을 한번 굴러본다.

들판 끝에 다다르자 또 다른 화살표가 오른쪽을 가리킨다. 얼마쯤 가 노라니 T자 모양으로 길이 맞물리는데, 그 사이를 가마 모양의 나무문 이 가로막고 있다. 화살표가 보이지 않는다. 무람없이 의기양양해하는 게 딱해서 경고를 하시는 걸까.

'어이쿠 이걸 넘어가야 하나, 아니면……?'

우뚝 서서 치타를 지켜보니, 한쪽이 열려 있어 'ㄷ'자로 빠져나가면 되는 거였다.

"앞으로 이런 문을 많이 지나게 될 거예요."

"문은 빠져나왔는데 어느 쪽으로 가라는 거죠?"

"이쪽!"

"표시가 없잖아요."

"여기 길 표지판 뒷면에 있잖아요."

내가 못 본 화살표를 찾아보는 사이, 치타는 이미 저만큼 앞서가고 있었다. 1분만 지체해도 10미터 이상 거리가 벌어졌다.

산으로 접어든 길은 양쪽으로 비탈을 끼고 조금씩 험해지기 시작. 비탈에 서 있는 나무둥치나 길바닥 돌에 그려진 화살표는 예상치 못한 곳에 있어도 순례자가 마음의 눈을 더 크게 뜰수록 잘 보였다. 숲이나 길에서는 하나의 나무, 하나의 돌에 지나지 않으나 노란 화살표가 그려짐으로써 그 돌과 나무는 신의 목소리를 대신하는 성스러운 역할을 감당하며, 순례자의 마음에서 기도를 이끌어내고 계속 쉼 없이 길을 가도록 유도한다.

지역에 따라 가리비조개가 가리키는 방향이
왼쪽일 때도, 오른쪽일 때도 있다.

어느 나무기둥에는 빨간 동그라미와 노란 화살표가 같이 그려져 있다.

"빨간 동그라미는 베어낼 나무를 표시한 건데, 나무가 베어져버리면 노란 화살표까지 없어져버려서 순례자의 행보가 잠시 헝클어지기도 해요."

하지만 그것도 잠시, 가슴에 차올랐던 두려움과 의심의 안개는 얼마쯤 가다 보면, 다른 나무에 표시되어 있는 화살표를 만나서 씻은 듯이 가라앉고, 다시 확고한 믿음으로 길을 걸을 수 있게 된다.

마음 안에서와 같이 밖에서도 길은 그 상태가 수시로 변한다. 한 걸음 때 변하고, 두 걸음 때 변한다. 황토 빛깔의 흙이 갑자기 고운 모래로 변한다. 먼저 그 길을 거쳐간 사람들의 신발 밑창 무늬가 꽃을 뿌려놓은 듯 모래 위에 남겨져 있다.

"이걸 보면 인생길이 느껴져요. 같은 알베르게에서 만난 사람인데, 그를 좋아하는지도 모르고 지내다 헤어진 뒤에 먼저 간 그의 발자국을 보고 돌연 그를 좋아하고 있구나, 하고 깨닫게 되었어요."

나의 무덤덤한 반응에 실망한 치타는 그만 입을 다물어버렸다. 길 떠나기 전 모두 비워낸 탓인지 나에겐 '사랑' 비슷한 것에도 공감할 감정이 전혀 남아 있지 않았다. 나의 관심은 오직 이 길 위에서 하나님에게 좀더 가까이 가는 것이다.

가파른 경사 길이 끝나고, 산의 정상 부분에 나무들로 둘러싸인 자그마한 성당이 나타났다. 과달루페 성당이었다. 성당은 원래 거기 있었다기보다 하늘로부터 내려와 지상에 잠시 머문 듯 눈부셨다. 사방에서 시원한 바람이 '쏴아—' 소리 내며 밀려왔다. 배낭을 벗어버리니 몸이 날아갈 것처럼 가벼웠다. 두 팔을 쫙 펴고 폐부 깊숙이 바람을 맞아들였다. 시원한 바람이 꿀처럼 달았다.

'하나님 감사합니다.'

기도가 저절로 입 밖으로 흘러나왔다. 감사 이외의 다른 말들은 모두 마음 안에서 숨을 죽이는 듯했다.

성당 안은 소박하고 정갈하게 꾸며져 있었다. 얼굴이 갈색인 성모마리아상이 제단 가운데 모셔져 있고, 천장에서 내려온 줄에 십자가 예수님상이 매달려 있었다.

치타는 촛불이 켜져 있는 기도처로 가서 나를 불렀다. 헌금과 동시에 촛불에 불이 들어왔다. 나도 헌금을 하고, 촛불이 들어오자 성호를 긋고, 돌아가신 부모님, 형제자매 조카들을 위해 기도했다. 그리고 산티아고에 도착할 때까지 주님이 동행해주시기를 빌었다. 다시 성호를 긋고 돌아서는데, 높은 데서 나를 내려다보고 있는 십자가상의 예수님과 눈길이 딱 마주쳤다. 십자가에 매달린 예수님은 그 고통으로 고개가 오른쪽으로 약간 기울어진 상태였고, 내가 서 있는 지점이 바로 고통스런 눈길과 일직선이 되는 자리였다. '나의 피 값으로 너의 죄를 사하노라' 하시는 성경 속 말씀이, 불특정 다수 속의 내가 아닌, 바로 지금 이 자리에 서 있는 '나'의 심장 깊숙이 꽂힌 것임을 눈으로 확인하는 순간이었다.

성당 밖엔 산 아래 시가지가 한눈에 내려다보이는 곳에 벤치들이 놓여 있었다. 플라타너스 그늘에 앉았다. 비로소 목도 마르고 허기도 느껴졌다. 생수에 미숫가루를 타서 먹었다. 구수한 맛이 일품이었다.

"너무 오래 쉬면 일어나기 싫어져요."

노련한 카미노답게 치타는 앉지도 않고, 사진만 몇 컷 찍은 다음 이내 다시 떠날 채비를 했다. '좋은 경치를 봐도 그냥 스쳐만 간다면, 도대체 이 길은 왜 있는 거야.' 속으로 투덜대며 마지못해 떠날 채비를 한다.

성당 앞을 지나는 포장도로를 따라 얼마쯤 가노라니, 산 쪽으로 올라가는 비탈길 나무둥치에 흰색과 빨간색 가로금 표시가 있었다. (그 이후 산에서는 노란 화살표 대신 그 표시가 길안내를 해주었다.) 얼핏 봐도 그쪽은 가파르고 험한 길로 보였다. 그래서인지 두 줄로 된 흰색과 빨간색 작대기 표시는 '참으로 미안하다, 하지만 한번 가볼 만은 해' 하고 반쯤 허리를 숙이고 있는 듯했다.

치타는 그쪽으로 심중을 정한 듯, '이쪽이 지름길 같다'는 둥 '길이 재미있어 보인다'는 둥 하며 내 관심을 그쪽으로 유도했다. 어차피 방향타를 잡은 것은 그녀이고, 나는 다만 따를 뿐인데 속으로 심하게 투덜거리느냐, 덜 투덜거리느냐, 그 차이일 뿐이었다.

길은 오를수록 가팔라지고 숨은 턱에 차올랐다. 산에서 내려오던 한 남자는 힘들 거라고, 만류하는 표정을 지으며 지나갔다. 그의 몸에서 풍기는 심한 땀 냄새가 그 증거이듯 코를 찔렀다. 하지만 치타는 아예 저만큼 멀어져 있어 뒤따라가는 나의 고통은 누구에게 호소할 수조차 없었다.

'그저 가는 거야, 또 가는 거야.'

힘이 드니 목소리도 나오지 않는다. 그렇게 걷는 동안, 산에서 내려오는 바람이 점점 달고 시원해지고 산 아래로 더욱 넓게 트이는 조망이 선물처럼 숨이 턱에 차오르는 고통의 뒷자리를 바로바로 메워주었다.

이 산길에서 길을 안내하는 표시들은, 그것들을 표시하기 위해 봉사자들 자신이 고통스런 체험에 동참하며 뒷사람을 위해 남긴 것이어서, 그것 자체가 헌신의 서약이었다. 겹겹이 맞물려 있는 능선을 따라가다 보면, 마치 반딧불처럼 여기 불쑥 저기 불쑥 나타나는 길안내 표시가, 지구 먼 저쪽에서 거기까지 인도되어 온 낯모르는 사람에게 박수를 보내는 것처럼 느껴지기도 했다.

서늘하고 상큼한 바람을 타고 구린 냄새가 실려오기 시작했다. 산을 온통 뒤덮고 있는 가시덤불 사이의 실낱같은 길을 먼저 지나간 것은 말과 염소였다. 그 길은 인간의 길이기 이전에 방목된 말이나 염소가 낸 길이었다.

가파름과 완만함이 교차되는 길을 걷는 동안 어느 때부턴가 짐의 무게가 내 안으로 들어온 듯한, 또는 나를 떠난 듯한 느낌이었다. 이 정도면 이 여정이 그렇게 힘들지만은 않겠다는 섣부른 자신감이 싹텄다. 무엇에서 기인하는 자신감인지?

끊어질 듯 이어지던 능선이 마침내 아래쪽으로 휘어지면서 갑자기 커다란 돌들이 흩어져 있는 가파른 내리막길이 나타났다. 급격하게 앞으로 쏠리는 중심을 다리로 버티자니 허벅지가 당겼다. 정신을 집중하

길 가던 순례자 스스로 카드에 도장을 찍고 잠시 쉬어가는 무인 휴게소. 벽에 Agua(물)와 Sello(도장)란 글씨가 쓰여 있다.

는데도 무엇엔가 걸려 넘어질 뻔하면서 몇 차례 비틀거렸다.

'너희 몸은 이렇게 연약하단다. 풀에도 걸려 넘어질 수 있고, 작은 돌부리 하나에도 걸려 넘어질 수 있단다. 넘어지면 팔다리를 크게 다칠 수 있지.' 방금 지나친 화살표가 그렇게 주의를 주는 듯했다. 지팡이가 제법 도움이 되었다. 조심조심 평지로 내려오자, 시원스럽게 트였던 조망이 일시에 어둡고 축축한 숲속 길로 바뀌었다.

길이 끝날 기미는 어디에도 보이지 않았다. 성당 앞에서 잠시 쉰 이후 내처 걷기만 했다. 네 시간이 넘었다. 사람은 물론 동물 한 마리도 길에서 만나지 못했다. 아침에 치타가 왜 든든히 먹어둬야 한다고 했는지 이제야 알 것 같았다. 갑자기 허기와 고달픔이 밀려왔다. 고달픔이 밀려오자 감사와 기도는 자취를 감추고 불만이 고개를 쳐들었다. 배가 고픈 줄 뻔히 알면서 잠시도 쉴 틈을 주지 않고 걷기만 하는 치타가 도대체 나를 안내하겠다고 나선 사람인가 싶기도 했다.

"옛날에 과거 보러 갈 때는 눈썹도 뽑아놓고 갔다는 말이 있지요. 지난번 우리 남편은 모자도 무거워 모자챙만 남기고 머리에 닿는 부분을 잘라버리더라고요."

치타도 힘이 드는지 나와 보조를 같이하기를 포기하고 멀찍이 앞서 갔다. 맘속으로 '내가 왜 안내를 하겠다고 나섰을까. 후회막급이야' 하고 있을지도 모를 일.

앞서 가는 그녀의 모습이 점처럼 작게 보였다. '내 뒤에서 누가 따라온다면 나도 저렇게 보이겠지. 인간이란 저토록 작은 존재에 지나지 않

는데…… 그래도 내 짐 하나는 죽자고 들고 가네.'

떠날 때부터 목에 매달려 덜렁거리는 필름카메라의 무게가 참을 수
없을 만큼 부담이 되었다. 낙타가 주저앉을 때는 짐 위에 얹어진 지푸라
기 하나 때문이라는 말이 실감될 즈음, 카메라를 비닐에 싸고 가죽케이
스는 벗겨 수풀에 던져버렸다. 그것이 길 가다 버린 최초의 물건이었다.
가다 보니, 나 같은 사람이 또 있었다. 풀섶에 멀쩡한 모자와 헝겊가방
이 버려져 있었다.

그녀가 지나가는 곳에서 개 짖는 소리가 희미하게 들려왔다. 잠시 후
개 짖는 소리가 잠잠해졌다. 치타가 점처럼 보이던 지점쯤에 내가 다다
르자 다시 개 짖는 소리가 들려왔다. 개는 지나가는 사람에게 위협을 주
고자 하겠지만, 그 위협도 반갑기만 했다.

"오, 그래 잘 있었니. 너 목소리 한번 우렁차다. 우리나라 진돗개 친
구 해도 되겠다야." 저만큼 나무들 사이로 빨간 지붕이 보였다. 개 짖는
소리는 더욱 크게 들려오는데, 개는 보이지 않았다. 잠시 후 나무들 사
이로 보이던 빨간 지붕이 뒤로 사라지자 개 짖는 소리도 뚝 그쳤다.

그리고, 난데없이 자동차 길이 나타났다. 이내 귀청이 찢어질 듯한
도시의 어마어마한 소음이 들려왔다. 그 소리의 정체는 해안에 위치한
고철처리장에서 들려왔다. 그곳에는 작은 산만 한 고철더미가 무더기
무더기로 쌓여 있었고, 소리는 바로 고철의 분쇄과정에서 나는 것이었
다. 스페인의 모든 가정에서 생활편의 도구로 쓰였던 문명의 산물들이
쓰레기로 배출되어 이제는 흉측한 고철더미로 변해 있었다. 물건에 얽

혀 있는 수많은 사연들, 그 값을 치르기 위해 허리가 휘어지게 일해야 했던 할부 냉장고, 할부 세탁기들은 누군가의 인생을 그렇게 허비하게 하다 끝내는 고철더미로 버려졌던 것. 덧없고 허망한 삶의 진실이 거기에 있었다.

'이것이 바로 너희가 사는 세상의 속살이다.'

내 안에서 들려오는 그 목소리는 이제까지 나를 이끌어온 화살표의 소리였다.

잠이 깼다. 충분히 익은 감이 가지에서 꼭지가 떨어진 것처럼 의식이 환히 밝아왔다. 태어나서 생전 처음 그토록 먼 길을 걸어온 몸. 죽을 둥 살 둥 걸어 파사이아에 도착했으나 비수기여서 알베르게 문이 닫혔다는 거며, 단 한 발짝도 더 걸을 수 없어 버스를 타고 다음 도시, 산세바스티안에 도착해서 유스호스텔에 간신히 방을 잡고 벌러덩 나가떨어진 어제의 일이 생생하게 떠올랐다.

도대체 몇 시나 됐을까. 옆 침대는 조용했다. 2인 1실의 유료 잠자리여서 방에는 우리 둘뿐이었다. 머리맡을 더듬어 손전등을 찾아 불을 켜고 시계를 비추어 보았다. 5시였다. 정신이 너무 맑아 다시 잠을 청하기가 아까웠다. 어둠 속에서 눈을 뜨고 있을 때는 자기 안이 보인다. 시간도 흐르지 않고 제자리에 고인다.

"새벽바다 보러 갈까요?"

치타도 진작 잠이 깼는지 목소리가 맑았다.

"그렇지 않아도 어제 바다를 그냥 지나쳐서 많이 아쉬웠는데."

단번에 침낭 지퍼를 쭉 여는 소리가 났다. 곧이어 불이 켜졌다.

"바깥이 추울 거예요. 든든하게 입으세요."

바깥은 초겨울 날씨처럼 스산한 바람이 불었다. 텅 빈 길에 가로등 그림자만 길게 드리워져 있을 뿐 고양이 한 마리 얼씬거리지 않았다. 등에는 무거운 짐도 없고, 긴장해서 화살표를 따라가야 하는 속박감도 없지만 그 자유로움이 어쩐지 허허로웠다. 그저 바다를 보기 위해 걷고 있다는 것이 무슨 연극의 막간 같았다.

바다는 캄캄했다. 하늘도 캄캄했다. 깊이 파인 해안선이 캄캄한 바다를 안은 자궁처럼 조용히 철썩거리며 태초의 적막 같은 고요를 어루만지고 있었다. 절벽 위에 세워진 등대 불빛이 지상에 내려온 별처럼 아득하게 멀리 보였다. 성스런 허파의 숨결이 온 천지에 가득했다.

'저는 이런 시간의 바다 속에 맨몸으로 들어가 보고 싶었어요.'

그 고백은 남대천의 하동 시절을 떠난 이후 쭉 내 안에 감춰져 있었다.

몸에 걸치고 온 것들을 하나씩 벗었다. 목에 두른 스카프를 벗고, 신발을 벗었다. 점퍼를 벗고 속옷을 벗었다. 살갗에 소름이 돋았지만, 평생 품어온 소원을 풀어보려는 욕심으로 추위쯤이야, 하고 벌거벗은 것이다. 어두운 탓에 치타는 그때까지 눈치를 못 채고 있었다.

"나, 수영 좀 하고 나올게요."

"추워요, 감기 걸려요."

물은 생각보다 훨씬 차가웠고, 밖에서 보기보다 훨씬 캄캄했다. 척추가 벌떡 곤두서는 것 같았다. 가슴까지 차오른 물이 불시에 나를 끌어당겼다. '어머나!' 열아홉 살 때, 목사님의 팔에 안겨 세례를 받던 그 쭈뼛한 순간의 기억이 한달음에 40여 년을 뛰어넘어 스페인의 산세바스티안의 신성한 바다에서 '풍덩' 하는 소리로 되살아났다.

'물에도 화살표가 있네!'

나는 맘속으로 외쳤다. 호기심으로 찾은 바다였으나, 바다는 새벽시간의 이 일탈까지도 화살표에 이끌려온 것임을 알게 해주었다. 바다는 더 이상 차갑지도 무섭지도 않았다. 깊이를 알 수 없는 그 캄캄함에 대한 두려움이 한순간에 가시고, 마치 저 먼 미지로부터 시공을 초월한 어떤 근원이 자애로운 손이 되어 나를 떠받들고 있는 것 같았다. 힘들여 팔다리를 움직일 필요도 없었다.

'이렇게 맡기면 되는 거로군요.' 동해에서 태어나 자란 나에게 수영은 물이 가르쳐준 춤이었다. 하지만 이제야 나는 수영이 아닌, 물이 나를 떠안는다는 것이 무엇인지 알게 된 것이다.

어느새 치타도 옷을 입은 채 물가에서 파도를 타고 있었다. 수평선이 불그레해질 무렵 우리는 바다에서 나왔다. 젖은 몸이 이내 옷을 흠뻑 적셨다. 덜덜 떨면서 호텔로 돌아왔다. 잠자리에 그대로 있었으면 지금쯤 일어나 떠날 채비를 할 시간이었다. 뜨거운 물이 쏟아지는 샤워기 아래 서 있노라니 시간 밖에서 돌아온 것 같았다.

산세바스티안 해안마을. 이곳에서는 배로 물길을 건넌다.

수마이아ZUMAYA 에서
오래된 수도원

여섯 시간 만에 알베르게가 있는 도시에 도착했다. 하루의 고된 걷기가 끝나가고 있지만, 우리는 아직도 이 도시의 어느 구석에 박혀 있는지 알 수 없는 숙소를 찾아가야 한다. 그것은 지금까지 걸어온 것보다 더 힘든 일일 수 있다.

도시는 시스템에 따라 움직인다. 상점의 문을 열고 닫는 시간, 관공서의 근무시간, 교회 종소리가 암시하고 있는 그 지역 사람들의 생활습관 등 보행자와 운전자 들을 위한 약속의 표지는 도로 곳곳에 글씨, 색깔, 숫자, 라인, 로고로 표시되어 있지만, 순례자들을 위한 화살표는 도시 입구에서 끊긴다. 도시에 들어서면 순례자들은 이방인이 된다. 도시가 버린 것은 '걷기'이다. 보다 빠르고 편리한 교통수단을 이용하는 사람들을 위한 사인은 많지만, 걸어서 입성한 순례자에게 도시의 기호들은 아무 도움이 되지 않는다. 그 어디에도 순례자들을 알베르게로 인도해주는 사인은 없다. 우리 자신이 지나가는 행인에게 물어물어 화살표를 만들어가는 수밖에 없다.

"알베르게?"

지친 표정으로 안타깝게 쳐다보아도 중년의 아저씨는 고개를 가로젓는다. 그가 설사 고개를 가로젓더라도 그에 대한 고마움은 조금도 줄지 않는다.

치타가 앞에서 물어보면 나는 뒤에서 허리를 구십 도로 꺾어 절을 한다. 생면부지의 사람을 위해 잠시라도 가던 길을 멈춰 선 것만으로도 감사하다.

이제까지 그 고마움을 알면서도 스쳐버린 사람들이 얼마나 많았나? 서울을 떠나던 날에도 고마운 사람을 만났다. 지갑을 떨어뜨린 줄 모르고 택시를 탔는데 그것을 주워서 오토바이로 뒤쫓아와 지갑을 돌려준 슈퍼마켓 배달원. 감사하다는 표시도 제대로 못하고 얼굴만 스친 사람들이 얼마나 많았나. 그 한 사람 한 사람이 평소에 내가 만난 노란 화살표들이었다.

한참을 걸어도 물어볼 만한 사람을 찾지 못해 그냥 걸음을 옮기노라면, 이동한 거리만큼 길의 불확실성이 커진다. 로터리 같은 데서는 한층 그렇다. 길을 건너가서 물어봤을 때, 가르쳐주는 사람이 우리가 건너온 길 쪽을 다시 가리킬 경우는 길을 다시 건너와야 한다. 그 사람은 우리가 들이미는 지도에 표시를 해주기까지 했으나, 지도에 그려진 동그라미 표시가 어딘지 알 수 없기는 매한가지이다. 사람들은 대개 손짓으로 왼쪽 오른쪽 또는 똑바로 가라고 가르쳐준다. 그 손짓이 우리에겐 화살표다.

자연 속에서 노란 화살표가 이끌어준 길은 반드시 또 다른 화살표 앞으로 데려다주는 데 반해, 지나가는 사람들이 가르쳐주는 손짓 화살표

수도원 유리창에 어린 하늘의 향기

는 늘 조금씩 헤매게 만든다. 손짓을 읽는 것이 잘못되었거나, 가르쳐주는 사람 자신이 잘 알지 못해서 생기는 오류이다. 그래서 치타는 길을 물을 때 딱 백 미터 거리만큼씩만 물어보는 것이 상책이라고 했다. 그러니까, 한 사람이 한 번 손짓하는 방향만큼만 가서, 또 다른 사람에게 물어보는 것이 헛걸음을 줄이는 길이라고 했다. 헛걸음이 거듭되어 길을 물어보려고 멈춰 서 있을 때 짐은 천근만근의 무게로 느껴진다. 어깨가 파이는 듯 아파서 그냥 털버덕 주저앉고 싶어진다.

그 여인은 우리가 길을 물어본 여섯 번째 사람이었다. 손짓으로 똑바로 가서 오른쪽으로 꺾어지라던 그녀가 우리의 갸우뚱한 표정이 미심쩍었는지 앞장서 걸어가며 자기를 따라오라고 했다.

'아, 이렇게 고마울 수가!'

자신이 가려던 길에서 상당히 벗어나고 있음에도, 큰길을 건너, 꼬불꼬불한 골목길을 몇 차례 돌고 돌아 언덕 위에 있는 어느 묵중한 나무문을 가리켰다. 너무나 감격해서 절을 두 번 세 번 했지만, 그녀는 우리와 함께 계단을 올라 문에 붙여놓은 알림문을 같이 확인하기까지 했다.

문을 여는 시간은 16:00라고 쓰여 있었다. 두 시간 반 이상을 기다려야 한다는 얘기였다. 그러자 그 천사는 휴대폰을 꺼내어 알림문에 쓰인 전화번호로 전화를 했다. 관리인이 4시에 오겠다고 했으니 그때까지 기다리라고 우리에게 자세히 일러준 뒤에야 아무렇지도 않게 돌아섰다. 그녀가 아니었더라면 우리는 이삼십 분은 족히 더 헤맬 수 있었는데 그녀가 우리에게 베풀어준 친절, 그 분명한 화살표 때문에 좀더 쉽고 빠르게 알베르게에 도착할 수 있었다. 친절 또는 사랑은 이 세상 어디에서든 또 누구에게든 가장 확실한 화살표가 될 수 있는 신의 속성이다.

"이 알베르게는 예전에 수도원이었대요."

"금녀의 집이었군요."

나는 고개를 한껏 뒤로 젖혀 높은 담벼락을 올려다보았다.

"이 사람들은 4시라고 하면 단 1분도 어김이 없어요. 그사이에 뭘 좀 먹고 오면 어떨까요?"

'짐을 문 앞에 두고 가야 하나?'

하지만 그럴 필요가 없었다. 치타가 묵중한 나무문을 밀어보자 안으로 천천히 열렸다. 잠긴 듯이 보인 문이 사실은 잠겨 있지 않았다. 닫히려는 문을 힘껏 잡았으니 망정이지, 그 안은 한 줄기 빛조차 틈탈 수 없는 캄캄한 세상이었다. 'ㅁ' 자 모양의 로비는 바닥에서부터 사면이 모두 육중한 나무벽이었고, 건물 안으로 들어가는 크고 작은 문이 한 벽에 하나씩, 네 개가 있었다. 벽면에 새겨진 무늬가 세월의 기름을 먹어 반질반질했다. 우리가 들어갈 수 있는 문은 거기까지였다.

배낭을 벗어놓고 밖으로 나와서 문득 뒤를 돌아다보았다. 등 뒤에서 닫히는 문소리가 어찌나 엄중한지 다시는 열리지 않을 것 같았다. 예전에 그 문은 신에게 자기 삶을 헌정한 젊은 남성들의 고결한 결단에 걸맞게 한번 안으로 받아들인 사람은 절대로 밖으로 내보내지 아니했을 것이다.

식사를 하고 돌아왔을 때는 4시 십오 분 전이었다. 관리인은 정확히

4시에 나타났다. 사복 차림이긴 했지만 그는 수도사 같았다. 상냥하면서도 과묵하고 정갈한 인상이었다.

관리인이 열쇠로 가운데 벽면의 문을 열었다. 둔중한 소리가 났다. 아마도 그 옛날 어떤 젊은이는 이 문 안으로 들어가기 전에 아직도 세상 번민의 중심에서 마음을 잡아끄는 연인의 얼굴을 떠올렸을 것이다. 잠시 후 자신의 등 뒤에서 둔중한 소리를 내며 문이 닫히면, 아, 이제 무언가 돌이킬 수 없게 되었구나 싶어 마음이 쿵 내려앉았을 것이다.

어둠침침한 실내에 눈이 익숙해지자, 위로 올라가는 계단이 희미하게 보였다. 그 계단은 위쪽에서 저 홀로 깊어져 고인 정적 속에 파묻혀 있는 것 같았다. 지금도 건물의 깊숙한 내실에서는, 벽에 걸려 있는 십자가 예수님 앞에서 꼭 맞잡은 두 손 위에 이마를 묻고 묵상수행하고 있는 나이 많은 수도사들이 있을 것만 같았다. 구십 도로 꺾이는 계단을 세 번 오르자 어디선가 나타난 커다란 개가 관리인을 보고 꼬리를 흔들며 다가왔다.

관리인을 뒤따라 들어간 방은 예전에 수도사들의 식당으로 쓰였던 곳인 듯했다. 검은 대들보와 벽기둥, 하얀 회벽은 칠을 해서 깨끗했고, 반들거리는 마룻바닥은 오랜 세월의 흠집을 그대로 간직하고 있어 정감 어린 분위기를 자아냈다. 수도사들이 떠나가긴 했어도 그들의 고요한 영혼의 체취는 아직도 구석구석에 남아 있었다.

입실수속을 마친 뒤 관리인은 우리가 묵게 될 방을 지정해주었다. 부엌을 지나 건물의 가장 안쪽에 있는 방이었다. 청회색과 흰색 페인트로

고요의 미로를 따라 다다른 창 앞에서.

벽을 반씩 칠한 그 방엔 철침대가 6개 있었고, 창 앞에 조그만 탁자와 의자도 하나씩 있었다. 이미 순례자 숙소로 용도가 바뀌었음에도 방 분위기는 여전히 수도사들이 거처하고 있는 듯 청빈한 냉기가 감돌았다.

치타가 샤워를 하는 동안 나는 침대에 걸터앉아 흰 벽면을 바라보고 있었다. 등 뒤에서 현관문이 닫히던 둔중한 소리가 귓가에 맴돌았다. 세속생활을 접고 방금 수도원에 입소한 신출내기 수도사인 양 앞으로 적응해나갈 새 생활에 대한 두려움과 기대감이 교차하면서 조금쯤은 심란한 기분으로 앉아 있는 것 같기도 했다.

자기를 던져 오로지 신에게 삶을 귀의하고자 했던 사람들의 극도로 검박했던 생활이 낯설기보다 오히려 친숙하게 느껴지는 것은 왜일까. 나는 일어나서 창문을 열었다. 그 방의 유일한 창이었다. 하얀 망사 천 너머로 보이는 조그만 안뜰에 노랗고 하얀 꽃들이 미풍에 한들거리고 있었다. 샤워 물 쏟아지는 소리만 아니면 나는 이미 깊은 고요의 미로를 따라 알지 못할 곳에 다다른 것으로 착각했을 것이다.

Camino de Santiago

문門 이야기

첫날 이룬에서 걷기 시작했을 때 만난 그 'ㄷ'자 나무문을 통과하고
난 뒤였다. 그 문은 농로와 목초지가 'T'자 모양으로 만나는 길목에 설
치되어 있었다.

'이런 곳에 왜 이런 문이 있을까.'

그것은 단순한 의문이 아니었다. 짐을 지고 'ㄷ'자 모양의 문 안으로
'요렇게, 요렇게, 또 요렇게' 하면서 통과하고 났을 때, 그 문은 지금까
지 내가 걸어온 길과 앞으로 다시 걸어가야 할 길 사이에 경계를 지어주
는 것 같았다. 이제부터 걷는 길은 그 이전의 연장이 아니라 새로운 길
인 것처럼 느껴졌다. 참 신기했다. 이전의 걸음과 이후의 걸음 사이는
단 몇 발자국뿐이고, 문이란 것도 허허벌판에 임의로 설치된 그런 것이
었다. 전체로 보면 그 땅이 그 땅이고 그 길이 그 길인데, 어째서 같은
공간이 그 엉성한 문 하나를 사이에 두고 그렇게 다르게 느껴질까.

얼마 지나지 않아서 산등성이의 목초지를 지날 때 또 그런 문을 만났
다. 그 문은 산 아래 있던 것보다 훨씬 거친, 나무를 토막만 내어 얼기설
기 철사로 묶은 것이었다. 일자로 된 단순구조여서 그냥 쓱 열고 닫았을
뿐인데, 그로 인해서 지금까지 걸어온 길과 앞으로 걸어갈 길에 또 다른

경계가 표시된 것이다. 이쪽에서 저쪽이 한 걸음 사이인데 무엇 때문에 '차이'를 느끼게 될까.

　나무문 양쪽으로 낮은 철망이 이어져 있는 것을 보면, 철망은 그곳에 놓아기르는 소나 말이나 양을 가두기 위함이고, 사람에게는 그곳이 개인소유지라는 암시를 하고 있다.

　그와 같은 문은 걷노라면 수없이 많이 나타난다. 나무기둥에 철조망을 엮은 것, 철봉과 나무와 철사를 엮어 만든 것, 나무토막을 철사로 엮은 것, 솜씨가 꼼꼼한 것, 엉성한 것 등 그 형태도 가지가지이다. 드넓은 자연 속에서 인간이 자기 소유를 관리하고 나타내는 그 엉성하기 짝이 없는 설치물을 보면, 무엇이든지 우선 '내 것'으로 확보해놓고자 하는 인간 심리와 무한정 개방되어 있는 자연이 대비되어 무척 우스꽝스럽다.

　'내 것'과 '남의 것'을 구분하는 경계 표시, 철조망. 그 경계 표시는 인간끼리의 약속에 지나지 않을 뿐, 드넓은 목초지에서 한가로이 풀을 뜯고 있는 동물들과는 아무 상관이 없다. 동물들은 자연 속에서 태어나 자연이 주신 것을 양껏 먹다가, 어느 때 사람이 나타나 자기들을 몰아

우리에 가두면 그런가 보다 할 수밖에 없다. 사람이 자연을 '내 것' 화化하는 지점이 거기에 있다. 가축은 어느 날 차에 실려 고속도로를 한참 달려가다가 자기들 목숨을 빼앗아가는 사람들의 손에 인계되고, 목숨을 내놓는 값으로 주인 된 사람의 손에 지폐를 남겨놓는다.

순례자는 자기 삶이 속해 있던 '내 것'의 축에서 걷는다는 지극히 반문명적인 방법으로, '내 것' 밖의 축을 향해 이동해가는 사람들이다. 그들의 이동을 이끄는 것이 화살표이고, 그 화살표는 성지 산티아고에서 끝난다.

그 땅의 임자라면, 이제 내 땅으로 들어선다는 '내 것'을 확인하는 뿌듯함이 있을지 모르지만, 순례자는 종착지에 이르기 전까지는 모든 장소를 그냥 지나갈 뿐이다. 길은 그 누구의 것도 아닌, 심지어 인간과 동물이 각자 필요해서 만들어놓은 것이어도 서로 공유한다. 순례자는 개인 소유지 안으로도 공유하는 길을 내며 지나가는 사람들이다. 그냥 지나간다는 것은 막힘없이 흐르고 또 흐르는 물의 생리를 닮아가는 것이다.

문은 그 흐름에 일시적으로 의식의 방점을 찍도록 한다. 이제까지 거처온 많은 길들의 기억을 떠올리고, 걸으면서 생각해온 많은 사유, 지인들을 위해 드린 많은 기도를 떠올리고, 떠올린 것들을 다른 버전으로 다시 이어가기도 한다. 그러는 사이, 그 이전의 자기 자신과 이후의 자기 자신이 다르다는 것을 문득 자각하기도 한다. 걸으면 걸을수록 자기라는 것이 양파껍질처럼 벗겨지고, 벗겨지면 새로운 자기로 거듭 태어난다고 할까.

길을 걷다 보면 한 걸음 이전과 한 걸음 이후가 '변화' 그 자체라는 것을 느낄 수 있다. 한 걸음 사이에 이미 이전의 것은 지나가고 새로운 것이 다가온다. 그 새로운 것은 다음 발걸음을 내딛는 순간 이미 지나가서 이미 과거의 것이 된다. 같은 풀, 같은 꽃, 같은 돌멩이, 같은 나무라도 한 걸음 사이에 이미 그 자태가 변해 있다.

걷는다는 것은 움직이는 세상을, 움직이며 느낀다는 것이다. 멀리 있어 움직이지 않는 것처럼 보이는 풍경을, 앞으로 끌어당겨 가까이에서 볼 수 있는 사물로 바꾸는 것이다. 길의 소실점 저 끝까지 펼쳐져 있는 숲과 산의 능선, 구름, 무한히 광대한 하늘…… 인간은 원경 속에서는 한 부분일 뿐이다. 움직이지 않을 때의 부분은 큰 것의 극히 작은 일부분이지만, 움직일 때의 일부는 전체로 변화되어가는 부분이다.

멀리, 까마득히 멀리 있던 산봉우리가 걷다 보면, 오른쪽 키 높이에 와 있다. 산봉우리가 눈 아래 굽어보인다. 걸어온 길이 산에 매인 하얀 띠같이 보인다. 순례자가 자기 걸음에 스스로 감탄하는 순간이다.

목초지에 설치된 이런 문의 귀퉁이에는 어김없이 노란 빛깔의 화살 표나, 흰색과 빨간색 두 줄의 표시가 있다. 문이 곧 화살표의 역할을 하고 있다. 문이자 방향을 가리키는 이런 화살표는 길가의 나무나 돌바닥에 표시된 화살표하고는 전혀 다른 느낌을 준다.

비 온 뒤 질척한 땅에, 앞서 간 사람이 문을 연 둥그런 자국이 땅바닥에 그려져 있을 때가 있다. 휘휘한 산길을 혼자 걷던 순례자는 짐이 무거운 것도 잠시 잊고 한참 동안 그 자국을 들여다보며 생각에 잠긴다. 그것이 설사 낯모르는 사람의 흔적이라고 할지라도 돌연 그가 남긴 선연한 흔적에 은근한 질투가 느껴짐은 무슨 까닭일까.

숲속 길에서 동네로 내려오면, 집에 딸린 모든 문의 안쪽은 사유私有의 공간으로 바뀐다. 대부분의 문은 안쪽으로 잠겨 있다. 창문들도 닫혀 있고 커튼까지 드리워져 있다. 이방인을 경계警戒하고 경계시키려는 듯

꽁꽁 닫혀 있는 문들…….

집이란 인간이 자연 속에 세워놓은 내 것의 총화이다. 집을 형성하는 울타리, 대문, 창문들은 모두 집에 표시된 경계境界이다. 그 경계를 가장 실감하는 사람들은 그 동네에 들어선 낯선 이방인이다. 벽과 벽 사이에 만들어진 길만이 이방인들에게 허용된 공간이다. 하지만 길을 가는 순례자들만은 그 모든 창문이 언젠가는 활짝 열릴 수 있음을 안다. 친밀함이 아니어도 그 문이 열릴 수 있다는 것을 안다. 길을 가다 큰 재난을 만날 수 있는 사람은 순례자들이다. 그들은 그리스도의 남은 고난을 자신이 지고자 한 사람들이므로 그들에게 임한 재난은 무고無辜한 것이다. 무고하게 재난을 입은 사람은 창 안에서 내 것만 챙기며 살던 사람들에게 '마음에 찔림'을 주고, 착한 사마리아인으로 변화하도록 이끌어준다. 그러므로 순례자에게 모든 닫힌 창은 아껴두며 그냥 지나치는 피난처이다.

다시 길 위에서
아 멘 이 야 기

　무엇을 버릴까…… 마치 인생의 중요한 결단을 내릴 때만큼 진지해
진다. 고심 끝에, 빈 비닐봉지 하나, 누빈 옷가방(옷은 모두 꺼내어 비닐봉
지에 담고), 약봉지 하나, 이쑤시개 두 개를 버리기로 한다. 아까운 것보
다 필요한 것을 버리기가 더 어렵다. 옷가방을 버리기로 하는 데는 1초
도 안 걸린다. 하지만, 비닐봉지, 이쑤시개를(이미 몇 차례 사용한) 버리
느냐 마느냐를 결정하는 데는 몇 분이 걸려도 선택이 쉽지 않다. (한국
에서 이쑤시개는 음식점마다 비치되어 있고 슈퍼에 가면 어디서든 구할 수 있
지만 이곳에서는 좀체 구하기 어려운 물건이다.)

　"아니, 그걸 어쩌려고요?"

　치타가 옷가방에 시선을 꽂은 채 어이없다는 표정을 지었다.

　"이거라도 버려야 짐이 가벼워지겠는걸요."

　"그럼 그거 나 주세요."

　"이게 천을 누빈 것이어서 꽤 무거워요."

　"그래도 그렇지, 그 아까운 걸……."

　계속 걷기 위해서는 짐의 무게를 덜어내는 것 외에 방법이 없다. 반
면에 걷는 데 자신이 있는 치타는 아직 여유로운 눈치였다.

　배낭의 무게가 가벼워진 것 같다. 세상에서 가장 헐벗고 겸허한 삶을

선택했던 수도사들의 청빈한 생활의 속내를 엿보며, 마음에 쌓여 있는 습관의 군더더기를 많이 벗어놓을 수 있었다.

집에서 하루에 한두 끼 먹는 것으로 나는 식습관을 검소하게 바꾸어 간다고 생각했다. 하지만 아침, 또 어떤 때는 점심까지 거르고 나서 뒤늦게 한 끼를 먹을 때는 그 이전에 먹지 못한 것을 벌충하듯 아주 푸짐한 식사를 했다. 그 습관이 길 위에서도 이어져 슈퍼에서 먹을 것을 사게 되면, 식욕이 당기는 대로 빵, 과일, 치즈, 안초비 같은 것을 욕심껏 사게 된다. 먹다가 남으면 그것은 다음 날 걸을 때 곧바로 짐이 된다. '이제 돈이 좀 들더라도 레스토랑에서 끼니를 해결하고, 손에 들고 가는 짐을 만들지 말아야지…….' 하고 결심. 그런데, 다음 알베르게가 있는 동네에 슈퍼도 레스토랑도 문 연 데가 없으면 남은 음식을 힘들게 들고 온 보람이 있기도 했다. 그러나 다음 날 도착한 도시에 문을 연 슈퍼나 레스토랑이 있을 경우, 남은 빵이 아무리 아까워도 그것으로 끼니를 때우고 싶지 않아서 레스토랑을 찾게 된다.

일평생 빵과 우유 한 잔 그리고 치즈 한 덩이만 먹고 사는 수도사들의 적빈한 식생활을 따라가자면 입맛의 사치부터 바로잡아야 할 것 같다.

지난밤엔 화장실을 나오며 물을 내렸더니 치타 왈, 밤 9시 이후 화장실을 쓰게 되면 물을 내리지 않는 것이 이곳의 규칙이라고 했다. 평소에 호흡처럼 익숙한 습관까지도 재고의 대상이 되는 것을 통해서 내가 얼마나 먼 '곳'에 와 있나를 실감할 수 있었다. 이곳이 수도원이었을 때 지켜졌던 그 규칙은 물을 아낀다는 취지도 있겠지만, 물 내리는 소리로 수

면방해가 될 수 있기 때문일 것이다. 독신생활을 오래 해온 나에겐 공동체 생활의 규칙이 불편하고 속박감이 싫지만, 그것에 두말없이 복종하는 태도를 익히는 것도 이 길을 걷는 목표 중에 하나이다.

떠나기 전 방 안을 둘러보았다. 하룻밤을 묵었음에도 처음 그 방문을 열었을 때처럼 텅 빈 냉기가 감돌았다. 머물렀지만 아무 흔적도 남기지 않고 떠나게 하는 것이 이 길 위의 모든 알베르게가 순례자들에게 무언으로 가르쳐주는 행동지침이었다. 썰렁한 부엌을 지나서 오래된 고요와 오래된 어둠을 더듬더듬 밟으며 계단을 내려오는데, 금욕생활을 뒤로하고 다시 세속으로 나가는 것 같았다.

문밖엔 아침이 훤하게 밝아오고 있었다. 잔뜩 옥죄였던 가슴이 스르르 풀리며 알 수 없는 안도감이 밀려왔다. 알베르게를 끼고 완만하게 이어지는 오르막길은 주단을 깔아놓은 것처럼 붉었다. 수평선을 밀어올린 아침해가 길 아래 펼쳐지는 도시의 수많은 지붕과 유리창을 붉게 적시며 아침잠에 취해 있는 사람들을 남모르게 흔들어 깨우고 있었다. 이 세상에 잠깐 머물다 사라지는 천상의 아름다운 초대에, 깨어서 동참하고 있다는 것이 얼마나 큰 은혜이며 축복인지 알겠다.

이른 아침의 길은 깨어 있는 사람들에게 길을 음미하게 한다. 유칼리나무숲의 싱그런 향내와 지저귀는 나이팅게일의 노랫소리. 숲에 몸을 숨기고 돌돌 소리 내며 흐르는 계곡 물소리…… 이럴 때 나는 하나님이 연출하시는 창조 세계의 속살을 탐험하는 영화의 주인공이 되어, 하나님의 액션 '큐' 사인을 따라 충실히 연기를 하는 것 같다. 걷기는 자연과 대지의 신비를 탐색하는 모노드라마이다. 그 드라마는 수고와 기쁨의 양면으로 구성되어 있다. 한 걸음 한 걸음이 수고이면서 동시에 기쁨이 되는 것이 걷기이다. 다리가 수고하면 가슴에는 기쁨이란 이슬이 맺힌다. 머물러 있는 자의 시야는 정지되어 있다. 그는 풍경을 바라보지만, 그 바라봄은 피동적인 것이어서 풍경의 겉면만 보게 된다. 걷는 자는 한 걸음씩 앞으로 나아갈 때마다 새로운 풍경 속으로 들어감으로써, 바라봄을 스스로 만들어낸다. 대상이 거기 있어 보는 것이 아니라, 한 걸음씩 나아감으로써 풍경 속에 뛰어들어 풍경 전체를 살아 있는 무대로 만든다.

하늘 높이 흐르는 구름, 멀리 있는 산봉우리, 햇빛의 비늘이 되어 떨고 있는 수천수만의 나뭇잎사귀들, 나무와 나무들 사이에 어리어 있는 푸르스름한 이내의 밭, 한 떨기 들꽃 위에 앉아 있는 풀벌레, 길바닥에 박혀 있는 돌들의 울퉁불퉁한 자태…… 눈길은 끊임없이 줌인을 되풀이하고, 눈길이 닿는 것은 무엇이든 안으로 끌어당겨 사유의 필터 속으로 빨아들인다. 시시각각 살아 꿈틀거리는 내 안의 사유가 바로 자연과 대지의 속살을 더듬으며, 형태로 보이던 풍경을 섭리로 이해하며 '아, 그렇군요. 네, 맞아요' 하고 자기 기존인식의 기포를 터뜨리게 된다. 하나의 기포가 터질 때마다 나는 새로워지고, 그 새로움이 기쁨이 된다.

치타가 된 숨을 헐떡거리며 말했다.

"가장 힘들 때 드리는 기도는 하나님이 곧바로 응답해주셔요."

'아, 그렇지, 기도……!'

걷는 걸음걸음마다 가족과 지인들의 이름을 하나하나 떠올리고 기도를 입속으로 중얼거리며, 내 고통으로 기도의 속을 채워 하나님께 바친다는 생각을 했다. 그와 동시에, 붉고 흰 두 줄의 작대기 표시가 나타날 때마다 그것이 꼭 천사가 검지와 장지를 붙여 내 이마에 인印을 쳐주시는 느낌으로 와 닿았다.

'이츠아르' 란 동네를 지나고 있을 때였다. 어디선가 교회 종소리가 들려왔다. 참으로 오랜만에 들어보는 교회 종소리. 그 종소리가 기도의 응답으로 들려온 것은 처음이었다. 울컥 목이 메도록 감격스러웠다. 완만한 비탈길의 석축에 배낭을 걸치고 한동안 귀를 기울여 종소리를 음미했다.

다시 또 얼마쯤 걷다 보니 어디선가 아이들의 맑은 웃음소리가 들려왔다. 곧이어 유치원의 뜰에서 놀이기구를 타고 노는 아이들을 볼 수 있었다. 한 소녀의 호기심 어린 눈길과 마주쳤다. 그 순간, 맘속에서 씨앗 주머니가 터지듯 기도가 절로 흘러나왔다. '하나님, 저 아이를 축복해주세요. 저 아이가 자라면서 악에 물들지 않게 해주세요. 저 유치원 아이들 모두를 축복해주세요. 저들을 가르치는 선생님에게 아이들을 바르게 인도할 수 있는 지혜를 주세요.'

유치원을 지나치고 나서 뒤를 돌아다보았다. 그 소녀의 눈길이 여전히 나를 좇아오고 있었다. 내 기도를 보고 있는 소녀의 맑은 영이 내 눈에도 보였다.

'아멘, 감사합니다.'

길은 세상에서 가장 그윽한 곳을 가리키는 방향이다.

나는 걸음을 옮기며 지팡이로 길바닥을 쿡 찍었다. 그 이후 모든 걸음마다 '아멘, 쿡'이 이어졌다. 가족 친구 지인 들의 이름을 하나하나 나열하면서 '하나님 저는 그녀의 기도가 무엇인지 알지 못합니다. 그렇지만, 그 기도를 다한 끝에 저의 아멘을 붙이오니 응답해주옵소서. 아멘, 쿡.' 지팡이가 길바닥을 찍을 때마다 그것은 지인들의 기도를 위한 나의 아멘이 되었다. 더 나아가서는 길 위에 수북이 쌓여 있는 색색가지 빛깔의 낙엽, 풀, 돌멩이, 꽃을 위해서도 '아멘' 하고 기도했다. 나중에는 바짓가랑이를 성가시게 잡아뜯는 가시를 위해서도 '아멘' 했다. 가시도 축복 속으로 들어왔다. 예수님 머리에 얹힌 가시면류관이 그러했듯이…….

갑자기 성경말씀 한 구절이 떠올랐다. 떠올린 것만으로도 말씀이 환한 빛줄기처럼 나를 꿰뚫어버리는 것 같았다.

예수님이 '나는 길이요' 하신 것은 삶의 방식에 대한 암시이다. 그 방식은 자기를 죽기까지 내어놓아 십자가에 달리신 것으로 본을 보이셨고, '나는 진리요' 하신 것은 자기 십자가

를 지는 길만이 진리라는 뜻이고, '나는 생명이라' 하신 것은 오직 그 진리(살리는 것은 영이요, 육은 무익하니)로만 생명의 길에 이를 수 있다는 말씀이고, '나로 말미암지 않고는 천국에 들어올 자가 없다' 고 하신 것은 예수님의 속성과 천국의 속성이 같은 것임을 선포하신 것이다. 그러므로 우리는 이미 지상에서 천국을 경험했던 것이다!!! 나는 지팡이를 높이 들었다가 땅을 세 번 쿡쿡쿡 찍었다.

어디선가 음매 하는 송아지 울음소리에 이어 딸랑거리는 소 방울 소리가 들려왔다. 곧이어 소들이 풀을 뜯고 있는 언덕배기의 푸른 초장이 나타났다.

'하나님, 저 소들도 축복해주세요. 주인이 가혹하게 일을 시키지 않도록 도와주세요. 아멘 쿡.'

어디선가 소똥 냄새가 바람에 실리어 날아왔다. 잠시 후 포장이 된 시골길 위에 작은 피자만 한 소똥이 듬성듬성 떨어져 있었다. 머지않아 농가가 나타날 전조이다. 소들은 제집인 우사가 가까워지면, 기특하게도 '방에다 똥을 눌 순 없지' 하고 길에다 배변을 하고 우사로 들어가는 모양이다.

집에 딸린 조그만 과수원에는 무화과와 서양사과 들이 주렁주렁 매달려 익어가고 있다. 울긋불긋 만개한 꽃들이 늘어진 농가의 담장을 끼고 꽃향기 그윽한 골목길을 지날 때면, 개들이 먼저 낯선 사람이 마을에 들어섰다는 것을 동네에 알리고 이어서 닭들도 꼬꼬댁거린다. 고양이들도 어디선가 나타나 기지개를 켜는 척하며 낯선 사람을 유심히 지켜본다. 동물 주민들이 경계를 하건 말건, 나는 '검둥개, 꼬꼬댁 닭, 기지 개 켜는 고양이들도 아멘이에요, 하나님' 하는 것을 잊지 않는다.

꼬불꼬불한 시골동네 길을 다 지나도록 사람들은 한 사람도 만날 수 없다. 다행히 석축이나 길바닥, 대문 기둥에 표시되어 있는 노란 화살표 의 인도로 마을을 통과하고 나니 도시로 이어지는 자동차 길이 앞에 나 타났다.

오늘은 '아멘'의 날이었다.

데바 DEBA 에서
빨래
————

출입문에 드리워진 하얀 천을 걷어올리고 안으로 들어섰다. 무엇인가 발에 턱 걸렸다. 축축하고 퀴퀴한 냄새, 사람의 열기로 실내가 후끈했다. 두 평이 채 못 되는 공간이었다. 3면의 벽을 따라 침대는 3층으로 포개어져 있고, 덩치 큰 외국인 남자 셋, 그리고 그들의 짐으로 방은 이미 꽉 차 있었다. 인포메이션에서는 5인의 침대가 아직 남아 있다고 했으나, 눈짐작으로는 이미 침대마다 임자가 있는 듯이 보였다.

"뭐 하세요? 다른 사람 오기 전에 자리를 차지해야 돼요."

난감한 기색으로 문턱에 멀뚱히 서 있던 나는 치타의 핀잔을 듣고서도 엄두가 나지 않았다. '꼭 이런 데서 잠을 자야 하나.'

치타는 2층의 침대 하나를 잽싸게 차지하고 옷으로 임자 있음을 표시해놓았다. 선택의 여지가 없었다. 유료 숙소를 알아보자고 해도 먹힐 분위기가 아니었다.

문간에 배낭을 내려놓고 나도 팔을 걷어붙였다. 세 남자가 이미 1층의 침대를 모두 차지했기 때문에 남아 있는 것을 골라야 했다. 사다리 발판마다 빨래가 널려 있어 비어 있는 자리를 분간하기 어려웠다. 2층 침대를 하나 찾긴 했지만 올라가는 것이 문제였다. 그 아래 침대의 임자가 발판마다 빨래를 널어놓아서 위로 올라가려면 그의 빨래를 밟고 가야 할 판이었다. 그 빨래는 팬티와 양말, 티셔츠였다. 엉거주춤 서서 그의 선처를 기다려보았으나, 그는 수단껏 해보라는 눈치였다. 한번 올라가면 다시 내려오기가 불편하므로 밑에서 할 수 있는 일을 모두 보고 나서 올라가는 게 좋을 듯. 샤워실에서 사람이 나오는 것을 보고 때를 놓칠세라 얼른 갈아입을 속옷가지를 가지고 안으로 들어갔다. 너무 옹색해서 몸을 돌리기조차 어려웠으나 온수는 나왔다. 대충 몸을 씻고 팬티도 빨았다.

널 곳이 없었다. 수건으로 팬티를 싸서 비어 있는 사다리 발판에 널었다. 바닥에 둔 배낭에서 필요한 몇 가지만 꺼냈다. 몸을 조금만 움직여도 사람에게 부딪치고, 짐에 부딪치고, 사다리에 부딪쳤다. 우선 급한 대로 등산화를 슬리퍼로 갈아 신고, 침낭과 메모 노트와 손전등, 로션을 찾아 2층 침대에 올려놓았다. 처음엔 옴짝달싹하기도 어렵더니 옹색한 대로 자리가 잡혀갔다. '죽으란 법은 없다'는 말은 상황의 변화를 뜻하는 것이 아니라, 상황은 그대로이나 그 상황에 적응하는 사람 마음의 변화를 뜻하는 것이다.

1층에 자리잡은, 머리가 희끗한 영국인은 조그만 둥근 테이블 위에 소형 버너를 올려놓고 물을 끓여 차를 마시고 있었다. 잔이랑 잔받침까지 갖추고 정식으로 티타임을 즐기고 있었다. 그 모습이 흑백 속의 천연색처럼 이채로워 보였다. 노인이 앉아 있는 자리만 천연색 시간이 흐르고 있는 것 같았다. 미소를 머금고 바라보노라니 눈길이 마주쳤다.

"당신도 한잔 하겠어요?" 노인이 미소를 지으며 물었다.

"주신다면……."

그는 나에게 의자를 권하고, 잔받침까지 곁들여 립턴 차 한 잔을 주었다. 설탕도 두 개나 내놓았다.

빤한 좁은 공간 안에서, 제 앞치레에만 정신없는 사람들 틈에서 물을 끓이고, 차를 타서 남에게 대접을 하는 여유는 '나이에서 올까, 문화에서 올까?' 그런 생각을 하며, 차를 한 모금 또 한 모금 마시고 있을 때였다. 벽에 세워둔 그의 지팡이가 쓰러지며 내 앞에 놓인 홍차 잔과 버너를 쓰러뜨렸다. 뜨거운 물이 내 왼손과 무릎 위로 쏟아졌다. 찻물이 식어 큰 부상을 입지는 않았다.

2층 침대로 올라왔다. 첫째 발판(남자 티셔츠), 둘째 발판(남자 팬티)을 밟지 않고, 셋째 발판(내 팬티)만 밟고 간신히 올라오긴 했는데, 하마터면 뒤로 넘어질 뻔했다. 올라와 보니 3층 침대의 밑바닥이 너무 낮아 몸을 곧추세울 수가 없어 비스듬히 앉거나 누워야 했다. 위에서 내려다본 실내풍경은 야전캠프나 다름없었다. 누군가 커튼을 들추고 안을 들여다보더니 그냥 돌아섰다.

한 시간도 못 되어 다른 일행 세 사람이 도착했다. 그들 모두 옷이 젖어 있었다. 젊은 남성이 내 위 침대의 임자가 되었다. 사다리 발판에 널어놓은 빨래를 치워야 했다. 그에 대한 배려이기 전에 모르는 남성이 내 팬티를 밟고 지나가게 둘 수는 없었다. 빨래를 거두고 보니 아래 남자의 팬티였다. 하마터면 빨래가 바뀔 뻔했다.

그러저러 시간이 흐르는 동안, 뒤늦게 도착한 순례자들도 처음엔 어

찔 줄 모르다가 나중엔 할 것 다했다는 편안한 표정으로 바뀌었다.

오후 5시, 다들 식사를 하러 나가고 우리 둘만 남았다. 그렇게 비좁고 어수선하던 공간이 안온하게 느껴졌다. 치타는 잠이 들었고, 나는 침낭 속에 엎드려 글을 쓰기 시작했다. 글 속에서 나는 다시 한 번 길을 걸었고, 다시 한 번 지팡이로 땅을 찍으며 아멘을 되뇌었다. 7시 미사가 기다려졌다.

과달루페 성당 이후 길 가다 성당이 있으면 곧바로 들어가서 기도를 드린 뒤에 다시 걷기를 되풀이했다. 그날의 종착지에 도착하면 먼저 미사시간부터 알아보는 것이 치타가 하는 일이었다. 천주교 신자인 치타는 무슨 일이 있어도 미사만은 빠지지 않겠다는 결의를 가지고 있었다. 나는 개신교도인 데다, 알아듣지 못하는 스페인어로 진행되는 미사예식이 낯설기만 했다. 그래도 치타를 줄곧 따라다니는 동안 어느 정도 천주교 예식에 익숙해진 상태였다.

추적추적 내리던 비가 이제는 세차게 유리창을 두드려대고 있었다.

깊은 산중에서
길 을 잃 다

———

새벽 6시. 밖에는 아직 비가 내리고 있었다. 그래도 누구 하나 궂은 날씨 때문에 갈 길을 망설이는 사람은 없었다. 짐을 꾸려 준비를 마친 사람들은 앞서거니 뒤서거니 알베르게를 떠나갔다.

"우리도 갑시다."

대답이 나오지 않았다. 아직 한 발짝도 걷지 않았는데 어깨가 파이는 듯 아팠다. 배낭 멜빵에 쓸려서 피부가 벗겨진 자리였다. 왼쪽 발의 엄지발가락도 심하게 골병이 들었다. 힘든 것을 혼자 삭일 때는 말이 없어진다. 짊어진 배낭 위로 우비를 입으려니 팔이 닿지 않는다. 시간이 몇 분 지체되었다. 그사이 치타는 이미 밖으로 나갔다. 급한 마음에 미처 덜 여민 우비의 앞자락 단추를 걸어가면서 채웠다.

빗발은 차가웠고, 새벽길은 가로등이 켜져 있어도 어두웠다. '비도 오는데 이렇게 일찍 떠나는 이유가 뭘까.' 화살표도 없고 물어볼 사람도 없다. 치타는 길을 가로지르기도, 가다가 되돌아와 다른 길로 가기도 하면서 어디서든 화살표를 찾아보려고 애쓰고 있었다. 불빛이 환하게 흘러나오는 어느 카페 안엔 길 떠나려는 순례자들이 가득 웅성거리고 있었다. '우리도 들어가서 따끈한 커피 한잔 마시고 가면 좋을 텐데……'

고요 속을 달려서 새벽에 이른 성스러운 자태

다리를 건너자 캄캄한 동굴 입속 같은 오르막길이 우리 앞에 나타났다. 그 캄캄함이 무섭기보다 꺼림칙했다. 드디어 내 불만이 터졌다.

"화살표도 안 보이는데 사고라도 나면 어떻게 해요?" 내 음성은 힐난하는 투였다.

"아까 저기서 화살표를 봤어요."

"그래도 길이 너무 캄캄한데."

"가다 보면 날이 밝아져요. 내 경험이 그래요."

'그렇다면 가볼 수밖에.' 나는 입 밖으로 말을 내는 대신 걸음을 빨리했다. 걸음을 옮길수록 숲속은 더욱 캄캄해지고, 빗발은 더욱 거세어지고, 오르막도 더욱 가팔라졌다. 앞서 걷던 치타가 길가의 움푹 파인 곳에서 비를 피하는 듯 엉거주춤 서 있었다. 나는 그녀 앞을 지나쳐 계속 걸었다. 등성이에 거의 올라섰을 무렵, 뒤에서 치타가 볼멘 음성으로 나를 불렀다. 뒤를 돌아다보니 그녀는 비탈 아래 그대로 서 있었다.

"왜 그러세요?"

"드릴 말씀이 있어요."

"올라오세요. 기다릴게요."

"이리 오세요."

그녀의 음성은 거의 명령하는 투였다. 나는 불만을 삭이고 간신히 올라온 길을 다시 내려갔다.

"선생님은 이 길을 걷는 사람의 자세가 안 되어 있어요."

"그게 뭔데요?"

"첫째, 음식 사치가 심하고, 둘째, 주문한 음식을 남기는 것. 그리고 자꾸 차를 타고 싶어 하는 것."

눈으로 들이치는 빗물을 손등으로 훔치며 나는 잠시 멍했다. '아니, 내가 차를 타고 싶어 했다기보다 알베르게가 없어서 다음 도시까지 이동할 때 이용한 게 아닌가. 그것도 자기가 결정한 것에 대해 나는 속으로만 좋아했을 뿐이지. 둘째, 하루 한 끼 겨우 챙겨 먹는 음식인데, 맛없는 것을 먹어야 하나? 에너지 소비가 얼마나 심한데. 그리고 스페인어로 쓰인 요리를 잘못 시켜 도저히 먹을 수 없는 음식이 나왔는데, 어쩌란 말인가?'

속으로 부글거리던 불만이 일시에 멈추었다. 나는 치타의 눈빛에서 그녀가 말한 '순례자의 자세'라는 것이 무엇인지 한순간에 읽어낼 수 있었다. 치타를 걷게 하는 내적 동인動因이 나보다 훨씬 절실하고, 깊은 신심에 뿌리를 두고 있다는 것을 슬쩍 엿본 것이다.

'음식, 극도로 간소해요. 옷차림, 옛날 순례자들은 단벌이었어요. 잠자리, 물론 불편하죠. 그나마도 얻지 못하면 노천에서도 잘 수 있어요. 하지만 그런 것을 고생스럽다고 여기면 이 길을 걸을 필요가 없어요.'

치타는, 고행苦行으로서의 '산티아고 가는 길'로 나를 인도하고자 하는 것이다. 수도원이었던 수마이아 알베르게의 분위기가 말해주었듯, 절대 복종과 청빈한 의식주는 몸의 고행까지도 내포하는 수련을 의미했다.

나는 힘주어 고개를 끄덕였다. 속으로 바짝 자신을 추슬렀다. 내 안

에서 하나의 갈림길이 결정되는 순간이었다. 아침에 길을 떠나면 어떡하든지 치타에게 뒤처지지 않으려고 죽기 살기로 걸었다. 이제 이 길을 왜 걸으려고 했는지, 떠날 때 품었던 소망이 무엇이었는지 다시 되짚어보게 되었다. 그 소망은 막연한 바람만으로는 결코 이룰 수 없는 것이다. 그래, 내가 산티아고로 가려는 것은 하나님을 만나 진정으로 변화받고 싶기 때문이다. 이 소망은 고행까지도 참아내는 강력한 의지로 탈바꿈될 때만 하나님의 은총을 기대할 수 있다. 치타는 나에게 그것을 깨우쳐주었다.

"알았어요. 이제 갑시다."

얼마쯤 더 갔을 때 치타의 말대로 어둠이 차츰 벗겨지기 시작했다. 진군하듯 몰려오는 시커먼 구름 사이로 날이 밝아오는 기미를 비구름도 어쩌지 못했다. 그래도 빗줄기는 가늘어지다 굵어지다를 되풀이하며 그칠 기미를 보이지 않았다. 곳곳에 생긴 물웅덩이에 발이 빠져 신발은 질척거렸고, 짓무른 발가락에 물이 들자 욱신거렸다. 우비는 이제 비를 막지 못해 윗옷까지도 축축하게 젖어 들어왔다.

폭우 속에 창문을 굳게 닫고 있는 산속 외딴 동네 집에는 사람의 그림자조차 볼 수 없었다. 그래도, 길가엔 순례자들이 가져갈 수 있도록 물이 가득 담긴 페트병을 나뭇가지에 주렁주렁 매달아놓은 나무가 있었다. 물 한 잔 못 마신 빈속이지만 빗속에서 찬물을 마실 엄두가 나지 않는다. '하나님, 저 물병을 매달아 놓은 사람을 축복해주세요. 저는 그냥 가지만 고마움은 잊지 않겠습니다. 아멘.'

먼저 알베르게를 떠나 카페에 들렀던 카미노들이 인사를 하며 나를 앞질러 갔다. 한 사람씩 나를 앞질러 가다 나중엔 시야에서 사라졌다. 그래도 치타는 갈림길이나 표시가 애매한 곳이 있으면 내가 어느 정도 가까이 올 때까지 기다려 섰다가 가는 방향을 손짓으로 일러주고 다시 걷기를 되풀이했다. 치타와의 거리를 좁혀보려고 애를 써보지만 이내 기운이 빠진다. 어깨의 통증 때문에 걷는 것이 점점 악몽 같아진다. 무슨 조치를 하고 싶어도 퍼붓는 비를 피할 데도 없고, 약을 찾다 보면 더욱 뒤처질 것이므로 참고 걸을 수밖에 없다.

세 시간 넘게 걸었을 때야 앞서 가던 사람들이 옹기중기 모여 있는 곳에 도착했다. 그곳은 산중에 짓다 만 주택이었다. 모두들 말이 없다. 누구는 찬물을 마셔가며 딱딱한 빵을 씹고 있고, 누구는 용변 볼 데를 찾아보느라고 이리저리 기웃거린다. 독일 커플이 먼저 배낭을 짊어지고 떠날 채비를 한다. 치타는 포도로 요기를 하고 있다. 나는 우선 배낭을 풀어 약이 들어 있는 비닐봉지를 꺼낸다. 약을 바르고 나서야, 물병에 타온 미숫가루를 몇 모금 마시는데 치타가 다시 떠날 채비를 한다. 풀어놓은 짐도 있는데, 허겁지겁 꾸려서 그녀를 뒤쫓아갈 기운이 없다. 마음에서 기쁨이나 생기가 다 소진된 것 같다. '먼저 갈 테면 가라'는 기분으로 미숫가루를 또 한 모금 마신다. 미숫가루 맛이 썼다.

너무 오래 지체한 것일까? 걸음을 빨리하는데도 앞서 간 사람들이 보이지 않는다. 십 분쯤 정신없이 걸었다. 멀리 산 중턱을 가로지르는 길 위에 푸른 우비를 입은 치타의 모습이 점처럼 작게 보였다. 이제 됐

다 싶었는데 그녀의 모습이 다시 시야에서 사라졌다. '이제 곧 시야에 잡히겠지. 뒤돌아보고 안 보이면 기다리고 있겠지.' 길은 파도처럼 끝도 없이 밀려든다. 죽을 만큼 힘이 들지만 돌아갈 수도, 주저앉을 수도, 누가 곁에 있어 도와줄 사람도 없다.

'그런데 이 여자는 도대체 왜 꽁무니도 안 보이는 거야.' 문득 깊은 산중에 혼자 고립되어 있는 게 아닐까…… 하는 두려움이 스쳐갔다.

그러는 동안, 빗줄기는 산을 통째 무너뜨릴 만큼 거세어졌고, 주변이 점점 어두워지고, 번개가 시커먼 먹장구름을 찢을 때마다 이 산과 저 산 위에 빛의 벼락이 떨어지며 천지가 진동하는 우렛소리가 났다. 빛의 칼날이 곧장 내 머리에 꽂히는 것 같았다. 하늘과 땅이 거칠 것 없이 열려 있어 머리 위를 가릴 만한 것은 나뭇잎 한 장도 없었다. '어디서 길을 잘못 든 걸까. 이 정도 왔으면 뒤꽁무니라도 보일 텐데.' 기를 쓰고 걸음을 재촉해봐도 앞길은 줄어들지 않는다. 산 속의 외길에는 화살표도 없다. 그냥 그대로 가라는 뜻이다. 허둥지둥 목초지를 벗어나서 구척 같은 나무들이 빽빽이 우거진 숲길로 들어섰을 때, 난데없는 세 갈래 길이 앞을 가로막는다.

'어느 길로 가야 하나?'

퍼붓는 비 때문에 시야가 흐려 앞이 잘 보이지 않는다. 멈춰 서서 두리번거리는데, 어느 순간 '이곳이 어디인지 정말 알 수 없구나' 하는 새카만 공포가 엄습했다. 지금까지 살면서 그토록 자기 있는 자리가 두려웠던 때는 없었다. 의지가지없이 혼자라는 것 자체가 공포였다. (이때

나는 이상하게도 걸으면서 내내 가족, 지인들을 위해서, 심지어는 동물들, 나무들, 풀들을 위해서까지 기도를 드렸던 하나님을 잊고 있었다.)

입술을 깨물고 공포를 지그시 노려보듯 왼쪽 길을 찬찬히 살폈다. 없었다. 그다음엔 중간 길을 살폈다. 없었다. 마지막으로 오른쪽 길을 살폈다. 흐릿한 시야 너머로, 숲의 나무기둥 중간에 흰줄과 푸른 줄 표시가 보였다.

'그런데 이상하군. 이쪽 길로 가라는 표시를 왜 저기다 해놨을까.'

화살표를 발견했음에도 그 길로 가야 하는 것인지 확신이 서지 않았다.

그러나 갈 수밖에 없었다. 오백 미터를 넘게 걸었는데도 다음 화살표가 보이지 않았다. 조마조마한 마음으로 또 오백 미터 이상을 더 걸어가 보았다. 그래도 다른 화살표가 나타나지 않았다. 걸음을 돌이켜 길을 되짚어 나온다. 길을 되짚어 나오기 위해 걷는 걸음은 천근만근 다리가 무겁다. 대포를 쏘는 듯한 우렛소리가 여기저기서 들려온다. 다시 세 갈래 길 앞으로 돌아와 이번엔 중간 길로 들어선다. 이 길은 물웅덩이와 쓰러진 나무들이 계속 길을 가로막으며 가지 말라고 막는 것 같다. 그래도 어딘가 있을 화살표를 못 보고 놓치면 어쩌나 싶어 나아가본다. 생나뭇가지가 길에 쓰러져 있다. 그것을 타 넘다 미끄러져 주저앉으며 발목이 삐끗했다. 다급한 마음에 아픈 줄도 모르고 벌떡 일어났다. 땀이 비 오듯 흘렀다. 이 길에는 아예 화살표가 있는 기미조차 발견되지 않는다. 다시 길을 되짚어 나오는데 하늘이 쩍 쪼개지듯 벼락이 친다. 다시 원점에서 왼쪽 길로 들어서본다. 걸음이 아니라 거의 뛰다시피 사오백 미터 이상 달려가보았음에도 화살표는 보이지 않는다.

'아 내가 무엇에 홀렸구나' 하는 생각이 스쳐갔다. 그러자, 한순간 눈앞이 캄캄해진다. 뒤에서 무엇이 잡아끄는 듯 등줄기가 쭈뼛거렸다. 식은땀이 등줄기를 타고 주르륵 흘러내렸다.

그때였다. '아, 하나님!' 그것은 내 입에서 나온 소리이긴 해도, 하나님이 나를 찾아오신 소리였다. 정신이 번쩍 들었다. 무엇엔가 사로잡혔다 풀려난 것 같은 느낌이었다. 마음을 가다듬고 정신을 집중하여 선 채 기도를 드렸다.

'이곳에서 벗어나게 해주십시오. 아멘.'

기도와 동시에 나는 이미 마음에 가득 들어와 있는 평안함을 느낄 수 있었다. 그것은 길을 잃은 산중에서뿐만 아니라, '내가 어디 있는지 정말 알 수 없었던 바로 그 존재의 혼돈'에서 찾은 평안함이었다. 두려움의 장막이 싹 걷히었다.

상황은 아무것도 달라진 것이 없었다. 비는 여전히 폭포수같이 쏟아지고, 천둥번개도 여전했다. 오히려 발을 뻬어 한 걸음 내딛을 때마다 발목이 시큰거려 주저앉을 것만 같았다. 그러나 맘에서 두려움이 걷히자 시야가 환히 밝아져 있었다. 아까 본 나무기둥의 표시가 가리키는 방향이 이제는 의심의 여지가 없었다. 오른쪽 길이었다. 1킬로 이상을 걸어도 화살표는 나타나지 않았다. 그러나 안개 속 같은 혼란이 가라앉은 내 마음속에 또렷이 떠오른 것은 싸늘한 깨달음이었다.

'이제 너는 동행에 의지하지 말고 혼자 걸어라.'

크게 생각해보면, 나는 길을 잃고 헤맨 것이 아니었다. 노란 화살표를 찾지 못해 순례자의 길을 벗어났을 뿐이었다. 어떤 점에서 폭풍 뒤에 찾아온 그 깨달음은 나 자신이 화살표가 되어 산티아고로 찾아가라는 메시지인 것이다. 또한 세계 어디에 있든 하나님께로 이르는 그 길에서는, 단 하나의 화살표로 변한 자기 자신의 결단이면 족했다.

산의 지형을 잘 살펴보면 오르막길, 내리막길이 있어도 나무의 수종이나 길의 생김새에 따라 동네로 연결되는 길을 알아차릴 수 있다. 동네로만 가면 산중에 갇혀 저체온증으로 죽음을 맞이할 위험은 일단 피할 수 있다.

집들이 나타날 기미는 아직 없지만 길은 포장이 되어 있었다. 거센 빗줄기도 가늘어져 산천초목이 온화하고 평화로운 물안개에 잠겨 있는 것 같다. 마침내 농가 몇 채가 나타났다. 뜰 안에 비를 맞으며 함초롬히 피어 있는 나리꽃, 우사에서 멀뚱히 지나가는 나그네를 바라보고 있는 소들을 보자 눈물이 핑 돌았다. 개에게 밥을 주려고 문밖으로 나온 할머니가 무심히 나를 바라봤다.

"올라!"

"올라."

자신에게 건네진 그 인사에 사선死線을 넘어서 삶의 축을 한 바퀴 돌린 의미심장한 메시지가 담겨 있다는 것을 알지 못하는 소박하고 일상적인 인사.

어디로 가야 알베르게를 만날 수 있는지 물어보았다. 치타가 어느 알베르게에서 묵을 것인지 말해주지 않았기 때문에 우선은 가까운 곳에 있는 알베르게를 찾아가서 다음을 생각할 참이었다. 하지만 스페인의 농촌 할머니는 영어를 한마디도 못 알아듣고 나는 스페인어를 한마디도 알아듣지 못했다. 서로가 손짓 발짓으로 의사를 전달하려 애쓴 보람이 있어 내가 '알베르게, 알베르게' 하는 말만은 할머니가 알아듣고, '마르키나, 마르키나' 하시는 말을 내가 또한 알아들었다.

자동차 도로로 나와서 '마르키나'란 도로표지판을 발견했을 때는 날이 저물고 있었다. 산중에서 조금만 더 지체했어도 어둠에 갇힐 뻔했다.

길을 따라 걸어가노라니 저만큼 앞에 따뜻한 불빛이 흘러나오는 집이 있었다. 집 앞으로 다가가 기웃거리고 있는데 안에서 기다렸다는 듯이 한 여인이 웃으면서 밖으로 나왔다. 여인이 먼저 두 손을 모아 귀에 대고 잠자는 시늉을 했다. 민박집이었다. 그녀를 따라 뒤뜰로 갔다. 장난감 집같이 예쁜 뒤채가 있었다. 주인이 문을 열어 보였다. 꽃무늬 커버가 덮여 있는 침대 하나와 정갈한 샤워시설. '아, 하나님 감사합니다.'

하나님은 내게 부여하신 숙제를 그렇게 끝마치셨다. 나의 순례는 지금부터이다.

마르키나의 민박집
'아, 하나님 감사합니다.'

세나루사 CENARRUZA 에서
동 행 이 야 기

———

아침 7시였다. 추위와 창문을 흔들어대는 바람 소리에 밤새도록 뒤척인 탓에 몸이 무거웠다. 배에서 쪼로록 소리가 났다. 어제 점심때 산중에서 물에 탄 미숫가루를 먹은 것이 전부였다. 있는 것이라곤 치즈 두 조각과 젖은 땅콩 몇 알과 김 한 팩이 전부였다. 어쨌든 나는 지붕 아래서 비를 피하고 밤을 잘 지냈는데, 치타는 내 걱정으로 날밤을 새웠을지도 모르겠다. 잠깐 고개를 숙여 그녀를 위해 기도했다.

커튼을 들치고 날씨부터 살폈다. 새벽빛이 밝아오고 있으나 여전히 비바람이 심하게 불고 있었다. 뜰의 나무들이 비에 흠뻑 젖어 바람에 휘청거리고 있었다.

떠나긴 떠나야 하는데 어디를 향해 가야 할지 알 수 없다. 서울로 돌아갈까, 하는 생각을 잠시 했지만 치타가 비행기 표를 가지고 있어 여의치 않은 일이었다. 그렇다면 가던 길을 계속 갈 수밖에 없다……. 치타의 뒤꽁무니는 이제 내 앞에서 치워졌으니 지금부터는 나 혼자 알아서 헤쳐나가는 수밖에 없다. 도대체 이 마르키나란 곳은 스페인의 어느 구석에 붙어 있는 지역인가. 이 지역은 산티아고 가는 길에서 얼마나 벗어나 있는 걸까.

일단은 지도부터 구해서 다음 알베르게까지 가보는 방법밖에 없었다. 알베르게에 들러보면 치타가 남긴 쪽지라도 발견할 수 있겠지, 하는

길을 잃고,
다시 길에 사로잡히다

실낱같은 기대를 품는 것까지 하나님이 말리시지는 않겠지?

상황은 더 어려워졌으나 그 어려움을 오직 나 홀로 직면할 수밖에 없다는 것이 오히려 까닭 모를 용기를 샘솟게 한다. 치타를 만나든, 만나지 못하든 이제부터 나는 내 길을 갈 것이다. 내 안의 화살표가 용기를 북돋아주며 어서 떠나라고 격려를 해주는 것 같다.

배낭을 짊어지고 방에서 나왔다. 조금쯤 비장한 기분으로 뜰을 찬찬히 둘러보았다. 제라늄화분 꽃의 선명한 붉은색, 담을 타고 넝쿨이 올라간 초록색 덩굴식물, 앙증맞은 작은 창들…… 아마도 훗날 이 집은 내 삶의 새로운 전기를 말할 때마다 기억하게 될 것이다.

주인집 거실에 불이 켜져 있었다. 가서 문을 두드려도 실례가 되지 않을 시간이다. 그때 주인아주머니가 뒤뜰로 나왔다. 나는 그녀에게 숙박비로 24유로를 건네었다. 그녀가 웃으며 무슨 말을 했다. 알아들을 수가 없었다. 다만 커피 한잔 하겠느냐는 말만은 알아들을 수 있어 덥석 그녀의 손을 잡고 감사를 표했다.

부엌으로 따라 들어갔다. 아, 이 훈훈한 기운. 커피 냄새. 음식을 요리한 흔적들로 거뭇거뭇한 냄비와 주전자와 요리기구들. 문득 집이 그리웠다.

아주머니는 커피에 쿠키까지 곁들여 나를 대접했다. 하얀 잔에 담긴 커피를 식탁에 앉아 천천히 마시고 있노라니 삭신이 녹아내리는 것 같다. 그래도 눈으로는 집 안을 두리번거렸다. 마침내 지도가 눈에 띄었다. 지도를 가리키자 주인아저씨가 눈을 한 번 크게 꿈벅이며 지도를 건네주었다. 안경을 꺼내어 쓰고 지도를 들여다보고 있을 때였다.

바깥에 붉은색 차 한 대가 와서 멈추었다. 스페인 경찰차였다. 문이 열리고 치타가 차에서 뛰어나왔다.

치타는 나를 끌어안고 울음을 터뜨렸다.

"선생님 제가 잘못했어요. 비가 너무 와서 빨리 걷다 보니 미처 선생님을 챙기지 못했어요. 한참 가다가 뒤돌아보고 오던 길을 되짚어갔는데 아무리 찾아도 찾을 수 없었어요. 저는 선생님이 산에서 얼어 죽지 않게만 해주신다면 제 목숨이라도 내놓겠다고 기도했어요."

그녀는 자신이 나를 위해 어떤 임무를 위임받고, 어떤 임무를 수행하고 있는지 알지 못했다. 그것은 나도 마찬가지였다. 치타는 나를 이 길로 인도한 것이 자기라고 생각하고 있었다. 하지만 그녀는 나를 부르는 하나님의 메시지를 대신 전한 것으로 이미 자기 소임을 다한 것이다. 남은 여정은 치타도 자기의 길을 가면 되는 일이다.

나는 치타에게 내가 길을 잃은 것은 하나님의 뜻이었지 당신의 잘못이 아니라는 말을 할 수 없었다. 내가 당신을 의지하지 않도록 당신으로부터 나를 떼어놓으신 것이다, 라고 말할 수 없었다. 그녀의 자책이 너무 감정적이었기 때문에 내가 그 말을 하면 그녀가 상처를 입을 것 같았다. 그녀는 목숨까지도 내놓고 자책한 자기기도에 스스로 감격스러워하는 것 같았다. 어쨌든 나는 그녀의 넘치도록 풍부한 감정이 거북스러워지고 경계심이 생기기 시작했다. 내가 그 감정을 고마워하면, 그녀는 나를 위해 걷는다는 자기암시에 충실하려 할 것이고, 그것이 뜻대로 되지 않을 때는 나를 자기 페이스에 맞추어 휘두르려 할 것이기 때문에 곧바로 나에게도 부담이 될 것이다.

나는 다시 한 번 더 맘속에 깊이 새기었다. 내가 이 길로 나선 것은 하나님의 부르심이 있었기 때문이다. 하나님이 나에게 주시려는 시련이 무엇이든, 그 시련을 오로지 혼자 겪어내면서 하나님을 직접 대면하고 싶다. 그것만이 내가 이 길에서 바라는 바이다. 돕는다는 명목으로 하나님과 나 사이에 당신이 끼어들어서는 안 된다.

스페인 경찰차를 타고 치타가 지난밤을 지낸 알베르게로 이동하는 동안 치타는 흥분을 가라앉히지 못해 간혹 울먹이며 나를 찾아내기까지 있었던 일을 빠른 말로 들려주었다. 스페인 경찰이 실종신고를 받고 관과 민의 숙소를 모두 뒤졌다고 한다. 그들이 그렇게 발 빠르게 움직인 것은, 그 지역이 바스크 분리 독립주의자들이 활동하는 지역이기 때문에 혹시라도 납치되지 않았을까 걱정해서라고 한다.

내가 어딘지 냉담하고 무덤덤한 기분인 것을 그녀는 좀체 눈치채지 못했다.

"이제 더 이상 나 때문에 수고하지 마세요."

나는 경찰차에서 내리기 전에 부드럽게, 그러나 단호하게 말했다. 그것은 이제부터 내가 홀로 서겠다는 선언이었다.

세나루사는 숲이 울창한 산속에 드넓은 잔디로 둘러싸인 고색창연한 교회 건물을 중심으로 형성된 종교단지였다. 알베르게는 교회의 부속 건물 안에 있었다. 그곳에서 하루를 숙박한 순례자들은 이미 모두 떠난 뒤여서 모든 침대가 다 비어 있었다. 순례자 숙소는 그리 크지 않지만 깨끗했다. 치타는 순례자 숙소 담당 수도사에게 길 잃은 동행 얘기를 하고 하루를 더 묵는 것으로 양해를 얻었다고 한다. 우리는 하루를 이곳에서 쉬고 내일 다시 길을 떠나기로 했다.

그토록 무섭게 퍼붓던 비가 이곳만은 피해 가는지 파란 하늘에 구름이 둥둥 떠다니는 맑은 날씨에, 주변이 너무나 평화롭고 아름다워서 조용히 묵상을 하기엔 더없이 좋은 환경이었다. 오래된 교회에서, 하나님께 감사기도를 드릴 수 있게 된 것도 특별한 뜻으로 느껴졌다.

치타가 사정을 해서 음식 담당 수도사가 나를 위해 커피와 비스킷을 좀 가져다주었다. 치타의 주선이 아니었으면 나는 허기를 속수무책으로 참고 있었을 것이다. 고마우면서도, 내 마음먹은 대로 나 혼자 헤쳐나가도록 그녀가 나를 내버려두면 좋겠다는 생각을 했다.

"선생님 일루 와보세요."

요기를 하자마자 치타가 나를 불렀다. 그녀를 따라가면서 나는 잠깐 갈등을 느꼈다. 하지만 우선은 그녀의 뒤를 잠자코 따라가보기로 했다.

"여기 이쪽 부분이 14세기에 지은 최초의 교회래요."

벽은 세월을 이기지 못해 벽돌이 부스러진 틈 사이로 풀이 무성한데, 종탑만은 아직 말짱했다. 십자가 밑에 작은 종이 있고, 그보다 큰 종 두 개가 나란히 아래쪽에 있어, 괴어놓은 세 개의 종 위에 십자가가 하늘을 향해 우뚝 솟아 있었다. 무너져가는 벽돌 틈에서 자생한 나무에서 쭉 뻗어나온 가지가 종을 울리기 위해 조금만 더 더 하는 듯이 가지를 흔들고 있었다. 예전에 그 종탑에서 종소리가 울렸다면, 건너편 산에서 메아리가 울려 아주 멀리까지 퍼져나갔을 것이다. 나무는 그 종소리를 그리워하는 벽의 기억일지도 모른다.

옛 교회에 잇대어 지은 최근 건물을 끼고 왼편으로 돌아갔다. 드넓은 잔디밭이 펼쳐졌다. 잔디밭은 융단처럼 손질이 잘되어 있었고, 모서리를 각지게 전지한 금도금 나무담장으로 둘러싸여 있었다. 거기에 나무 한 그루가 살아 있는 조각처럼 우뚝 서 있었다. 그 비어 있음이 정갈하고 그 고요함이 성스럽게 느껴졌다. 내 느낌이 단순히 시각적인 것인지, 그곳에 어려 있는 보이지 않는 정령을 감지한 것인지 그건 알 수 없었다. 나는 무엇에 이끌린 듯 잔디밭 안으로 천천히 걸어 들어갔다.

"선생님, 저 조각 너무 좋지요."

나는 치타의 말을 무시하고 어떤 신성한 기운이 이끄는 방향으로 걸음을 옮겼다. '무엇이, 정말로, 나를 이끌고 있는 걸까. 내가 가는 게 아닌 것 같아.' 나는 혼잣말을 중얼거렸다.

"선생님!"

뒤를 돌아다보았다. 치타가 잔디밭 한가운데 있는 설치작품을 가리켰다.

"좋네요."

나는 건성으로 대답했다. 그리고 다시 돌아서서 마음을 집중했다. 앞은 그저 탁 트인 빈 공간이었다. 아무것도 없고 아무것도 보이지 않는 허공임에도 무언가 나를 이끌고 있다는 느낌이 있었다.

"선생님 이쪽으로요."

나는 혀를 차며 돌아섰다. 나중에 혼자 다시 와서 이 느낌이 무엇인지 알아보리라 생각하며. 치타가 나를 이끈 곳은 내정內庭으로 들어가는 문이었다. 손질이 잘된 잔디밭을 가운데 두고, 고풍스런 양식의 교회가 왼쪽에, 연대가 낮은 하얀 건축물이 오른쪽에 있었다. 그 건물이 트라피스트 계파의 수도사들을 교육하는 학교 겸 기숙사였다. 나는 바깥뜰에서 느낀 영적 잔영에 마음이 사로잡혀 걸음을 멈추고 멍한 듯 가만히 서 있었다.

"선생님, 여기요."

크로이스터지붕이 있는 회랑 쪽에서 치타가 손짓을 했다. 잔디밭 사이의 포장된 인도를 따라가는데, 무언가 앞을 휙 지나가는 듯했다. 물론 보이는 것도 잡히는 것도 없었다. 다만 느낌뿐이었다. 휙 스쳐간 어떤 것이 사라진 쪽을 보니 아치문이 있었고, 바닥을 돌로 깐 좁은 돌길이 열린 문 저 너머까지 마치 다른 세계로 이어지고 있는 것처럼 보였다.

"여기 이 조각을 잘 보세요. 아주 유명한 예술품이래요. 예수님상이 가운데 있고 양쪽에 악기를 든 천사들이에요."

'아주 소박한 솜씨로군요' 라고 말하려다 참았다. 치타의 뒤를 따라 성당 안으로 들어섰다. 아치 모양의 창과 원형의 천창에서 흘러드는 희미한 빛이 있을 뿐 성당 안은 어둠침침했다. 하나로 연결된 기도대와 의자는 희미한 빛에도 반들거렸다. 성상이 있는 제단 쪽은 어둠에 잠겨 거의 보이지 않았다. 나는 무릎을 꿇고 기도대에 팔꿈치를 괴고 한동안 가

만히 있었다. 오랜 세월의 침묵 저 너머로부터 말씀이 들려올 듯한 분위기에 자기를 맡기고 그저 기다리고 있을 참이었다. 치타는 이미 성호를 그으며 자리에서 일어났다. 나는 지금이야말로 그녀와 보조를 맞출 필요가 없는 상황인 것이 너무나 흐뭇해서 안도의 한숨이 나왔다. 이렇게 마음 놓고 기도할 시간을 주기 위해서 하나님이 나를 이곳으로 이끄셨구나, 하는 생각까지 들었다.

치타가 2층까지 둘러보고 밖으로 나간 뒤에야 내 안에서 기도의 말씀이 터져나왔다.

'하나님, 이 길 위에서 저를 만나주세요.'

그뿐이었다. 그동안 많은 기도를 해온 것은 다른 사람의 입술인 양, 그 입술들은 모두 벙어리가 된 듯 내 안이 조용해졌다. 동시에 나는 하나님을 만나고 싶다는 그 서원이 입 밖의 기도로 바뀐 순간, 그것이 이루어지리라는 것을 알았다. 두렵도다, 내 무릎 꿇은 자리여. 어쩌자고 내가 겁 없이 그런 기도를⋯⋯.

밖으로 나온 나는 성당 문 앞에 서서 먼 하늘을 바라보았다. 건너편 흰 건물의 유리창에는 노을빛 구름이 비치고 있으나, 아직 해는 산 능선 위에 걸려 있었다. 창에 비치는 구름을 하늘에서 찾아보았으나 어디에도 붉은 구름은 없었다.

발길이 아치문 쪽으로 향했다. 치타가 어디선가 불쑥 나타나면 어쩌나 싶어 마음이 조마조마했다. 아직 나는 혼자만의 시간이 더 필요했다. 아치문을 지나 길이 이끄는 쪽으로 나아갔다. 큰 고목나무 한 그루와 돌로 빚은 십자가 세 기가 나무 아래 세워져 있었다.

하나님을 만나고 싶다는 나의 서원이 무엇을 의미하는지, '와서 보라'고 말씀하시는 것 같았다. 나는 나무 아래 놓인 벤치에 앉아 깊은 명상에 빠졌다. 자기 안을 구석구석 샅샅이 다 뒤져보아도 이 순간으로부터 달아나서 세상으로 돌아가고 싶은 마음은 터럭만큼도 없었다. 세상에서 얻고 싶은 것은 아무것도 없었다……

치타가 아치문을 지나서 이쪽으로 오고 있었다. 나는 얼른 내가 따라가고 있던 명상의 문을 닫고 그녀를 기다렸다.

"선생님, 2층에 있는 파이프오르간 보셨어요? 교회가 생기면서부터 있었던 오르간이래요. 옛날부터 연주해온 찬송가 곡목도 그대로 있어요."

치타와 나 사이엔 이제 공유할 수 없는 비밀이 생기고 말았다. 우리는 같은 장소에 있으면서도 서로 다른 것을 보고 서로 다른 것을 생각한다. 하나로 묶여 있다가도 내면으로 들어가면 서로 다른 것을 생각하고 느낀다.

다음 날 새벽이었다. 화장실에 가려고 침낭을 빠져나왔다. 저녁때 이미 침대는 다 차고, 밤늦게 도착한 자전거 순례자 한 사람이 바닥에 깐 매트리스 위에서 자고 있어 손전등을 켜고 조심조심 방에서 나왔다. 이곳은 수도사들의 숙소와 떨어진 곳에 화장실이 있어 물을 마음대로 내릴 수 있는 것이 다행스러웠다. 다시 방으로 돌아가려고 계단을 올라가고 있는데, 뒤에서 치타의 인기척이 들려왔다.

문 저쪽, 아무것도 보이는 것이 없는 지점에서
우리의 영안이 비로소 없는 곳에 '있는' 것을 본다.

"아니, 언제 일어났어요?"

"하늘 좀 보세요. 별들이……."

"어마!"

하늘이 온통 반짝이는 별밭이었다.

"이쪽으로 와보세요. 더 아름다워요."

잔디밭이 있는 쪽이었다.

"선생님, 별자리 잘 아세요?"

그때 나는 이미 한자리에 우뚝 서 있었다. 나와 일직선상에 있는 큰 별 하나가 유난히 밝은 빛을 뿌리며 점점 다가오는 듯이 보였다. 떠나기 사흘 전 나를 위한 장로님의 기도 속에 등장한 그 별이었다. 장로님은 내가 큰 별을 볼 것이며, 그것이 예수님의 빛이라고 했다. 별은 저쪽 세상에 있으면서도, 과달루페 성당의 그 예수님상이 바로 나를 향해 말씀하고 계셨던 그 위치와 같은 자리에서 찬란한 빛으로 나타났다.

'하늘에서 이룬 것같이 땅에서도 이루어지이다' 하는 기도가 입에서 늘 떠나지 않았음에도, 그것이 십자가의 비밀 속에 있다는 것을 소스라치게 깨우쳤다. 온몸에 소름이 쫙 끼쳤다. 내가 예수님의 남은 고난을 짊어지겠다고?

"새벽 미사 보러 가시겠어요?"

치타의 음성이 멀게 느껴졌다.

"아니, 너무 추워서 그냥 들어갈래요."

치타는 성당 쪽으로, 나는 어깨를 잔뜩 움츠린 채 숙소 쪽으로 향했다.

길을 잃은 뒤에, 혼자인 내 앞에 최초로 나타난 화살표

침낭 이야기

실한 콩깍지처럼 비좁은 '데바'의 알베르게 이후로도 잠자리 환경은 그다지 나아지지 않았다. 철침대 스프링과 매트리스 상태가 나빠서 누우면 몸이 휘어졌고, 자고 일어나면 허리가 뻐근했다. 베개만 있고 덮을 것이 없는 곳이 대부분이었다. 온열기구가 있긴 해도 난방 구실을 하는 것은 드물었다. 그나마 가까운 자리를 차지해야 훈기라도 쐴 수 있었다. 그러므로 의지할 것은 오직 침낭뿐이었다.

침낭이 너무나 요긴하게 쓰여서, 자고 일어나면 침낭에게 감사하다는 인사를 해도 부족했다. 침낭이 요긴한 것은 단순히 보온성 때문만은 아니다. 침낭은 이불과 요, 그 이상으로 감싸주는 구실까지 한다.

하루 종일 걸어서 알베르게에 도착해 샤워를 하고 나서 미사를 드리고, 요기도 하고, 양치를 해서 입속도 개운하겠다, '이제는 잠을 자볼까' 하고 침낭을 펼 때 밀려오는 맑고 진한 피로.

지퍼를 끝까지 내린 침낭 속으로 하체부터 미끄러지듯 들어가 지퍼를 쭈욱 끌어올리노라면, 망디아르그의 소설 『오토바이』의 한 장면이 기분 좋게 떠오른다. 주인공 레베카는 오토바이를 탈 때만 입는 옷이 한 벌 있다. 입을 때마다 '흥분을 느끼게 하는' 옷이다. 그 옷은 '반지르르 윤이 나는 검정 가죽으로 만든 콤비네이션으로, 흰 모피로 안을 대었고, 좁은 가죽 끈으로 목과 손목과 발목 부분을 꼭 졸라매게 한 것이다. 레베카는 잠에서 깨어 일어나자마자, 얇은 팬티 이외에 걸친 것이 없는 벌거벗은 몸을 다리부터 옷 안에 집어넣으며 '내 몸은 양탄자 커버를 한 케이스 속의 바이올린 같아'라고 중얼거린다.

레베카는 하이델베르크에 있는 연인을 만나러 갈 참이니, 정황으로 보자면, 나의 연상은 얼토당토않은 것이다. 하지만, 연상이란 것이 어디 장소와 분위기 맞춰서 떠오르는 것인가.

어찌 됐든, 실내가 춥기 때문에 옷을 입고 침낭 속으로 들어가서 지퍼를 밑에서부터 천천히 잡아당기면, 벌어진 틈이 맞물리면서 몸이 외부의 냉한 공기로부터 차단되는 것은 물론, 아직 눈을 감은 것도 아닌데 마치 의식에 암전暗轉이 일어난 것처럼 빛과 소리로부터도 차단되는 것 같다. 그리하여 지퍼가 턱 밑에서 고정되면 내 몸은, 몸과 거의 같은 사이즈의 따스하고 부드러운 고치 속에 들어온 것 같다. 비록 얼굴은 여전히 밖으로 노출되어 있지만, 눈을 감으면 얼굴이 노출되어 있다는 것조차 더 이상 의식하지 않게 된다.

'이렇게 편하고 아늑한 세상이 있단 말인가. 어머니 자궁 속에 있는 것 같아.'

잠은 매일 한 번씩 빈손으로 태어날 때의 상태로 인간을 되돌려놓는다. 잠잘 때만은 왕들도 수많은 금은보화와 홀笏을 손에서 놓고, 등 대고 누운 자리 외에 아무것도 가진 것이 없는 사람으로 돌아간다. 잠자는 동안 들숨과 날숨 중 하나를 잃으면, 그의 등 대고 누운 자리는 그대로 이 세상 삶을 거두는 자리가 된다.

잠이 달고도 매끄러운 온수처럼 밀려온다. 낮 동안, 땀을 흠뻑 쏟으며 에너지를 화끈하게 소모한 뒤의 사탕처럼 다디단 피로감. 자연과 깊이 교감하는 동안 헛된 근심과 걱정으로 얼룩진 흔적까지 깨끗하게 지워져 몸이 하얀 영사막, 쓰지 않은 먹지 같은 상태가 되었다고 할까.

잠은 영육의 필수 영양소이다. 모든 생명이 재충전을 하는 시간이다. 평소 우리의 잠은 에너지를 소진하고 난 뒤에 찾아오는 다디단 휴식이라기보다, 좁은 닭장 안에 갇히어 알을 더 잘 낳게 하기 위해 억지로 소등을 하고 닭들에게 잠을 재우는 것처럼 강요된 휴식이랄 수 있다. 소등을 하고 나서도 어둠 속에서 멀뚱멀뚱 천장을 쳐다보며 '하루 종일 이

방에서 저 방으로, 저 방에서 이 방으로 왔다 갔다 한 것밖에 없는데, 뭘 했다고 잠을 자야 하나' 할 때가 많다. 내 경우엔 앉아서 글을 쓰거나 독서를 하는, 정신노동의 비중이 크기 때문에 몸으로 보면 오래된 물을 쏟지 않은 상태의 물컵과 같다.

평소에 나의 잠습관은 그다지 까다롭지 않은 편이다. 머리 대고 누워 '잠을 자야 하겠다'고 생각하면 언제 어디서든지 잠을 잘 수 있는 야생초 같은 생리가 있어, 잠자리가 바뀌었다고 해서, 또는 잠자리 환경이 열악하다고 해서 수면이 방해받는 일은 거의 없는 편이다. 친구들과 여행을 해보면, 너무나 깨끗한 욕조에 거품비누로 목욕을 하고 나서 가운을 걸치고 우아하게 차까지 마시고 나서 눈처럼 희디흰 시트 속으로 들어가서도 잠을 못 잤다고 이튿날 아침 얼굴이 푸석한 상태로 피곤해하는 경우를 보았다. 그들이라면, 이 순례길의 잠자리는 악몽과 같다고 할 것이다.

다행히 나는 본래부터 야생의 생리가 있는 데다, 매일매일 바뀌는 잠자리에 더욱 단련이 된 탓인지, 잠자리가 불편해서 잠을 못 잔 일은 한 번도 없었다. 오히려 잠은 날이 더할수록 달고 깊고 깨끗해졌다. 달고 깊은 잠은 잠자리가 푹신하고 안락한 것하고는 무관한 것일 수 있다.

길 떠나기 전, '노천에서도 잠잘 경우가 있다'는 말을 들었을 때, 각오를 다지기는 했어도 그와 같은 상황에 처해지는 것을 두려워하기보다 은근히 바라는 마음이 없지 않았던 것도 그 때문이다. 처음엔 지붕 아래서 잠잘 수 있는 것만도 감사하다 여겼는데, 차츰 잠이 대담해져 침낭만 있으면 등 대고 누운 자리 위로 지붕이 없어도 괜찮다는 마음까지 들었다.

앙리 루소의 묵시적인 작품, 〈잠자는 집시〉는 잠의 한 경지를 나타내고 있다.

높고 아득하게 펼쳐져, 성스러운 고요가 감돌고 있는 밤하늘에 커다란 별들이 여기저기서 소리 없이 반짝이고, 밝은 보름달이 대낮처럼 지상을 환히 밝히고 있다. 지평선 저 멀리 달빛에 하얗게 씻긴 메마른 산들의 능선이 곤두선 파도처럼 포개어져 있고, 그 기슭으로 강물 같은 풍성한 물이 사막을 가로질러 곤히 잠들어 있는 집시의 발치까지 밀려와 있다. 집시의 손에는 헐벗고 외로운 여정을 함께해온 나무지팡이가 꼭 쥐여져 있고, 곁에 비파와 물병이 하나 놓여 있다.

앙리 루소, 〈잠자는 집시〉(1897)

그런데, 어디서 나타난 것일까. 사자 한 마리가 집시 곁에 바싹 다가와 잠든 모습을 가만히 들여다보고 있다! 뿐만 아니라, 집시의 머리맡 위쪽 둔덕 너머로 보이는 강물 위엔 지상으로 떨어진 별 하나가 물 위에 떠서 여전히 밝게 빛을 뿜고 있다.

이 그림은 잠들어 있는 집시와 그를 둘러싼 실제 풍경을 그린 것이 아니다. 잠 속에서 무의식이 우주와 내통한 꿈속의 풍경이다.

달고 곤한 잠은 그대로 무의식의 영사막이 되어 우주와 내통하는 꿈의 화포畵佈가 된다.

앞으로 남은 순례길에 노천에서 잠을 자보고 싶은 내 바람이 이루어질지는 알 수 없다. 다만, 집시의 잠처럼 잠이 달고 곤해지니, 꿈을 통해 어떤 예시가 펼쳐질지 참으로 기대가 크다.

빌바오 BILBAO 에서

베 사 메 무 초

"시내 좀 나갔다 올게요."

간신히 샤워만 하고 나서 잠잘 채비를 하고 있던 치타는 나를 '어?' 하는 듯이 쳐다보았다.

"길을 아세요? 여기, 시내에서 많이 떨어진 곳이에요."

"아까, 버스 번호를 봐뒀어요. 58번 버스. 염려하지 마세요."

나는 손을 흔들며 방에서 나왔다. 솔직히 치타가 같이 따라나설까 봐 얼른 뒤를 끊어버린 것이다.

"혹시 길을 못 찾겠으면 경찰서에 가서 도움을 청하세요."

치타가 내 등 뒤에다 대고 소리쳤다.

"그럴게요."

나는 복도에서 고개를 끄덕였다.

일 년 전 구겐하임 미술관을 관람하지 못한 것이 못내 아쉬웠다는 그녀는 하루 더 묵더라도 꼭 보고 가자고 했다. 내일은 어차피 그녀와 행동을 함께하게 될 것이므로, 오늘 오후만은 혼자 시간을 가지고 싶었다.

그녀는 내가 세나루사를 떠날 때부터 혼자 걸어온 것을 눈치채지 못했다. 자기가 옆에 있어 여전히 나를 안내하고 있다고 생각했을 것이다. 게다가 산중에서 길을 잃게 한 직후여서 그 미안함을 상쇄하기 위해서라도 내 곁을 떠나지 않겠다고 다짐했을 터이지만, 내 앞에는 더 이상 치타의 꽁무니가 없었다.

그녀가 나란히 걷든, 단지 몇 발자국 앞에서 걷든 나는 더 이상 그녀의 뒤를 보고 따라 걷지 않았다. '혼자 걷는 길'을 택한 뒤부터는 치타를 따라가기 위해 허둥거리던 호흡이 내 호흡으로 돌아왔다. 의존하던 것에서 자존自存의 상태로 돌아온 것이다. 절대 공포를 넘기고 나니 두려움이 사라졌다. 내 걸음은 이제 가볍고 여유로워졌다.

한편 치타는 내게 상냥하기로 작정한 사람처럼 갑자기 말을 많이 했다. 그녀가 본 것들, 경험한 것들에 대한 얘기를 듣는 동안 그녀에 대한 의문 하나가 저절로 풀리었다.

파리로 가는 비행기 안에서였다. 나는 그녀에게 물었다.

"왜 나한테 잘해주려고 해요?"

"선생님을 사랑하니까요."

그 대답은 내 의문을 충족시키지 못했다. 그녀가 자기도 모르는 사이, 나를 부르시는 하나님의 심부름을 대신한 것이라 해도, 자기 자신을 위한 보다 직접적인 원인이 있을 법했다.

그 의문이 갑자기 풀렸다. 그녀는 자기가 가본 길 중에서 가장 아름다운 길로 나를 인도한다고 했다. 인상 깊은 어떤 풍경, 어떤 성당, 어떤 그림 얘기를 자주 화제로 삼았다. 그러다 그 지역에 도착하면 실제로 나에게 보여주려고 팔을 잡아끌듯이 데려가곤 했다. 그때마다 '어때요?' 하고 내 반응을 유심히 관찰했다. '좋아요' 대답하면, '선생님이 좋아하실 줄 알았어요' 만족해하는 그녀의 얼굴에 활짝 웃음이 피어났다. 이어서 그녀는 '우리 남편은 이걸 보고 뭐라 했는지 아세요? 뭐, 그렇구면, 그러는 거예요. 그뿐이었다니까요' 하고 짐짓 흥보는 시늉을 했다. 나는 그녀 남편의 무뚝뚝한 표정이 떠올라 웃음을 터뜨리면서도, 치타는 어쩌면 자신의 진한 기억을 누군가와 공유하고 싶어 이 길을 다시 찾은 거라는 생각을 하게 되었다. 그렇다면 나는 그녀에게 만족스러운 동행일까. 치타의 속내를 짐작한 뒤부터, 나는 그녀를 실망시키지 않으려고 노력했다. 그녀에게 깊은 인상을 심어준 장소에 갈 때마다, 내 느낌에 앞서 그녀가 자기 느낌을 주입하듯 말해도 별 저항감이 없었다. 같은 것을 보고 같이 즐거워한다는 것이 나에게도 즐거움이었다.

하지만, 세나루사에서 '누구든지 나를 따르려거든 자기 십자가를 지고 오라'는 말씀이 가슴에 꽂힌 뒤부터, 그 길은 치타와 공유할 수 없는 비밀이 되고 말았다.

나는 치타의 지칠 줄 모르는 미술관, 박물관 관람 취미에 동조하는 것을 그만두었다. 피카소의 〈게르니카〉를 게르니카에서 보고 싶어 하는 그녀의 지적 호사를 존중하면서도 나 자신은 피카소도, 〈게르니카〉도 그저 시들할 뿐이었다. 문 닫을 시간이 되어, 그 그림을 소장한 미술관 앞에서 발길을 돌리게 되었을 때, 안타까워하는 그녀를 그저 덤덤하게 바라보았다.

그것이 우리가 같이 걸으면서도 각자 따로 걸어온 길이었다. 앞으로 우리의 길은 갈수록 서로에게서 멀어질지도 모른다.

버스정류장에는 시내로 들어가려는 사람들 몇이 서 있었다. 안 보는 듯이 하면서 내 눈길이 금발머리 여인의 주위를 맴돌았다. 꽉 끼는 바지에 긴 부츠를 신고 있는 늘씬한 몸매가 아름다웠다. 슬그머니 자기의 변변찮은 차림이 의식되자 나는 공연히 발밑을 내려다보았다. 산에서 접질린 발목에 허연 붕대를 감고 있는 것이 위축되는 맘에 무슨 자랑이 될까마는…….

고개를 쳐들고 나는 혼자 비죽이 미소를 지었다.

빌바오 시는 비스카야 지방의 주도답게 중심가는 고층 건물들이 즐비했고, 승객을 가득 실은 노선버스들과 승용차들이 달려가고 달려오며 끊임없이 울려대는 경적 소리로 귀가 먹먹했다.

내가 어디에서 와서 어디로 가고 있는지 멍한 기분이었다. 무의식중에 화살표를 찾았다. 보이는 것은 여기도 저기도 광고뿐이었다. 도시는 화살표를 삼킨 공룡이었다. 어디로 가는지도 모르는 채 인파에 뒤섞여 건널목을 건넜다. 떠밀리듯 걷는 동안 발길은 상점들이 밀집되어 있는 번화가로 이끌려갔다. 멋진 가구, 특이한 디자인의 장신구, 명품 옷들을 진열한 쇼윈도에 시선이 끌리기 시작하면서 점차 나는 물건을 사고 싶지만 돈이 없어 조금쯤 기가 죽은 가난한 나라의 가난한 관광객처럼 되어가고 있었다.

두 시간 가까이 상점들의 거리를 오르내리는 동안, 산티아고 가는 길 안내 책과 포스트카드 세 개, 헝겊으로 만든 색sack과 보라색 면목도리를 샀다. 상점들의 쇼윈도는 다 쓴 기름병에서도 기름을 짜낼 수 있다는 것을 보여준 셈이었다. 단추 하나도 짐이 되는 나 같은 순례자의 지갑을 열게 하다니…… 누구도 상점에서 나오는 나를 눈여겨볼 사람은 없지만, 나 자신은 새로 산 색을 지고 새 목도리를 목에 두른 것이 흡족해서 문간에서 공연히 목도리를 매만져보는 시늉을 했다. 자아, 지금부터는, 눈여겨봐둔 노천카페로 가볼까.

천천히 커피를 마시며, 지인에게 편지를 쓸 참이었다. 노천카페엔 빈자리가 듬성듬성 있었다. 연인 사이로 보이는 중년 커플 옆자리에 앉았다. 그들의 테이블 위엔 맥주와 안주 접시가 놓여 있었다.

카푸치노와 비스킷을 앞에 두고 포스트카드에 글을 쓰고 있을 때였다. 바로 곁에서 기타 소리가 났다. 다섯 손가락으로 한꺼번에 현을 긁어내리는 소리였다. 나는 고개를 쳐들었다. 머리카락이 희끗한 거리의 악사가 연인들 앞에서 노래를 부르기 시작했다.

"베사메 베사메무초—"

나는 의자를 뒤로 물리고 노래를 좀더 잘 듣기 위해 몸을 뒤로 젖혔다. 그와 동시에 내 시선은 옆 테이블에 앉아 있는 여인의 육감적인 등으로 이끌려갔다. 뒤가 깊이 파여 허리까지 드러난 여인의 미끈한 등을 어루만지고 있는 남자의 반지 낀 손이 무엇을 하는 것인지 나는 언뜻 이해할 수 없었다. 보면서도 감이 잡히지 않아서 계속 눈을 떼지 못하던 나는 문득 남자의 손가락이 여자의 등 위에서 피아노를 치듯 톡톡 튀는 것을 보고, 그제야 남자를 바라보았다. 남자가 나에게 이제 그만 보라는 듯 멋쩍은 웃음을 띠고 윙크를 했다. 가볍게 고개를 끄덕하고 나는 고개를 숙이고 다시 글을 이어갔다. '지상에서 누구를 사랑하는 일이 내게 다시금 찾아올 수 있을까요? 지금 이 감정은 지나간 사랑을 그리워하는 마음인지, 다가올 사랑을 기다리는 마음인지 알 수 없군요.'

거리 악사의 노래에 흠뻑 취한 것은 나였다. 노래가 끝나자 옆자리의 남자는 지갑에서 돈을 꺼내어 악사에게 주었다.

그때 교회의 종소리가 들려왔다. 아주 가까운 곳에서였다. 주위를 둘러보았다. 카페가 있는 광장 한쪽에 교회가 있었다.

'가만있어 봐, 내가 지금 무슨 수작을 하고 있었던 거야.'

반지 낀 남자의 두툼한 손장난에 나를 맡기고 있었던 것처럼 화들짝 놀랐다. 세이렌의 미혹에 이끌려 항로를 벗어난 율리시스처럼, 몇 시간 동안 빌바오 번화가를 떠돌았던 것이 야릇한 주술처럼 느껴졌다.

그리소GURIEZO로 가는 길
세 가지 징후들 _ 꿈, 양, 고요

'나의 적敵은 비'라고 했던 프랑스 자전거 순례자의 말을, '비는 나를 노래하게 하네'로 고쳐 생각해본다.

그제도, 어제도, 오늘도 비와 함께 길을 떠났다. 채 마르지 않은 양말과 축축한 옷을 다시 입고 빗속으로 들어서는 순간, 우비에 툭 떨어지는 첫 번째 빗방울 소리는 빗소리가 아니라 하늘에서 음표 하나가 떨어져 '도'나 '파'의 음을 내는 소리로 들린다. 연이어 빗방울은 박자와 고저를 맞추는 듯이 툭툭, 투―욱 하며 '나'라는 건반을 치기 시작한다. 나에게서 시작된 비의 연주는 몇 발짝 걷다 보면 천지간의 모든 물체로부터 제각각의 소리를 이끌어내고, 그 소리들이 어울리며 마치 웅장한 오케스트라의 심포니 같은 화음을 만들어낸다. 빗속을 걷는 일이 또 다른 묘미로 느껴지면서 궂은 날씨도 즐길 수 있게 되었다.

카스트로 시내를 벗어나는 동안 빗줄기가 가늘어져 세우細雨로 변했다. 비구름이 밀려나고 있는 동쪽 하늘에 불그레한 기운이 서리고 있었다. 목초지를 병풍처럼 둘러싼 나무들이, 희미하게 밝아오는 하늘을 배경으로 짙은 어둠을 머금은 채 소리 없이 비에 젖고 있는 풍경은 이 세상 끝 같기도 하고 꿈의 한 자락 같기도 했다.

'나는 이 세상을 벗어나 꿈속으로 들어가는 것일까. 아니면 꿈속에서

걸어 나와 이 세상으로 들어가는 것일까.'

완만한 고개 하나를 넘어서자, 갑자기 다른 세계로 들어선 듯 기이한 고요함이 가득 깃든 목초지가 눈앞에 펼쳐졌다. 거기에 한 무리의 양떼들이 미동도 하지 않고 무리지어 있었다. 그 양떼들은 잠든 듯이 보였지만 모두 눈을 뜨고 있었다. 그들 자신이 오랜 기다림인 듯이 보이는 그 자태에 기묘한 성스러움이 깃들어 있었다. 천둥번개 치는 간밤의 폭우에도 한자리에서 꼼짝하지 않고 비를 맞으며 그들이 기다려야 했던 것은 무엇일까.

아브라함이 노년에 얻은 아들 이삭을 바치라는 하나님 말씀에 두말 없이 순종하려 할 때, 이삭을 대신해 제물祭物의 자리에 있었던 것은 덤불에 뿔이 걸린 양이었다. 덤불에 뿔이 걸린 양은 자신이 어떤 사명에 쓰일지 모르는 채로 기다리고 또 기다렸을 것이다. 그 기다림이 양을 성화聖化시켰던 것이다. 오랜 기다림은 성스런 고요로 바뀌어 하나님이 임재臨在하실 수 있는 터 닦음이 되는지 모른다. '그 아이에게 네 손을 대지 말라' 하신 사자의 말을 듣고, 아브라함이 눈을 들어 발견한 덤불 뒤의 양이 바로 성스러운 고요에 잡혀 있는 저런 모습이었을 것 같다.

양들 곁을 지나는 동안 내 호흡이 고요에 섞이어 고요의 몸으로 변해가는 것 같다. 숨 내쉬는 것, 숨 들이쉬는 것이 새 땅, 새 하늘을 만들어가는 것 같다.

"와아!"

앞서 가던 치타가 고갯마루에 올라 탄성을 터뜨렸다. '왜 저러지?'

궁금했지만 걸음을 빨리하지는 않았다. 마침내 고갯마루에 올라섰다.

"어마!"

바다가 손을 뻗으면 닿을 듯 가까이 있었다. 수평선 위로 떠오르는 아침해가 비췻빛 수반에 얹힌, 잘 익은 싱싱한 과일 같다. 꾹 누르면 다디단 과즙이 줄줄 흘러내릴 것 같다.

우리는 한동안 말을 잊은 채 바다를 바라보았다. 아름다움이, 서로 떨어져 걷던 우리를 나란히 서게 했다.

주변은 수천수만의 물방울들이 울리는 빛의 종소리로 가득 차 있다. 풀잎에 앉은 이슬은 저마다 붉은 구슬이 되어 반짝거린다. 목초지 전체가 반짝거리는 구슬밭으로 바뀐 것이다.

"좋지요?!"

먼저 말할 기회를 놓치면 차라리 가만히 있는 게 좋다.

"지난밤에 이상한 꿈을 꿨어요."

치타에게 꿈 얘기를 들려줄 기회라는 생각이 들었다.

"내가 결혼을 앞두고 있대요. 상대는 이전에 한 번도 본 적이 없는 여성이었어요. 자태가 우아하고 인품에서 격조가 느껴졌어요. 뿐만 아니라 그 여성은 아주 중요한 일을 해온 사람으로, 내가 결혼하려는 것은 그녀와 그 일을 같이 하기 위해서라는 심중의 생각이 느껴졌어요. 돌아가신 어머니가 결혼식에 입을 예복을 내 앞에 쫙 펼쳐놓는데, 붉은 자주색에 다른 빛깔이 약간 섞여 있고 모양은 신부님들이 흰옷 위에 걸치는 겉옷 같았어요. 그런데 다른 한편에는 매우 친숙한 느낌의 다른 여성이 자기와 결혼하기로 약속해놓고 어찌 된 일이냐고 서운해하는 거예요. 그 여성을 붙잡고, 나를 이해해달라고 설득하다가 깼어요."

"선생님 마음에 하나님이 들어와 하나 된 상태가 그런 꿈으로 나타난 게 아닐까요?"

치타가 내게 처음으로 하나님 얘기를 꺼냈다. 그녀는 성경책을 찢어 와서 틈날 때마다 읽었다. 그녀가 섬기는 하나님은 어떤 하나님일까, 갑자기 궁금했다.

수마이아 수도원에서였다. 수도원의 작은 뒤뜰 담장에 벽감처럼 만든 곳에 마리아상이 있었다. 포도주를 한잔 마신 치타가 느닷없이 그 벽감에 자기 몸을 십자가 형태로 꽉 붙이고 한참 동안 있었다. 봐서는 안 될 것을 본 것처럼 나는 얼른 고개를 돌렸다. 세나루사 수도원 성당에서도 그랬다. 성당 바닥에 안치된 옛 성인聖人 무덤의 돌판 위에 자신의 몸을 던져 한참 동안 엎드려 있었다. 그녀의 내면에 항시 누구도 의식하지 않고 서슴없이 행동으로 옮겨질 수 있는 그 신심이 나에겐 몹시 낯설었다. 누구도 의식하지 않는 그 서슴없음이 공항 바닥에 침낭을 깔고 잔다든가, 비행기 안에서 좌석 등받이에 붙어 있는 식판을 내리고 그 위에 다리를 올려놓는 식의 행동으로 드러날 때도 나는 낯설었다. 그와 동시에 내 안엔 내 행동을 어느 선에서 꽉 붙들어 매고 있는 밧줄이 있는 게 아닌가 싶기도 했다. 나는 한 번도 서슴없이 행동해본 일이 없는 것 같다. 그것은 자기 십자가를 지는 데 도움이 될까, 방해가 될까.

나란히 걷던 우리는 어느새 앞서 가고 뒤따라가는 형태로 바뀌었다.

그리소에 도착한 것은 카스트로를 출발한 지 네 시간 만이었다. 오후 1시가 채 못 된 시각이었다. 날씨가 맑으니 빨래하고 바느질도 할 겸 오늘은 이곳에서 묵자는 치타의 제안에 나는 좋아서 활짝 웃었다. 하얀 대낮에 걷지 않고 쉴 수 있다니…… 커다란 솜사탕을 손에 든 아이처럼 난데없이 닥친 휴지(休止)가 달콤한 횡재 같았다.

짐을 알베르게에 들여놓고 마을이 있는 방향으로 슬슬 걸어갔다. 등에 진 짐도 없고, 어디로 가야 한다는 목적도 없이, 그저 발 닿는 대로 걷는다. 점점, 어느 낯선 시간 속으로 들어가는 것 같다.

푸른 하늘에 잡힐 듯 낮게 떠 있는 뭉게구름, 아스팔트 길섶을 따라 고개를 갸웃이 내민 풀들, 종잇장처럼 하얀 담벼락, 초록색 기구처럼 땅에서 하늘로 붕 떠오르려는 듯이 보이는 정원의 키 큰 나무, 끈에 묶인 채 왕왕 짖어대는 덩치 큰 셰퍼드, 마을 전체가 비어 있는 듯 멀리서 되돌아오는 소리의 반향. 그 낯섦이 너무도 선명하고 소롯하여 지금까지 한 번도 가보지 못한 신비한 나라에 발을 들여놓은 것 같다.

마을의 유일한 카페에서 맥주 한 병을 샀다. 대로변에 있는 넓은 주차공간엔 차가 한 대도 없다. 지나다니는 자동차도 없다. 카페 차양 밑에 놓인 네모난 철제 탁자 위에 맥주병을 놓고 의자에 앉는다. 마개를 따고 맥주를 잔에 따른다. 노란 액체가 차오르면서 피어오르는 기포가 잔 속의 작은 세상에 눈이 내리는 것처럼 보인다. 한 모금을 마신다. 멀리 내가 걸어온 방향에서 천천히 다가오는 구름을 바라본다.

고요의 그림자에 취하다

行到水窮處 가다가 물 다한 곳에 앉아
坐看雲起時 구름 이는 때를 기다린다

왕유의 시구 속에 들어와 있는 것 같다. 구름 사이로 비치는 햇빛이 쇠붙이처럼 강렬하다. 탁자 위의 맥주병과 잔 그림자가 먹물로 그린 듯 진하다. 그림자가 왜 이렇게 아름답고 신기해 보일까. 보고 또 봐도 신기하다……

자동차 소리에 문득 정신이 돌아온다. 지나가던 승용차 한 대가 카페 앞에 와서 주차를 한다. 청바지를 입은 남자가 차에서 내린다. 언제부터 나는 여기에 있었던 것일까. 여기 앉아 있는 나는 누구일까. 그림자를 바라보고 있는 동안 한세상이 후딱 지나간 것 같다.

병에는 아직 맥주가 삼분의 일쯤 남아 있다. 심산유곡의 어느 정자에서 술에 취해 잠이 들었다 깨어나 보니, 머리가 백발이 되어 있더라는 설화가 실제로 내게 일어난 것일까.

자리에서 일어나 탁자 위에 있는 것들을 주섬주섬 챙긴다. 이제 돌아가봐야겠다!

빨랫줄에 치타의 빨래가 널려 있는 것을 보고서야 현실감이 돌아왔다.

"어디 가셨댔어요? 지난번에 여기 왔을 때 강에서 굴을 따서 먹었는데, 굴 따러 가려고 선생님을 아무리 찾아도 땅으로 꺼진 것처럼 종적을 찾을 수가 없었어요."

"굴이라뇨?"

"이리 와보세요."

얼굴 가득 조바심이 어려 있는 치타가 어린아이처럼 나를 재촉했다.

"물이 들어오면 굴을 딸 수 없어요. 빨리 가요."

마을에는 민물과 바닷물이 만나는 습지가 있었다. 습지의 곳곳에 바닥이 드러나 있었다. 썩은 나무와 쓰레기들이 뒤엉켜 있기도 했고 이끼가 가득 낀 돌멩이들이 뻘 사이에 흩어져 있었다.

"굴이 어디 있어요?"

"저기 꺼멓게 다닥다닥 붙어 있는 것들이 다 굴이에요."

"저걸 따서 뭐하려고요?"

"먹지요."

치타는 어느새 습지로 내려가는 비탈길의 억새 사이로 사라졌다. 잠시 후 그녀는 물가의 뻘 속에 발을 담그고 엎드려 굴을 따기 시작했다. 나는 다리 난간에 엎드려 그녀를 내려다보았다. 굴 따는 그녀에게서 어린 시절이 희미하게 읽혔다. 걸음을 멈추었다 하면 산딸기를 따고 있었고 무화과, 밤, 호두 같은 것을 연방 주워서 먹는 그녀를 볼 때마다 나는 그녀 자신도 잊고 있는 어린 시절의, 눈이 반들거리는 단발머리 소녀를 떠올렸다.

그녀는 제법 많은 굴을 따서 비닐봉지에 담아가지고 비탈을 낑낑거리고 올라왔다. 몸이 추억을 되찾아가는 방법은 그 몸에 기억된 수고를 재현하는 것일까. 비탈 위에서 치타의 손을 잡아끌면서 나는 그녀가 단순히 먹는 것을 밝히는 것이 아니라, 음식과 관계된 향수를 되찾고 싶어 한다는 것을 알았다.

치타는 알베르게에 돌아오자 뻘투성이인 굴을 씻고 또 씻어서 냄비에 넣고 끓이기까지 귀찮고 힘든 과정을 즐겁게 했다. 그녀가 내 안의 십자가 길을 함께할 수 없듯이, 나는 그녀의 옛 기억에 대한 향수를 같이 나눌 수 없었다.

냄비에서 굴이 익어가는 동안, 나는 창가의 2층 침대에 앉아 창밖을 내다보고 있었다. 날이 선 듯 쨍하던 햇빛이 비스듬히 사위어가고, 습지엔 물이 들기 시작했다. 건너편의 유칼리나무 숲 너머, 새파랗던 하늘이 서서히 노을에 잠기고 있었다. 물총새 한 마리가 얼굴을 키질하듯 물속에 박으며 초조한 듯 먹이를 찾고 있었다. 꿈결 같았던 무위無爲의 시간이 천천히 지나가고 있었다. 나는 지나가는 시간이 흘려보내는 것들을 붙잡기라도 할 듯 눈 부릅뜨고 창밖을 지켜보고 있었다.

"선생님, 내려오세요. 굴 드세요."

'아, 날 좀 내버려두면 좋겠네.'

침대에서 내려가기 전 나는 창밖 풍경을 끌어당겨 힘껏 가슴에 눌렀다.

화살표는
고즈넉한 기다림이기도 하다.
그 기다림 저쪽에서
한 발 한 발 다가오는 순례자……

라레도 LAREDO 에서
닭 곰 탕

어느 마을 슈퍼에서 복숭아, 토마토, 빵, 안초비를 샀다. 교회 앞 그늘에 앉아 간단히 요기를 했다. 속이 비어 있는 것은 아니었다. 그런데 이상하게도 걷는 동안 내내 기운이 점점 떨어졌다. 걸어서 지친 것이 아니라, 배탈이 날 징후가 느껴졌다.

알베르게에 도착했을 때는 마치 당뇨환자가 혈당이 뚝 떨어진 것처럼 손끝도 까딱하기 싫었다. 다행히 2인 1실이어서 신경쓸 다른 사람이 없다는 것만으로도 마음의 부담이 덜했다.

짐을 풀고 있는 동안 어디론가 사라졌던 치타가 얼굴에 반짝 생기를 띠고 돌아왔다.

"저기에 부엌이 있어요. 뭘 해 먹어도 괜찮대요. 슈퍼에 가서 생닭이 있으면 사가지고 와서 닭곰탕 해 먹어요."

알베르게에 도착할 때마다 조리기구와 냄비 꽁다리 비슷한 거라도 있으면 무조건 무얼 해 먹으려고 하는 치타의 부지런함이 벌써부터 내게는 부담이 되기 시작했다.

재료가 변변히 없어도 조리기구와 그릇만 있으면 금방 뭔가를 뚝딱 만들어내는 주부 10단의 솜씨는 알아줄 만했다. 하지만 나는 아침 점심을 건너뛰어도 배고픈 줄 모르다가 갑자기 허기가 느껴지면 나가서 외식을 해온 습성이 몸에 배어 있어, 집에서 자기 손으로 음식을 해 먹는 것이 익숙하지 않았다.

하물며, 하루 종일 기진맥진 걸어온 뒤에 무얼 해 먹겠다고 썻고 끓이고 하는 짓이 도무지 마땅치 않았다. 떠날 때 공동경비를 마련하여 숙식비는 공동경비로 지출하기로 한 것이 나를 더 부자유스럽게 만들었다. 나는 나가서 먹자는 쪽이고 치타는 해서 먹자는 쪽인데, 경비를 아끼기 위해서라는 뜻이 나로선 참으로 처신하기 애매한 점이었다. '도대체 경비를 왜 아낀단 말인가. 평생에 단 한 번뿐인 길인데' 하고 혼자 속으로 열을 내본들 뾰족한 수가 없었다. 때문에 불만을 숨기고 치타가 하는 대로 따르자니, 치타가 뚝딱 만든 음식 ― 맨밥이나 누룽지를 소금에 찍어 먹기도 하고, 멸치 몇 개와 감자를 넣고 끓인 수제비국 등 ― 을 꾸역꾸역 먹어야 하는 것만도 고역스러운데, 치타가 음식을 만드느라 애썼으니, 뒷설거지는 내 차지다, 하고 있노라면 '아니 이런 데 와서까지 설거지로 시간을 허비해야 하나' 싶어 마음이 언짢았다. 그렇게 만든 음식은 늘 양이 많아져 그 이튿날 아침까지 먹어야 했다. 그러고 나서 또 설거지는 내 차지였다. 그사이 치타는 양치하고 떠날 채비를 마친 뒤, 내가 양치도 못 하고 짐 싸느라고 허둥거리면 '왜 이렇게 느려요' 하는 듯이 지켜보다가 짐을 지고 휙 나가버렸다.

음식 문제로 동행에 대해 쌓이기 시작한 불만이 이제는 더 이상 참을 수 없는 지경에 이르렀다. 하지만 나는 '부르심을 위해 부서지리라, 찢어진 빵, 쏟아진 포도주가 되리라' 결심한 길을 자기 안에서 또 하나 걷고 있는 터여서 불만을 참는 것도 내 십자가를 지는 것이라 생각했다.

하지만 치타는 눈치채기 시작했다.

며칠 전 포르투가레테 시의 명물인 부교 앞 카페에서였다. 밖에는 비가 추적추적 내리고 카페 안에는 손님이 우리뿐이었다. 상점들이 문을 닫는 시간이었기 때문에 우리는 커피 한잔으로 추위와 허기를 달래고 있었다. 치타는 창밖을 내다보며 내내 배를 타고 싶어 했다. 그 배는 도르래를 이용해 강 이편에서 저편으로 오가는 견인식이어서 그 지역의 관광코스 중의 하나였다.

"선생님, 우리 배 타고 저 건너에 갔다 와요."

"혼자 갔다 오세요. 여기서 기다리고 있을게요."

"선생님이 안 가시면 저도 안 가요."

치타는 매번 그런 말로 자기 하고 싶은 것을 내가 동조하지 않을 수 없도록 만들었다.

내 시선은 줄곧 카페 안에 들어와 먹을 것을 찾고 있는 참새를 좇고 있었다. 모노륨 바닥은 저녁 장사를 위해 깨끗이 청소가 되어 있어 참새가 먹을 만한 것은 아무것도 없었다. 바깥에는 비가 내리고 있는데 내 눈엔 참새가 뽀로롱뽀로롱 옮겨 다닐 때마다 환한 빛의 자락이 참새를 따라다니는 것이 보였다. 그 정경을 바라보고 있는 동안 무언가 그 정경 너머에 있는 다른 것이 보일 듯 말 듯 어른거렸다. 조금만 더 집중하면 그 정경이 지닌 어떤 고요의 커튼을 들치고 세계의 저 안쪽을 들여다볼 수 있을 것 같았다.

그때 치타가 일어나서 창가로 갔다. 창 너머로 배를 타는 사람들을 부러운 듯이 바라보고 있었다. 그것은 나에게 무언의 압박으로 느껴졌다. 하지만 나는 끝내 그녀가 하고 싶은 바를 무시해버렸다. 그것은 이제 당신이 하자는 대로 무조건 따를 수 없다는 나대로의 의사 표시였다.

"괜찮아요."

자리에서 일어났을 때, 치타는 내가 우비 입는 것을 도와주려고 하자 볼멘소리로 뿌리쳤다. '언제는 우비 입는 것도 도와주지 않는다고 핀잔을 주더니…….' 나는 그녀에게 주도권을 주었으므로 그녀가 이렇게 하라면 이렇게 하고, 저렇게 하라면 저렇게 하는 식으로 그녀의 비위를 맞추어왔다. 처음엔 그것이 몹시 힘들어 나도 한마디 했다.

"내가 당신 남편이라면, 지금 이럴 때 뺨따귀를 후려쳤을 것이다."

하지만 그것도 십자가를 지는 것이라 여기니 인내가 쓰기보다는 점차 달게 느껴지고 있기는 했다. 우리는 알베르게로 돌아오면서 한마디 말도 나누지 않았다. 그 여파는 날이 바뀌어도 쉬이 가시지 않았다.

'닭곰탕? 집에 있을 때도 잘 해 먹지 않는 닭곰탕을?' 어이없는 발상으로 여겨졌으나 꾹 참고 말했다.

"아까 먹고 남은 것들이 있잖아요."

"과일로 끼니를 때울 수는 없잖아요."

"나중에 레스토랑이 문 열면 가서 사 먹읍시다."

"나는 못 참겠어요."

'아니, 참으나, 못 참으나 상점이 문을 닫았는데 어쩔 거냐고?' 라고 말하고 싶은 것을 다시 참으며 말했다.

"여기 밤이 몇 개 있으니 이거라도 드세요."

치타는 내 말을 등 뒤에 떨어뜨리고 방에서 나가버렸다.

얼마나 시간이 흘렀을까. 치타가 흔들어 깨워서 눈을 떴다. 머리맡 스탠드 불빛이 눈을 부시게 했다.

"선생님, 일어나서 저녁 드세요."

"어?"

"닭곰탕 끓여놨어요. 얼른 부엌으로 오세요."

치타는 그 말을 남기고 방에서 휙 사라졌다. 배가 고프긴 해도 억지로 잠이 깬 나는 '밥 먹을래?' '잠잘래?' 하면 다시 쓰러져 자고 싶은 마음뿐이었다. 침대 아래로 다리를 내리고 1분, 또 1분, 또 또 1분 하다가 벌떡 일어났다.

그런데 부엌을 찾을 수 없었다. 이 계단 저 계단을 올라갔다 내려왔다 하기를 몇 차례 한 끝에 간신히 부엌을 찾았다. 부엌문을 열자 구수한 냄새가 수증기와 함께 얼굴에 훅 끼쳤다.

"아니, 어디서 닭을 샀어요?"

"이걸 사려고 슈퍼에 열두 번은 더 갔어요. 밥도 해놨으니, 어서 숟가락 놓으세요."

"숟가락이 어디 있어요?"

"거기 서랍 열어보세요!"

이 서랍도 저 서랍도 모두 비어 있었다. 숟가락은 전혀 예상치 못한 통 속에 들어 있었다. 나는 숟가락을 놓고 식탁에 앉았다. 양재기에 하얀 쌀밥이 담겨 있었고, 샐러드로 보이는 야채도 있었다. 치타가 냄비 뚜껑을 열고 그릇에 국을 떠 담았다. 국그릇을 내 앞에 놓으며, "내가 이런 거까지 해서 바쳐야 하나." 그녀가 혼잣말처럼 투덜거렸다. '아니, 누가 닭곰탕을 해달라고 했나, 자기가 먹고 싶어 해놓고선. 나는 본래 육식을 좋아하지도 않는 사람인데. 나가서 먹자는데도 굳이 자기가 수고를 해놓고, 나한테 왜 짜증을 내는 거야?'

물론 나는 이 말을 목구멍으로 삼켰다. 그녀의 행동이 점점 어느 시절의 나를 떠오르게 했다. '너를 사랑한다. 너를 위해 무엇이든지 해주고 싶다' 하면서 정작 자기에게 상대를 붙들어 매려고 하는, 그런 자기 행동을 사랑이라고 착각하는 상태…… 그건 사랑이 아니라 결핍감의 변형이다. 내가 가지지 못한 것을 가진 대상에게 사랑이라는 이름으로 지배하려는 권력욕구. 얼마나 긴 세월 동안 이 함정에 빠져 지냈던가. 진정한 사랑을 할 수 있으려면 자기 안의 결핍감이 먼저 해소되어야 한다.

말이 목구멍에 가시처럼 걸려 있었던지, 기름이 둥둥 떠 있는 국물을 한술 떠서 입에 넣자 속이 메슥거렸다. 길에 나선 이후 밥과 국이 있는 최상의 식탁을 마주하고도, 우리는 묵묵히 밥만 먹었다.

Camino de Santiago

말 또는 나귀 이야기

수마이아를 떠나던 날 새벽, 말을 만났다. 백마였다. 새벽이 열리는 하늘을 배경으로 어슴푸레한 목초지에 홀로 있는 말을 보는 순간 마음이 두근거렸다. 그 두근거림 뒤엔 말에 대한 나의 오랜 경외감이 숨겨져 있었다.

말은, 열아홉 살 때 문학을 통해 먼저 내 안으로 들어왔다. 앙드레 지드의 『지상의 양식』에는 발람의 나귀에 대한 언급이 있다.

"발람이여, 그대는 어찌하여 그대의 나귀가 멈추어 선 곳에 신이 있다는 것을 알아차리지 못했는가."

이 한 구절에 담긴 신비로움은, 성경을 알기 훨씬 이전부터 알지 못하는 사이에 '나귀가 사람보다 먼저 알아본 하나님'에게로 나를 천천히 인도해왔다. 하나님과 나 사이엔 성경이 있기 전에 먼저 나귀가 있었다. 나귀에 대한 나의 경외감 너머에는 항상 신이 있었다. 오랜 세월 동안 나에게 신은 나귀를 통해 감지되는 신비로움이었다.

나이 오십이 되어, 문학의 샘에서 풀지 못한 갈증을 성경에서 찾게 되었을 때 나는 비로소 민수기(22장 21~37절)에서 그 나귀를 만나게 되었다.

모압 왕 발락은 자기 나라 코앞에서 진을 치고 있는 이스라엘이 몹시 두려웠다. 왕은 생각다 못해 메소포타미아 지역에서 이름난 점술가 발람을 불러 부귀영화를 약속해주고 그로 하여금 이스라엘을 저주하게 하려는 계획을 세운다. 발람은 모압 왕이 보낸 칙사를 처음엔 돌려보냈다. 그래도, 마음 한편으로는 왕이 제시한 금은보화를 떨쳐낸 것이 못내 아쉬웠다. 때문에 왕이 두 번째 칙사를 보내면서 먼저보다 더 파격적인 조건을 내걸지 않더라도, 그의 마음은 이미 왕에게 가는 쪽으로 기울어져 있었다. 그럼에도 그는 하나님의 뜻이 어디에 있는지 알아보는 체했다. 하나님은 이미 그가 심중에 가기로 결정한 것을 아시고 "일어나 함께 가라"고 하시긴 했으나, 단서를 붙이셨다.

"내가 네게 이르는 말만 준행하라."

하지만 잿밥에 이미 마음을 빼앗긴 발람은 단서를 붙이신 하나님의 뜻까지도 자기에게 유리한 쪽으로 받아들인다. 말하자면, 하나님이 '가라'고 하신 것은 암암리에 자기와 왕의 소원대로 이스라엘을 저주해도 좋다는 사인이 아닐까, 하고 넘겨짚었던 것이다. 아침이 되자 그는 망설임 없이 나귀에 안장을 채웠다. 이때까지만 해도 나귀는 오랜 세월 동안 발람을 등에 태우고 다닌 동물에 지나지 않았다.

"여호와의 사자가 그를 막으려고 길에 서니라. 나귀가 여호와의 사자가 칼을 빼어 손에 들고 길에 선 것을 보고 길에서 벗어나 밭으로 들어간지라 발람이 나귀를 길로 돌이키려고 채찍질하니 여호와의 사자는 포도원 사이 좁은 길에 섰고 좌우에는 담이 있더라. 나귀가 여호와의 사자를 보고 몸을 담에 대고 발람의 발을 그 담에 짓누르매 발람이 다시 채찍질하니 여호와의 사자가 더 나아가서 좌우로 피할 데 없는 좁은 곳에 선지라 나귀가 여호와의 사자를 보고 발람 밑에 엎드리니 발람이 노하여 자기 지팡이로 나귀를 때리는지라 여호와께서 나귀 입을 여시니 발람에게 이르되 내가 당신에게 무엇을 하였기에 나를 이같이 세 번을 때리느냐 발람이 나귀에게 말하되 네가 나를 거역하기 때문이니 내 손에 칼이 있었다면 곧 너를 죽였으리라. 나귀가 발람에게 이르되 나는 당신이 오늘까지 당신의 일생 동안 탄 나귀가 아니냐 내가 언제 당신에게 이같이 하는 버릇이 있었더냐 그가 말하되 없었느니라 그때에 여호와께서 발람의 눈을 밝히시매 여호와의 사자가 손에 칼을 빼들고 길에 선 것을 그가 보고 머리를 숙이고 엎드리니."

발람의 눈을 밝히시기 전에 하나님은 그의 심중이 자신을 정직하게 보는 자리로 돌아와 있는 것을 아셨다. 나귀에게 '없었느니라' 했던 그의 짧은 대답은, 그가 하나님 앞에 남김없이 벗겨져 부끄러워진 상태를 말한다.

이 드라마틱한 사건 속엔 세 가지 차원이 공존하고 있다. 하나님과 그 사자使者의 차원, 나귀의 차원, 발람의 차원. 하나님 사자의 차원은 하나님이 사자를 보이는 세계, 물질세계로 보내신 것이 아니고 보이지 않는 세계에 있지만, 하나님께서 '눈을 밝혀주신다면' 그 상대가 볼 수 있게 된다는 것을 알 수 있다. 보이지 않는 세계의 일을 볼 수 있게 되는 눈은 어떤 눈일까. 영안靈眼이다. 동물인 나귀가 영안으로 하나님 사자를 알아본 것이다. 영안이란 영적 의도意圖가 임한 눈이다. 하나님의 사자는 영적 의도를 나귀의 눈에 씌운 것이다. 발람의 눈이 사자를 보게 된 것도 나귀에게서처럼 영이신 하나님의 의도가 그에게 작용한 것이다. 하나님의 의도가 작용하게 되면, 나귀가 말을 하는 것처럼 꽃도 말을 할 수 있게 된다. 우리가 영안을 뜨려면 우리 스스로의 힘으로는 불가능하고 절대자의 의도가 우리에게 작용해야만 한다. 예수님이 '구하라' 하신 것은 내 원하는 것을 구하라는 것이 아니라, 절대자의 의도가 자기에게 임하기를 구하라는 뜻이다.

　말을 보고 내 마음이 두근거린 것은 그가 이미 하나님 사자의 영적 의도를 경험한 동물이기 때문이다.

　수마이아를 떠난 이후 산과 들에서 말은 소나 양보다 더 자주 눈에 띄었다. 말을 볼 때마다 두근거림 속에서 나는 기도를 했다.

가마GAMA에서
착한 사마리아인

일곱 시간을 걸어서 가마의 알베르게에 도착했다.

'어이구!'

문이 잠겨 있었다. 기를 쓰고 빨리 걸은 것은 배에 탈이 났기 때문이었다. 일분일초가 급했다. 알베르게가 한적한 공원 한쪽에 붙어 있어 물어볼 사람을 만나기도 쉽지 않았다. 이십 분이 지나서야 지나가는 행인을 만나볼 수 있었다. 근처에 있는 카페에서 열쇠를 맡아 가지고 있다고 했다.

"열쇠를 가지고 있는 사람이 아직 안 나왔으니 잠시 기다리세요."

카페에서 서빙을 하는 여성이 손님에게 맥주를 건네며 일러주었다.

카페 의자에 지친 몸을 내려놓는 순간 통증이 배를 뒤틀기 시작했다. 이마에서 노란 진땀이 흘러내렸다. 화장실에서 나오는 순간 다시 들어가기를 되풀이했다. 죽을 맛이었다. 삼십 분이 지나서야 열쇠를 가진 사람이 나타났다. 크리덴셜 카드에 도장을 받고 숙소로 갔다. 오래 비어 있었던 듯 실내엔 싸늘한 냉기가 감돌았다. 샤워기에서 나오는 온수로 몸을 녹이고, 정로환을 입에 털어 넣고 침낭 속으로 들어가 누웠다. 복통이 몰아칠 때마다 스크루 같은 것이 배를 휘젓는 것 같았다.

그럼에도 의식은 맑은 유리창 속 들여다보듯 자기를 들여다본다. 인

간은 자기 몸이 있는 곳이 전부일까. 가족, 그 많은 친지들, 그들의 존재가 내게 아무 도움이 되지 않는다는 것이 이상하다.

치타는? 좀 전까지 샤워하는 소리가 들려왔는데, 조용하다. 주변이 어찌나 조용한지 우주 한곳에 나 혼자 뚝 떨어져 있는 것 같다. 몸이 와들와들 떨리는데 온기라곤 배를 움켜쥐고 있는 내 손의 온기뿐이다.

무엇이 잘못되었나? 하루, 이틀, 사흘, 나흘 전으로 거슬러올라가 뱃속으로 들어온 음식을 차례차례 짚어본다. 화장실에서 받아먹은 물? 차가운 돌바닥에 앉아 뜯어 먹은 빵? 굴? 닭곰탕? 닭죽? 순으로 짚어보는 동안, 이상하게도 닭곰탕 하니, 그때의 정황이 떠오르면서 내 안의 불편했던 감정이 부유물처럼 떠올랐다. 그 감정이 몸에 독이었다는 것도 깨달아진다. 같이 먹었는데 치타는 멀쩡한 것을 보면, 치타는 음식을 먹을 때 나와 같은 불편함이 없었던 모양이다. 그러니 음식 자체는 문제될 것이 없다. 음식을 대하는 내 마음에 문제가 있었던 것이다. 그 문제는 내 몸이 지닌 고정관념에서 오는 것이다. 가령, 나는 아침 일찍 무얼 못 먹는다, 나는 물에 민감하기 때문에 물은 꼭 사 먹어야 한다, 나는 육식을 싫어한다 등등. 몸이 지닌 고정관념이 무고한 음식을 무찔러 이긴 것이다.

치타의 코 고는 소리에 눈을 떴다. 비몽사몽 중에 복통과 씨름한 몇 시간 동안 그녀의 존재를 까마득히 잊고 있었다. 온몸이 땀으로 젖어 있다. 침낭에서 기어 나와 가파른 계단을 내려가 화장실로 가는 것이 천리 길처럼 멀다. 자신이 마치 벌레가 된 듯 스스로의 몸이 기이하게 느껴진다. 배를 움켜쥐고 변기에 앉아 있다. 몇 시인지 알 수 없다.

긴 밤이 지나가고 아침이 왔다. 약도 먹을 만큼 먹었고(인진쑥, 바랄긴, 정로환) 속에 있는 것을 남김없이 쏟아낸 것도 부족한지 통증이 가라앉지 않는다. 어찌할꼬?

치타가 맥없이 엎드려 있는 내 어깨를 흔들었다.

"좀 어떠세요? 억지로라도 일어나보세요. 괴메스엔 잘 아는 신부님이 계시는데 거기 가면 도움을 받을 수 있을 거예요. 그리고 참, 어제 어떤 분이 우리를 괴메스까지 차로 데려다준다고 했어요. 8시에 카페 앞으로 온다고 했어요."

간신히 짐을 꾸려 밖으로 나왔다. 몸에 철퇴를 맞은 것 같았다. 기운이 폭삭 내려앉아 만사가 다 귀찮기만 했다.

일요일 아침 8시. 상점들은 문을 닫았고 거리엔 인적이 없었다. 도시는 아직 깊은 잠에 든 상태였다. 좌로 봐도 우로 봐도 거리엔 지나다니는 차량 하나 없었다. 이 도시 어디에서 누가 이 시간에 일요일의 단잠을 떨쳐내고 일어나 생면부지의 동양인 여자 두 사람을 차에 태워주러 나올 것인가.

"틀림없이 8시라고 했는데."

치타가 시계를 들여다보며 자신 없는 목소리로 중얼거렸다. 나는 이를 악물고 또다시 시작된 복통과 싸우고 있었다. 8시 20분쯤 되었을 때였다. 카페 앞에 차 한 대가 와서 멈추었다. 차에서 나온 백발의 노인이 우리에게로 다가왔다.

노인은 말이 별로 없었다. 운전을 하면서 가끔 기침을 했다. 치타가 몇 마디 아는 스페인어로 말을 건네면 그저 고개를 끄덕이거나 '씨씨' 할 뿐이었다.

길 위에서 재난을 만난 이방인에게 어떤 사람이 착한 사마리아인이 되는 걸까. 굳게 닫혀 있던 문을 열고 재난당한 이방인을 향해 선뜻 손을 내밀 수 있는 사람은 누구인가.

성경에서 예수님이 말씀하신 사마리아인 이야기는, 사마리아인에게 이야기의 핵심이 있는 것이 아니라 강도 만난 행인에게 있는 것이 아닐까. 예수님은 장차 자신이 십자가에 달리시게 될 예표로서 그 이야기를 하신 것이 아닐까. 흠 없는 예수님의 무고한 희생, 스스로 택하신 고난이 자기중심적 삶을 살던 보통 사람들을 착한 사마리아인으로 변화시키는 것이다. 사마리아인은 예수의 성품으로 변한 화살표이다.

말수가 적은 저 노인은 삶의 다른 한쪽에 늘 예수님의 고난을 놓고, 자기의 현재 삶이 십자가에 빚지고 있음을 되새기고 있었던 게 분명했다.

내가 짐작한 대로였다. 농가들이 띄엄띄엄 흩어져 있는 초원지대를 달리던 차가 언덕 위의 그림 같은 하얀 집 앞에서 멈추었다. 수염도 머리카락도 흰 눈처럼 새하얀 인자한 모습의 신부님이 자동차 소리를 듣고 안에서 나오셨다. 노인은 신부님과 깊은 포옹을 하며 인사를 나누었다. 포옹을 풀고 난 노인의 얼굴에 미소가 어려 있었다.

괴메스GUEMES에서
두 번째 꿈

착한 사마리아인의 차가 푸른 초원에 하얗게 너울거리는 리본 같은 길을 따라 멀어져갔다. 눈부시게 쏟아지는 햇빛 아래, 젖소 몇 마리가 한가로이 풀을 뜯고 있는 드넓은 초원 저 너머 십자가가 하늘 높이 솟은 작은 교회가 있었다.

'향기로운 산들에서 노루와도 같고 어린 사슴과도 같아라…….' 하는 아가서의 마지막 구절이 저절로 떠올랐다.

길 위의 고달픔이 눈 녹듯 가시고, 복통까지도 씻은 듯 나을 것 같은 기대감이 부풀어올랐다.

"선생님, 여기요."

치타가 안에서 무언가를 보여주고 싶은 모양이었다. 응접홀은 생각보다 넓었다. 따뜻하고 편안하긴 하지만 일반 가정집 거실 분위기는 아니었다. 한쪽에 냉장고와 조리시설, 다른 한쪽엔 긴 식탁, 또 다른 한쪽에는 벽을 따라 소파와 의자들이 놓여 있었다. 벽에는 넘치도록 많은 사진, 지도, 세계 여러 나라의 수공예품 같은 것들이 가득 붙어 있었다.

오랜만에 만난 치타와 신부님이 이런저런 얘기를 나누는 사이, 나는 의자에 앉아 아주 낮은 볼륨의 클래식 음악에 귀를 기울이며, 눈길 주는

길을 잃고,
다시 길에 사로잡히다

곳마다 나그네를 대접하는 신부님의 인심이 풍성하게 넘치는 것을 느끼며 이런 곳에서 알베르게 관리인으로 여생을 살아가는 것도 좋을 것 같다는 생각을 했다.

신부님은 치타와 이야기를 나누는 사이에도 커다란 생수통을 가져와서 식탁 위의 물병을 가득히 채우기도, 오디오의 CD를 바꾸기도, 냉장고에서 꺼낸 과일을 식탁 위에 놓인 과일바구니에 채우기도 하는 등 끊임없이 마음을 쓰셨다.

"가요, 선생님."

치타는 내가 화장실에 드나들기 쉽게 별채에 방을 정했다고 했다. 침대가 두 개뿐인 작은 방이었다.

"나는 1시 미사에 갈 건데, 갔다 와서 선생님 죽을 좀 끓여드릴게요. 여기는 쌀이 있을 거예요."

"나도 미사에 가고 싶어요."

"그럼 선생님은 신부님 차를 타고 오세요."

"아니, 걸어가고 싶어요. 이렇게 아름다운 곳에 걷는 수고도 없이 순식간에 왔다는 것이 어쩐지 죄스러워요."

그 말을 남기고 나는 화장실로 달려갔다. 그사이 잠잠하던 복통이 다시 시작되었다. 어느 순간 '아, 이게 그냥 배가 아픈 게 아니고, 내 안의 더러운 것을 모두 쏟아내게 하시려는 뜻이 있는 고통이구나' 하는 생각이 섬광처럼 지나갔다.

이틀을 꼬박 굶고 거기다 복통으로 지칠 대로 지쳤지만, 걸어보니 걸

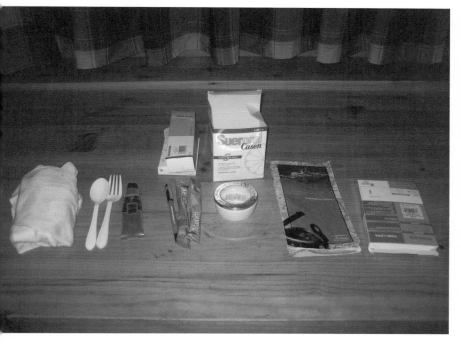

사경을 넘긴 뒤에 버린 것들

어졌다. 오히려 몸이 언제 다시 걸을 것인지 기다린 것처럼 발걸음이 가벼워졌다. 멀리서 풀을 뜯고 있던 소들이 바로 곁에서 음매 하는 소리를 듣고 풀밭으로 들어갔다. 소 등을 쓰다듬으며 또다시 '향기로운 산들에서……' 하고 성경구절을 중얼거렸다.

교회는 작고 소박한 분위기였으나 그 어느 곳의 미사 때보다 많은 교인들이 자리를 가득 채우고 있었다. 무릎을 꿇으니 입에서 저절로 감사 기도가 흘러나왔다. 신부님은 미사 중에 산티아고 가는 길을 순례하고 있는 우리 이름을 거명하며 축도해주셨다.

갑자기 그곳 사람들 눈에 나는 어떤 사람으로 비치고 있을까, 하는 생각이 스쳐갔다. '스페인 사람인 우리는 정작 일평생 살면서 산티아고가 어디에 붙어 있는지조차 모르고 살아가는데, 지구 저쪽 끝에서 날아와 우리 땅 곳곳을 발로 밟으며 산티아고를 찾아가고 있는 동양인 여자'인 것이다. '이해가 가니?', '모르겠는데……?' 그들에게는 어깨를 으쓱하고 말 일일 수도 있었다. 신앙심이라는 아우라 없이 팩트 자체를 들여다보면 그렇다는 것이다.

오는 길은 신부님 차로 돌아왔다. 치타의 말에 의하면, 내가 배탈이 났다는 말을 듣고 신부님이 '화장실에 들락거리기 어려우면 방에서 용변을 볼 수 있는 그릇을 주겠다'고 했다는 것이다. 나는 감동을 받으면 오히려 입을 다문다. 치타는 내 반응이 의외라는 표정을 지었다.

부엌에서 신자들이 점심식사를 마련하고 있었다. 요리라고 할 만한 음식들이었다. 둘러앉은 사람들로 긴 식탁이 그득했다. 신부님과 신자들 네 사람, 그리고 새로 도착한 젊은 독일인 커플, 그리고 우리 둘, 해서 모두 아홉 사람이었다. 말이 통하지 않아도 화기애애한 분위기였다. 스페인 음식이 먹음직스러워 보였지만, 나는 치타가 끓여준 죽마저도 조심스럽게 오래오래 씹어가며 반 공기를 비웠다. 그리고 이내 일어나서 어지럽혀진 부엌 설거지를 하기 시작했다.

치타가 사람들에게 내가 작가이며, 자기는 나의 손위 제자라고 소개했다. 나는 냄비의 기름기를 세제로 닦으며 치타가 서툰 영어로 말하는 것을 들었다. 내가 작가로 살아왔다는 것을 남의 입을 통해 듣고 있노라니, 작품 밖의 자리에서 쓰잘 데 없이 입에 올려지는 작가란 참 쓰잘 데 없이 느껴지는구나 싶었다. 길을 걷는 동안, 내 마음자리가, 확실히, 높임을 받으려는 자리에서 설거지하는 자리로 내려왔다는 것을 느낄 수 있었다.

"선생님이 왜 설거지를 하세요? 저기 젊은 사람이 있는데."

치타가 내 등 뒤에서 볼멘 음성으로 투덜거렸다. 치타여, 아직도 모르겠는가. 나는 이 길에서 '자기 십자가를 지고 나를 따르라'고 하신 예수님의 말씀 이외에 다른 것은 아무것도 생각하지 않는다. 내가 설거지를 해서 누군가 조금이라도 편해진다면, 왜 그 일을 마다하겠는가. 게다가, 이곳에 오기까지 참으로 많은 착한 사마리아인들이 우리에게 도움을 주었는데, 내가 설거지를 해서 누군가에게 사마리아인이 될 수만 있다면 설거지 아니라 그보다 더 궂은일이라도 할 생각이다. 당신은 나에게만 쏟아진 포도주가 되려 하지 말고 다른 사람, 그가 나이 많든 젊든, 알든

모르든, 외국인이든 아니든 그에게도 나에게 하듯이 할 수는 없는가.

하지만 내 배 속 사정은 좋지 않았다. 죽이 들어가자 곧바로 복통이 일어났다. 다시 화장실에 들락거렸다. 별채를 택한 치타의 선견지명이 옳았다고 할까. 마지막 남은 정로환을 먹고 침낭 속으로 들어갔다. 그리고 까부라져 잠이 들었다.

잠 속에서 꿈을 꾸었다. 검은 옷을 입고 검은 중절모를 쓴 남자와 팔짱을 끼고 어디론지 가는 길이었다. 내가 팔짱을 풀고 그가 쓰고 있는 모자를 벗기려 하자, 그가 장난스럽게 제지하는 몸짓으로 모자를 움켜쥐었다. 모자의 가장자리가 꽃 모양으로 우그러졌다. 그는 나를 달래려는 듯 선물로 구두를 주었고 나는 그 구두를 신었다. 또 다른 장면에서는 내가 혼자서 폐허가 된 마을을 지나가고 있었다. 어느 순간 내 앞의 땅이 쩍 갈라지며 수십 길 낭떠러지가 입을 벌리는데, 당황한 나머지 오른쪽 겨드랑이에 끼고 있던 검은 장정의 두꺼운 책을 떨어뜨렸다. 떨어진 밑이 까마득했으나 책이 떨어져 있는 자리는 선명하게 보였다. 저 책을 어떡하든지 찾아와야 한다고 생각하며 조심조심 낭떠러지 아래로 내려가 기어이 그 책을 다시 되찾아 왔다. 잠이 깨는 순간 그것이 성경책이라고 깨달아졌다. 겨드랑이에 꽉 끼어 있던 성경책이 되돌아온 느낌이 오히려 꿈을 깬 뒤에 오롯했다.

고열과 복통으로 신음하는 중에도 사탄이 내 길을 방해하기 위해 스크루 같은 손으로 배를 휘젓는 것처럼 느껴졌다. '놔라, 그 손을 놔라.' 비몽사몽간에 그렇게 호통을 치는 한편, 하나님께 내 배를 움켜쥐고 있는 마귀의 손을 놓게 해달라고 기도했던 것 같다. 사탄의 심술도 결국은 하나님께 쓰임 받고 있기는 했다. 사탄의 심술이 아니면 내 안의 독을 나 스스로 어찌 토해낼 수 있었겠는가. 잠이 깨서 정신을 차려보니 열이 내려 있었고, 복통도 어느 정도 진정된 상태였다. 큰 고비를 넘긴 것 같았다.

죽음은, 오지 않은 내일이란 시간 속에 있는 것이 아니라, 이미 와 있는 오늘 이때의 속살 속에 있다.

아침 7시쯤 화장실에 갔다. 설사가 멎어 있었다. 방으로 돌아와서 적이 놀라지 않을 수 없었다. 지난밤 내가 자고 일어난 침상이 관과 똑같은 사이즈에다 매트리스와 베개가 다 검은색이었다. 나는 사자에게 잡히어 저승 문턱까지 갔었던 것이다.

산탄데르SANTANDER 에서
I am enough

―――

　'갈리사노'라는 곳에서부터 4차선 도로 옆으로 포장이 잘된 붉은 길이 7킬로 정도 계속되었다. 자동차들이 거의 같은 방향으로 달려가면서 미구에 모습을 드러낼 도시는 크고 돈이 넘친다는 것을 암시해주는 것 같았다.

　'소모'라는 곳에서 화살표는 나루터를 가리켰다. 이십 분 남짓 기다렸을 때, 다음 화살표가 잔잔한 바다 위로 미끄러지듯 다가왔다. 작은 배였다. 그 배는 완행버스처럼 이 나루 저 나루에 들러 사람을 내려놓기도 태우기도 하면서 바다 저 멀리 높은 빌딩숲으로 이루어진 큰 도시, 산탄데르를 향해 나아갔다. 그 도시는 그날의 종착지였고, 알베르게가 있는 곳이었다.

　'저렇게 큰 도시에서 알베르게를 찾아가려면 얼마나 많은 사람들에게 물어봐야 할까.' 조금쯤 마음이 심란했다.

　마침내 배는 부두에 정박했고, 우리는 내려야 했다. '누구에게 물어보나?' 망설이고 있을 때였다. 뜻밖에도 '어서 오세요. 환영합니다' 하는 듯, 우리를 맞이한 것은 부두 바닥에 박혀 있는 표지판이었다. 그 표지판은 시멘트 바닥에 페인트로 그린 것이 아니라, 가리비조개와 노란 화살표와 십자가가 그려진 정사각형의 판을 특별히 제작한 것으로 보

내 동행의 모습

였다. 더욱 놀라운 것은 똑같은 판이 십여 미터 간격으로 인도人道 바닥에 보도블록처럼 박혀 있어 우리를 계속 인도했다. 가리비조개와 십자가와 노란 화살표는 인도를 따라 곧장 가기도 했고, 길을 건너기도 했고, 골목길로 들어섰다가 다시 번화한 큰길로 나서기도 했고, 상점들의 거리를 지나가는가 하면, 성당 옆을 지나가기도 했다. 수마이아에서 우리를 알베르게 앞까지 데려다준 그 친절한 여성이 나타나 우리를 인도하고 있다는 착각마저 들었다. 그러고 보니 그 여성은 단순한 화살표가 아니라, 가리비조개와 십자가와 하나 된 화살표였다.

산탄데르는 즐비한 상가와 높이 솟은 빌딩들, 거리를 가득 메운 인파와 자동차들이 범람하는 활기차고 부유한 도시였다. 그런 도시가 순례자들을 위해 인도 바닥에 안내판을 붙박이로 설치해놓은 것은 참으로 경이로웠다. 금이 가거나 귀퉁이가 떨어져나간 것은 더러 있지만, 보도블록을 파헤치지 않는 이상 그 표지판이 사라질 일은 거의 없었다. 그것은 시에서 순례자들을 위해 정책적으로 일정 예산을 집행한 증거였다.

노아는 자기 시대의 모든 사람들이 시집장가 가고, 새로 집을 짓고, 장사하고, 장사葬事하고, 애 낳고, 여행하고, 소송하고 할 때에 혼자서 방주를 만들었다. 120년을 하루같이 배 만드는 일에 혼신을 다 바쳤다. 죄로 물든 그 도시를 홍수로 멸하시겠다는 하나님 말씀을 믿었고, 배를 만들라는 하나님 말씀에 순종했다. 그 지역에 사는 사람들 대부분은 평생 큰물을 한 번도 본 일이 없었고, 배가 왜 필요한지 알지 못했다. 사람들은 그를 비웃고 미쳤다고 했다. 그는 혼자서 외롭게 그 시대 전체를 위해 화살표가 되었으나, 아무도 노아가 가리키는 방향에 관심을 가지지 않았다.

산탄데르는, 노아 시대처럼 살기에 바쁘고 향락이 넘치는 도시이긴 했으나 혼자서 배를 만드는 '노아'가 있는 도시였다.

알베르게는 돈 호세 성당 근처에 있었다. 15시에 문을 연다는 쪽지가 출입문에 붙어 있었다. 배낭을 문 앞에 내려놓고 다시 밖으로 나왔다. 레스토랑도 카페, 바도 많았다. 우리는 슈퍼에서 먹을 것을 좀 사기로 했다. 슈퍼를 찾기는 쉬웠다. 불룩한 비닐봉지를 들고 가는 사람에게 위치를 물어보았다. 물, 주스, 빵, 소시지, 안초비를 샀다. 치타와 나 사이엔 무언중에 양보 같은 것이 이루어졌다. 치타는 내가 배탈로 홍역을 치르는 것을 보고 더 이상 생수 사는 것과 먹는 것을 간섭하지 않았고, 나도 가능하면 그녀가 가보고 싶어 하는 박물관에 동행하기로 마음을 바꾸었다.

우리는 알베르게 문 여는 시간까지 기다리는 동안 어디 가서 허기를 채우고, 시간이 되면 숙소로 가서 짐을 풀어놓고 다시 나와서 미술관이나 박물관 한두 군데를 보러 가기로 했다. 화살표를 거꾸로 밟아서 번화한 곳을 벗어나 다시 부둣가로 나갔다. 그곳에 공원과 벤치가 있었기 때문이다. 우리는 산책로 옆에서 빈 벤치를 발견했다. 물, 주스, 올리브는 내가 담은 것이고, 빵과 소시지는 치타가 고른 것이었다. 어제 괴메스에서 신부님의 배려로 하루를 더 쉬며 병원에 가서 진찰을 받고 처방받은 약을 사서 먹었다. 약이 좋았던지 통증은 거의 사라졌다. 그래도 나는

약 덕분이라고 믿기보다, 나를 해코지하려던 나쁜 영이 성령에게 쫓겨나간 것으로 믿고 있다.

산책로를 지나가는 사람들이 우리에게 한 번씩 눈길을 주고 지나갔다. 이 도시엔 길이나 공원에서 무얼 먹는 사람이 거의 눈에 띄지 않는다. 우리에게서 그들의 눈길을 끄는 것이 무엇인지 알 수 없다. 동양인 외모인가, 초라한 행색인가, 길에서 무엇을 먹기 때문인가, 아니면 한 번도 본 적이 없는 낯선 분위기 때문인가. 하지만 우리 앞에 배낭이 놓이면 그들은 우리가 순례자인 것을 이내 알아볼 것이다.

네이비블루 신사복 정장에 검은 바지와 붉은 재킷 차림의 부유한 노부부가 팔짱을 끼고 우리 앞을 천천히 우아하게 지나갔다. 몰티즈 종 개와 함께 산책을 하는 가죽 재킷의 중년 여성도 지나갔다. 줄무늬 와이셔츠와 흰 바지 차림의 댄디남도 자전거를 타고 지나갔다. 털코트를 입은 뚱뚱한 할머니가 손녀의 부축을 받으며 느릿느릿 지나가는 동안 우리의 고개는 점점 왼쪽으로 돌아갔다. 스커트 아래로 드러난 노인의 종아리에 푸른 정맥이 새끼줄이 꼬인 것처럼 불거져 있었다. 치타가 먼저 고개를 바로 하고 입을 열었다.

"선생님, 그 얘기 아세요?"

"뭔데요?"

"어느 시골에서 있었던 일이래요. 할머니 혼자 집을 지키고 있는데 딴 동네에 사는 할머니가 놀러 오셨대요. 그 할머니가 마루 끝에 걸터앉아 벽에 걸려 있는 예수님 사진을 유심히 보고 있다가 물었대요. 저 양

반은 누구래유? 그러자 집주인 할머니가 우리 메누리 아버지잖아유. 친정아버지를 모시고 사는가벼? 아니유. 그 양반은 벌써 돌아가셨지유. 왜유? 무슨 일루? 아, 우리 메누리 죄 때문이라잖유."

웃음이 터지는 바람에 침방울이 치타에게까지 튀었다. 우리 앞을 지나쳐 저만큼 가고 있던 두 사람도 웃음소리를 들었음인지 뒤를 돌아다보았다.

그곳에 가만히 앉아 있는 동안 행인들이 우리를 바라보며 지나가는 것을 우리가 보고 있다는 생각이 들었다. 내가 보고 있는 것은 사람들이 아니라 시간이었다. 그렇다. 이 세상엔 보이지 않으면서도 존재하는 실체들이, 보이는 그림자를 빌리어 존재하는 세계가 있다. 보이지 않는 바람을 보이게 하는 것은 흔들림이다. 보이지 않는 것이 실체이고 보이는 것이 그림자이다. 진공 속에도 중심이 있어 그것을 진공묘유眞空妙有라고 한다던가.

치타가 남은 것을 주섬주섬 챙기었다.

"아직 시간이 남았는데?"

"가다 보면 시간이 되겠지요."

기다림이라는 것도 보이지 않는 '시간'이 우리를 빌리어 자기를 드러내는 것의 변환이다. 치타는 자기 자신이 시간이 되려는 것 같다. 그러므로 그녀는 기다림이 시간의 진공이라는 것을 알지 못한다. 그것은 목적의식 때문이다. 하나님 섭리 속 진실은 그 무엇도 미리 목적된 바가 없다. 다만 이루어질 뿐이다.

나는 아쉬운 마음을 접고 자리에서 일어났다. 얼마쯤 가다가 뒤를 돌아다보았다. 거기에 우리가 앉아 있던 흔적은 벤치에 떨어진 빵 부스러기가 아니라, 내 마음 안에 있었다. 참으로 오묘하다. 우리가 시간을 보낸 흔적 모두가 보이는 세계에 남는 것이 아니라, 보이지 않는 마음에 축적된다는 것이…….

알베르게에 도착해보니 시간이 아직 삼십 분이나 남아 있었다. 그사이에 독일인 순례자 두 사람이 와서 문 앞에서 기다리고 있었다. 마침내 열쇠를 가진 사람이 나타났다. 카드에 도장을 받고, 짐을 풀고, 샤워를 했다. 잠을 한숨 자고 싶었으나 치타를 따라나섰다.

미술관Arts Museo을 찾아갔을 때는 5시가 가까운 시각이었다. 1층 전시장에 매우 의미심장한 비디오 작품이 하나 있었다. 목이 잘린 얼굴 하나가 물 위에 동동 떠서 노래를 하고 있었다. 같은 자리에서 계속 맴도는 얼굴이 떠 있는 물은, 가끔 파문을 일으킬 뿐 흐르는 것은 물이 아니라 대지와 하늘, 주변 풍경이었다. 얼굴의 노래는 같은 멜로디를 계속 반복했고, 반복할 때마다 소리의 톤이 조금씩 높아졌다. 목이 잘린 얼굴로 보면 이미 죽은 목숨인데 죽은 뒤에도, 또는 죽은 뒤에서야. 아니, 죽은 뒤 영혼이 되어서야 노래밖에 할 것이 없는 듯 노래는 끊임없이 계속되었다. 작품의 제목은 'I am enough'였다. 이 작품은 참으로 절묘하게, 모든 존재의 존재 됨의 첫 번째 동사는 'have 가지다'가 아니라 'be 스스로 있다'임을 나타내고 있다.

부둣가에 앉아 있었을 때 행인들이 지나가면서 나에게 흐르는 시간을 보게 했던 것과 흡사한 정황이었다. 영혼은 시간의 집이다.

10월 16일. 나는 이날 내게 무슨 일이 일어날지 전혀 알지 못했다.

빗발이 오락가락했다. 7시 30분이 조금 지난 시간임에도 사방이 캄캄했다. 하루 종일 관광객으로 북적거리던 작은 마을이 곤한 잠에 빠져 있다. 젖은 포석 위에 드리워진 긴 그림자를 밟으며, 저벅저벅 울리는 자기 발소리를 뒤에 남기고 떠나가노라니 정체 모를 슬픔이 밀려든다. 모든 것이 물거품이 된 것 같은 이 막막함은 뭐지? 지난 18일간 힘겹게 걸어온 일이 아무것도 아닌 헛수고인 것 같고, 마음의 비전도 의지도 다 사그라져 도대체 내가 왜 이곳에 와서 이 새벽에 어디를 향해 걷고 있는지 알 수 없었다. 육체만 반사적으로 걷고 있는 것 같았다. 한편, 저만큼 앞서 걸어가는 치타의 걸음걸이는 흔들림이 없다.

마을 끝 조그만 광장에 대기하고 있는 관광버스 한 대가 시동을 걸어놓고 있었다. 불이 밝혀진 텅 빈 차를 보자 그쪽으로 뚜벅뚜벅 걸어가 차에 올라타고 싶었다. '그담엔?' '집으로 돌아가는 거지.' 속생각은 그렇게 내달리고 있는데 몸은 대로변 호텔의 담벼락 한 귀퉁이에 표시된 화살표를 발견하고 오른쪽으로 꺾어지고 있었다. 차도를 사이에 두고 왼쪽은 목초지, 오른쪽은 아름드리 플라타너스 가로수가 열주처럼 늘어선 길에 낙엽이 수북이 쌓여 있었다. 낙엽 하나가 작은 파라솔만 했다.

세계문화유산 산티야나 델 마르.
마르는 바다인데, 이곳엔 바다가 없다.

건물로 된 예배의 처소는 영원의 집이 아니다.
영원의 집은 우리의 영혼이다.

십 분쯤 걷다 보니 날이 밝아왔다. 언제부터였을까. 내 안이 배추 속 고갱이 차듯 다시 차올랐다. 대지의 호흡에 맞추어 걷는 것을 몸이 즐거워하는 맛이랄까. 이제 걷지 않으면 허전하다고 몸이 말하는 것 같다. '걷는다, 고로 나는 존재한다'가 된 것이다.

뒤에서 자동차 소리가 나서 잠시 멈추어 섰다. 산티야나 델 마르를 떠나기 전에 봤던 그 버스였다. 버스는 길을 비켜선 내 곁으로 빠르게 지나갔다. 나이 오십쯤으로 보이는 파마머리의 백인 여성이 차창 밖으로 나를 무심한 시선으로 바라보는 것을, 나 또한 바라보았다. 그녀는 달리면서 나를 바라봤고, 나는 서서 그녀를 바라봤다. 나를 바라보던 그 눈빛의 잔영과 버스가 달리며 일으킨 바람에 날아오른 낙엽이 공중에서 빙글빙글 돌다 떨어지는 모습이 겹쳐져 기묘한 여운으로 남는다. 걷거나 서서 바라볼 때는 시선에 깊이가 만들어진다.

우파니샤드에서, 진정한 사람은 보는 눈이다, 항상 보는 눈이다, 라고 한 말을 뒤집어보면 보는 눈에 의해서 진정한 사람이 만들어진다고 볼 수도 있다. 그렇다면, 자동차로 달리는 속도로 무엇을 진정으로 바라보는 것은 불가능하므로 편안함을 추구할 때 우리는 그만큼 잃는 것이 많다.

산티야나 델 마르는 600년 전에 지어진 돌로 만든 길, 돌로 만든 건물들이 비교적 원형을 잘 보존하고 있어 세계문화유산으로 등재되어 있다. 최장 길이가 200미터밖에 되지 않는 작은 마을이 관광객을 불러들여 낮 동안에는 대형버스들이 끊임없이 들락거린다. 이곳에선 사람들이 두 부류로 나뉜다. 관광객과 장사꾼. 현지인들은, 대형버스에서 쏟아져나온 관광객들에게 기념품을 팔고, 먹을 것을 팔고, 잠을 재워준다. 관광객은 저마다 카메라를 들고 가다가 사진 찍고, 가다가 물건 하나 사고, 그리고 카페에 들어가 음식 먹고 버스에 다시 올라 떠나간다. 이곳에서 오랜 시간은 상거래 대상으로 변질되어 있다.

이유는 그 때문이었다. 지금까지 걸어오면서 이루어진 교감이 그곳에 가서는 더 이상 이어지지 않았다. 그곳의 오랜 길은 화살표가 가리키는 방향에 포함되어 있으면서도 나에겐 내적으로 통하는 것이 아무것도 없었다. 나는 그곳에서 나침반을 하나 샀다.

아레나란 곳에 이르러 다행히 문을 연 바를 만날 수 있었다. 마을이 있어도 문을 연 카페를 만나기란 쉬운 일이 아닌데, 오늘은 길운이 좋은 것 같다. 우유를 많이 탄 커피 한 잔에, 가지고 온 마른 빵을 뜯어 먹고 약을 먹었다. 그나마 속을 채웠으니 걷기가 한결 수월해질 것이다.

마을을 떠나 한 시간쯤 걸었을까? 드넓은 옥수수밭이 나타났다. 하얀 구름이 둥둥 떠 있는 푸른 하늘 아래, 눈길 닿는 끝까지 펼쳐져 있는 초록색 들판이 숨죽인 듯 조용하다. 옥수수 이파리 하나 바람에 흔들리지 않고 풀벌레 소리 하나 들리지 않는다. 가르마처럼 곧게 뚫린 외길을 타박타박 걷고 있노라니 어느 비경 안으로 들어가고 있는 것 같다. 한 걸음 한 걸음이 나만이 아는 꿈처럼 신비롭고 달콤하다. 문득 고개를 들어 바라본 저 머언 반대 방향에서 누군가 이쪽으로 걸어오고 있다. 너무 광대해서 미동도 하지 않는 것처럼 보이던 들판의 외길이 서서히 당겨

지며 파르르 떠는 것 같다.

그냥 걷고 있지만 다가오는 사람 때문에 걸음이 가득 찬다. 10미터, 9
미터, 8미터, 7미터, 6미터…… 고개를 들고 상대를 바라본다. 볼이 발
그레하고 눈빛이 사슴처럼 선한 시골처녀가 나를 보며 미소를 지었다.
속기俗氣라곤 터럭만큼도 없는 담백한 미소.

"올라."

"올라."

나도 미소를 지으며 인사를 했다. 그녀가 내 곁을 스쳐가고, 나도 그
녀 곁을 스쳐간다.

'이게 뭐지?' 나는 그녀가 멀어졌다 싶을 때 훔쳐보듯 뒤를 돌아다보
았다. 그녀의 모습은 간곳없고 내가 걸어온 외길이 땅에 누인 사다리처
럼 하얗게 비어 있었다.

다시 걷기 시작했다. '이게 뭐지?' 너무도 순결한 그 무엇이 나를 투
과透過하고 지나간 것 같다. 이른 봄날에 목련꽃 그늘 아래로 지나갈 때
와 같은 느낌이랄까. 영혼의 향기?

겉보기에 그녀는 남자도 모르고, 시기도 미움도 모르고, 자기 태어
난 작은 마을 밖을 한 번도 나가보지 않고, 부모를 도와 젖소를 돌보며
스무 살이 넘도록 이웃마을에 사는 사촌언니 집과 성당에 가는 것밖에
모르고 살아온, 미사포만 쓰면 그대로 수녀로 받아주실 것 같은 모습이
었다.

"옥수수밭 사잇길 지날 때 누구 만나지 않았어요?"

마을로 들어서 어느 집 돌계단에 배낭을 내려놓고 나를 기다리고 있는 치타에게 물었다.

"아뇨, 강아지 한 마리 지나가는 것도 못 봤어요. 오늘은 조금 덜 걷더라도 코브레세스에서 묵으려고 해요. 참 아름다운 수도원이 있고 알베르게는 수도원 안에 있어요. 지난번에 왔을 때 수도사님들이 노래로만 미사를 드리는 것이 너무 좋아서 선생님한테 꼭 보여드리고 싶어요."

'아침에 떠날 때만 해도 무척 의기소침했는데, 길이란 정말 변화무쌍한 곳이야. 무슨 일이 기다리고 있는지 알 수 없으니.'

멀리 두 개의 뾰족한 종탑이 솟은, 지붕은 분홍색, 벽은 흰색으로 지은 교회 건물이 보였다. 주변 녹지 속에 다복이 안긴 교회가 지상에 내려앉은 무지개처럼 보였다.

코브레세스는 교회와 수도원을 중심으로 형성된 조용하고 정갈한 전원 마을이었다. 지나다니는 자동차도 없고, 사람들도 눈에 띄지 않는다. 마을 전체가 수도원의 부속 건물인 양 보이지 않는 곳곳에서 사람들이 조용히 묵상을 하고 있는 것 같은 분위기였다.

수도원으로 들어가는 길은, 침묵이 흘러나오는 커다란 나팔 같았다. 들어서는 것만으로도 거룩한 분위기에 휘감기는 것 같았다.

벨을 누르고도 한참 뒤에야 대답이 들려왔다. 나이 지긋한 수도사 한 분이 우리를 맞이했다. 복도는 낮인데도 어두컴컴했고 썰렁한 냉기가 감돌았다. 수속을 마치고 지정해주신 방을 찾기 위해 중앙복도 양쪽으로 닫혀 있는 방들을 하나하나 확인해보며 맨 끝에 이르렀다. 방 안엔

수도원 들어가는 길 — 침묵이 흘러나오는 커다란 나팔

작은 침대 두 개가 기역자로 맞물려 있고, 샤워실 입구에 소박한 나무탁자 하나가 놓여 있었다. 비스듬히 기운 천장의 조그만 천창天窓으로 하늘이 보였다.

'나는 이런 분위기가 왜 이렇게 좋을까.'

마치 육신의 건강 문제로 여러 병원을 떠돌던 사람이 이제 바라볼 것은 하늘뿐인 마지막 방에 이른 것처럼, 인생에 더 이상 기댈 것이 없음을 깨달은 내 영혼이 기거하기에도 더없이 좋은 방이었다.

짐을 내려놓고 밖으로 나왔다. 치타가 정원에 있는 종려나무 꼭대기를 가리켰다. 큰 새 한 마리가 조용히 앉아 우리를 내려다보고 있었다.

"선생님은 운이 참 좋으신 것 같아요."

"왜요?"

"지금까지 걸어오면서 그렇게 느껴졌어요."

나는 치타가 그 말을 왜 하는지 알지 못했다. 마을 입구에 문을 연 레스토랑이 있었다. 치타는 스테이크, 나는 생선구이를 시켰다. 식탁보가 덮인 식탁에 앉아 노릇노릇 잘 구워진 생선구이와 말랑말랑한 바게트 빵을 얼마 만에 먹어보는

지…… 맛있었다. 치타에게 조금 먹어보라고 떼어주고 싶었으나 그만두었다. 그 대신, "그 스테이크 맛이 어때요?" 하고 물었다.

"맛있어요."

치타도 웬만하면 먹어보라고 할 텐데, 정말 맛있는 눈치였다. 접시가 거의 빌 즈음 내가 말했다.

"여기 이런 시골 벽지에서 생선 재료를 어떻게 구해올까?"

"이 북쪽 길은 어디든지 해안을 끼고 있어요. 식사하고 나서 바다를 찾아가봐요."

레스토랑에서 나왔다. 웨이트리스가 가르쳐준 방향으로 걷기 시작했다. 이십 분쯤 걸린다고 했다. 파도 소리도 바다 내음도 느낄 수 없었지만 길을 따라 계속 걸었다.

마을이 텅 빈 듯, 지나다니는 행인은 물론 고양이도 개도 한 마리 없었다. 하늘도 땅도 마냥 조용했다. 걷다 보니 내가 앞서서 걷고 있었고, 또 걷다 보니 뒤따라오던 치타는 보이지 않았다. 골목길로 접어들었다. 길 끝에 펼쳐져 있는 목초지가 내 걸음을 이끌었다. 마지막 집을 끝으로 완만하게 경사진 언덕에는 길이랄 만한 것이 없었다. 언덕에 올라서자 무한천공 아래로 지평선까지 까마득하게 푸른 초원이 펼쳐졌다. 하늘로도 땅으로도 움직이는 것은 아무것도 없었다. 방향을 알 수 없는 채로 초원을 가로질러 가다 보니 동물의 똥이 드문드문 있었으나, 그 드넓은 초원에 양 한 마리 보이지 않았다. 가다가 걸음을 멈춘 곳이 깊은 낭떠러지 앞이었고, 탁 트인 시야 가득 바다가 펼쳐졌다. 썰물 때인 듯 하얗게 드러난 갯벌에 새떼들이 점처럼 까맣게 흩어져 있었다.

나는 심호흡을 크게 몇 번 한 뒤 점점 자기도 모르게 무념의 상태로 빠져들었다. 어느 순간이었다. '흡!' 하는 소리에 깜짝 놀라 뒤를 돌아다보았다. 나귀였다. 갈색 바탕에 하얀 꽃무늬 옷을 입은 나귀가 얼굴을 내 몸에 대고 비볐다. '아니 이 나귀가 어디서 갑자기 나타난 걸까. 사람을 경계하지도 않네.' 나귀는 얼굴을 이쪽저쪽으로 갸웃거리며 한층 다정한 몸짓을 해 보였다. 다정하긴 하지만 그 몸짓은 이 세상 것 같지 않았다. 그때 갑자기 내 안에서 들려오는 한 소리가 있었다.

'나는 오래전부터 너를 알고 있었다.'

'아! 하나님.'

나는 두 손을 꽉 맞잡고 나귀 앞에 털썩 무릎을 꿇었다.

'감사합니다. 저의 소원을 들어주셔서 감사합니다.'

잠시 후 눈을 떴다. '이제 알았지?' 하는 듯 나귀가 그 얼굴로 내 가슴을 문질렀다. 그때 갑자기 '디카!' 하는 생각이 스쳐갔다. 나는 나귀가 하는 대로 나를 맡긴 채로 가방 속으로 손을 넣어 더듬거리며 디카를 찾았다. 그러자 나귀는 디카를 찾으려고 더듬거리는 내 손길을 멈추게 하려는 듯이 얼굴을 가방 속에까지 밀어 넣고 손을 움직이지 못하게 했다. 그때 또 다른 음성이 들려왔다. '표적을 구하지 말라. 너는 내 안에 거하고 있는 것을 온전히 느껴라.' 나는 디카 찾기를 단념했다. 그제야 나귀가 가방 속에서 얼굴을 쳐들며 나를 잠시 가만히 지켜보았다. 그 눈빛이 말할 수 없이 고요하고 자애로웠다. 지금까지 한 번도 맛보지 못한

"너는 내 안에 거하고 있는 것을 온전히 느껴라."

벅찬 희열이 나를 휘감았다. 나는 감히 손을 뻗어 나귀의 목덜미를 살짝 쓰다듬었다.

그때 나를 부르는 치타의 음성이 저 아래서 들려왔다.

"선생님, 선생님, 어디 계세요."

"내려갈게요."

그러자 나귀는 내 생각을 읽은 듯이 주위를 한 바퀴 돌고 언덕 쪽으로 사뿐사뿐 자리를 옮겨 무심히 풀을 뜯었다. 그제야 나는 정신이 번쩍 들어 내 목에 필름카메라가 걸려 있는 것을 생각해내고 얼른 나귀의 뒷모습을 향해 셔터를 눌렀다. 그러나 카메라에 담긴 것은 이미 하나님 사자로서의 영적 의도가 떠나간 뒤, 그저 풀을 뜯는 동물의 모습으로 돌아간 나귀였다.

해변으로 내려간 나는 아무런 일도 없었던 듯이 모래사장에 주저앉아 모래톱 위에 손가락 장난을 했다. 그러나 하나님 사자를 만난 그 놀랍고 비밀스러운 여운은 여전히 나를 사로잡고 있어 조금은 얼떨떨한 기분이었다. 치타는 물이 나간 갯가에서 뭔가를 찾고 있었다. 그 어떤 기운이 삼십 분 이상 나를 혼자 있게 했다.

치타가 가까이 왔을 때 나는 아무 말도 하지 않았다. 성경에도 같이 맷돌을 돌리는 두 여인이 있어도, 한 사람은 들리우고 한 사람은 남겨진다는 말씀이 있다. 들리우는 것은 하나님의 때와 '나'의 때가 일치될 때 가능해진다. '나'의 때는 온전히 구하기를 쉼 없이 하는 동안 차오르는 항아리의 물과 같다.

"가서 씻고 좀 쉬다가 미사 보러 가야지요."

"미사가 몇 시라고 했어요?"

"여덟 시."

해변을 떠나기 전에 나는 나귀가 나타나기 전 내가 서 있었던 낭떠러지를 쳐다보았다. 그때 나를 무념의 상태에 빠뜨렸던 그 모습 그대로의 바다를 마음에 깊이 새기고 싶어 바다를 향해 카메라 셔터를 눌렀다.

해변 마을을 거슬러 숙소로 돌아가는 길이었다. 길가 집들 지붕 위로 언덕의 목초지가 바라다보였다. 갑자기 마음 한구석이 무너질 듯 아쉽고 허전했다. '한 번만 그 나귀를 다시 볼 수 있다면.' 그리고 언덕을 다시 바라보니 그 나귀가 언덕 위에 우뚝 서 있었다. 내 바람을 읽었던 것일까. 나귀는 하나님 사자로서의 모습으로 돌아가, 범접할 수 없이 기품 있고 거룩한 자태로 나에게 '보이었다.'

'감사합니다.' 고개를 바로 하고 나서 나는 두 번 다시 돌아보지 않았다. 아마도 남은 생애에서도 표적을 구하는 일은 더 이상 없을 것이다.

(집으로 돌아와서 현상이 된 사진을 찾아왔을 때였다. 나귀 사진을 보고 다시 한 번 깜짝 놀랐다. 그때는 알지 못했는데, 나귀의 목에 굵은 밧줄이 묶여 있었다. 그렇다면 나귀는 어딘가에 묶여 있었는데 하나님의 사자使者가 되어 밧줄을 풀고 나에게 나타난 것이다.)

코미야스COMILLAS에서
지팡이

그날, 선물로 받은 배낭과 침낭을 최부장에게 주고, 나는 그길로 인터넷으로 검색해둔 등산용품 전문가게를 찾아갔다. 장안동에 있었다. 진열된 배낭을 이것저것 비교해가며 그중 가장 가벼운 것을 고르고 신발, 장갑, 손전등, 목베개, 비옷, 지팡이를 샀다. 이 중에서 목베개만 제외하고 다른 것은 모두 짐 속에 챙겨 넣었다. 치타가 내 짐을 보고 '나라면 불필요하다'고 하는 장비 중에는 지팡이도 있었다.

길을 걸어보니 지팡이는 나에게 가장 큰 도움을 주는 장비였다. 잠시 쉬었다 일어날 때 배낭 무게 때문에 중심이 뒤로 쏠리는 것을 지팡이에다 무게를 분산시키면 일어나기가 훨씬 수월했고, 비가 올 때 오름길 내림길에서 미끄러지는 것을 방지할 수 있었고, 길이 물에 잠겼을 때 지팡이를 꽂아 물이 어느 정도 차 있는지 가늠해볼 때도 유용했다. 그 밖에도 돌멩이들이 꽉 차 있는 길에 낙엽이 쌓여 있고, 거기다 밤송이들이 가득 떨어져 있고, 또 거기다 알밤들이 삐져나와 여기저기 흩어져 있는 길은 삐끗했다 하면 발목을 접질리기 십상인데 그럴 때도 지팡이를 정찰병으로 내세워 길을 탐색하면 훨씬 안전했다.

이런 장비를 불필요하게 여기는 치타에겐 자기 나름대로 비법이 있는 모양이었다. 그 비법이란 세 차례나 산티아고 가는 길을 걸어본 경험으로 몸과 길이 하나 되는 균형감각이 몸속에 비장되어 있을 법했고, 세 번이나 그녀와 동행한, 가죽으로 된 신발, 발에 익을 대로 익은 그 신발의 밑창이 닳은 각도에도 비밀스러움이 숨겨져 있을 것 같다. 치타의 짐 싸는 요령은 일단 짐의 종류를 단순화해서 잃어버리지 않기 위해 신경 쓰는 일 자체를 아예 차단한다는 전략인 것 같다.

아닌 게 아니라, 나는 쉴 때마다 지팡이를 두고 떠나기 일쑤여서 되돌아가 찾아오는 수고를 이미 여러 번 했다. 그런 수고를 하지 않기 위해 지팡이를 버리라고 하면, 나는 그래도 버리지 않는 쪽을 택할 것이다.

지팡이는 그 실용성 면에서뿐만 아니라, 기도를 하고 '아멘' 한 뒤에 지팡이 끝으로 땅을 쿡 찍으면 그 기도가 마치 씨앗이 되어 땅에 심기는 것같이 생각된다. 그때마다 나는 기도를 심는 농부가 되는 것이다. 어떤 점에서 지팡이의 실용성보다 이런 형이상학적 상징만으로도 지팡이는 내게 없어서는 안 되는 장비이다.

그런데 코미야스에서 일이 생겼다.

코브레세스에서 새벽 6시 미사를 보고 곧바로 출발해서 걷기 시작한 지 다섯 시간 만에 코미야스에 도착했다.

코미야스는 세계 건축사에서 가장 독창적인 건축물을 남긴 가우디의 초기 작품인 엘 카프리초와 구엘 별장 그리고 고딕 건축양식의 코미야스 대학 건물과 소브레아노 궁이 있는 유서 깊은 지역이었다. 치타로서는 결코 그냥 지나칠 리 없었다. 나는 바로 어제 너무나 큰 은혜를 경험한지라, 그녀가 하고픈 일은 뭐든지 들어줄 수 있을 만큼 마음이 넉넉했다.

길가에 있는 순례자 무덤

추적추적 내리는 비를 맞아가며 엘 카프리초를 찾아갔다. 공교롭게도 휴관하는 날이었다. 내부는 볼 수 없다 해도 외관만 봐도, 어떻게 인간의 머리에서 저런 상상력이 나올 수 있을까, 탄복할 수밖에 없다. 천지만물을 창조하신 창조주의 창조술을 가슴으로 느끼고, 기술로 터득하고, 머리로 깨달은 한 천재의 작품을 보고 그만 입이 딱 벌어진다. 더구나 나는 어느 글에서 그가 새벽에 미사를 보러 가다가 열차에 치여 죽었다는 것과, 검소한 생활이 몸에 밴 허름한 옷차림 때문에 사고 직후 병원으로 이송된 그를 아무도 알아보는 사람이 없어 숨을 거둔 뒤 이틀 동안이나 병원 영안실에 방치되어 있었다는 것이 너무 충격적이어서 뇌리에서 잊히지 않는다.

건물 내부를 보지 못한 것이 못내 아쉬운 치타는 아트숍에서 뭔가 기념이 될 만한 것을 사고 싶다고 했다. 다른 여행에서는 누구보다 내가 앞장서 탐나는 소품을 사는 데 열을 올렸건만, 이 길에서는 무얼 사는 것 자체에 관심이 없었다. 진열장 안을 한번 훑어보는 것만으로도 충분했다.

나는 밖으로 나와서 치타를 기다렸다. 촉촉이 내리는 빗속의 독신자를 위해서 지어진 엘 카프리초와 그 옆의 소브레아노 궁이 어울린 동화 속 풍경 같은 아름다움을 좀더 오래 가슴에 담고 싶었다. 하지만, 기다리는 시간이 길어지자 배낭의 무게가 점점 힘들어지기 시작했다. 마침내 치타가 쇼핑을 끝내고 나왔다. 얼추 이십 분은 족히 걸렸다. 나는 앞장서 출입문을 향해 걷기 시작했다. 무게를 덜어보려고 지팡이로 배낭

밑을 받치니 한결 걷기가 수월했다. 몇 걸음 걸었을까, 갑자기 지팡이가 툭 부러졌다.

　'이를 어쩌나!'

　난감했다. 세 다리 중 한 다리를 잃었으니. 부러진 한 다리로 말하자면 강력한 특수소재로 만들어져 히말라야 같은 험준한 산을 타는 산악인들이 쓰는 장비였다. 잠시 다른 용도로 쓰였기로서니 그렇게 맥없이 부러질 수가…… 이건 또 무슨 메시지일까.

　생각해보니, 같은 기도를 그만하라고 말씀하시는 것 같았다. 그동안 계속 길에 심어온 기도는 모두 '아멘, 쿡' 했으니, '이루어질 것으로 믿을지어다' 하시는 말씀 같았다. 그런데, 앞으로 산속에서 돌멩이 많은 길이나 미끄러운 비탈길을 만나면 어쩌지요?

　어쨌든, 당장은 지팡이가 거추장스러울 만큼(부러진 지팡이는 쓸모가 없어지니 곧바로 짐이 되었다) 코미야스에서 외곽으로 나가는 길은 붉은 마름모꼴 보도블록으로 포장이 잘 되어 있을 뿐만 아니라, 왼쪽으로 소브레아노 궁과 광활한 잔디밭을 끼고 곧게 뻗은 플라타너스 길이 풍경으로서도 아름답기 그지없었다. 치타가 오른쪽 멀리 언덕 위의 붉은 고딕 양식의 웅장한 건물을 가리키며 말했다.

　"선생님, 저게 유명한 코미야스 대학 건물이에요. 시간이 있으면 저기도 가보면 좋을 텐데."

　"지팡이가 부러졌는데 고칠 방법이 없을까요?"

　"버려야지 무슨 방법이 있겠어요."

가우디 식의 화살표

치타는 나의 동문서답에 기분이 상한 듯 갑자기 걸음을 빨리했다. 조금씩 거리를 벌려가는 치타의 뒷모습을 보며 중얼거렸다.

'하나님, 치타가 점점 좋아지려고 해요.'

짐 이야기

'잘 걸으려면 무조건 짐이 가벼워져야 한다'는 스스로의 다짐이, 길을 걸을수록 비장해진다. 도무지 뭘 더 버려야 하나 싶지만 다 마른 빨래라도 짜서 한 방울의 물이라도 덜어내야 한다.

수마이아를 떠나면서 딱 두 권 가져온 책 중 한 권은 다비드 르 브르통, 「걷기예찬」 겉장을 찢어내고, 또 한 권의 책 Rosamunde Pilcher, September 은 아예 버렸다. 그 밖에 파스 겉껍질, 인스턴트커피 10봉지, 약통 하나, 거울이 달린 콤팩트를 버렸다. 그러고 나서 두 눈 질끈 감고 여분의 칫솔도 버렸다.

마르키나를 떠날 때는 서울까지 가져가려던 브로슈어 3점, 베이비벨 치즈 1개, 버터 2개를 버렸다.

카스트로를 떠날 때는 여분의 샴푸(견본용) 하나, 녹용 팩, 둥근 고무줄, 납작한 고무줄, 말린 문어 한 봉지, 콩 한 봉지.

괴메스에서 사경을 넘긴 다음에는 좀더 단호해졌다. 티셔츠 하나, 반속내의 하나, 비타민과 글루코사민 그리고 다시마환까지 버리기로 했다. 건강을 위해 좋겠거니 해서 매일 먹어왔던 약이나 기능성식품이 위급한 상황에 아무런 도움이 되지 못했다는 것 때문에 괜히 속은 것 같은

기분이었다. 그 대신 병원에서 처방해준 약을 가져가는 것이 더 급했다.

한편, 챙겨야 할 짐은 아무리 잘 챙겨도 집중력에 구멍이 생긴 것인지, 모르는 사이에 잃어버리는 일이 많다. 잠시 쉬고 떠날 때마다 뒤를 잘 살펴보았음에도 나중에 보면 잃어버린 것들이 한두 가지가 아니다. 샴푸 일습을 담은 비닐봉지, 장갑 한 짝, 털실로 짠 모자, 헝겊으로 만든 모자, 순모 반팔 셔츠, 디카 가죽집은 어디서 어떻게 손을 떠났는지 알 수 없다. 이렇게 잃어버린 것들은 고심을 해도 스스로는 절대로 버리지 못한 것들이다.

다른 한편으로는 길에서 더해지는 짐도 많다. 주운 밤, 무화과, 조그만 사과, 호두, 생수병과 먹다가 남긴 음식들 — 빵, 치즈, 잼. 때로는 중국음식점에서 남긴 밥, 볶은 야채, 닭튀김 등인데, 이것들은 걸을 때 짐스럽긴 해도 도착해서 찾아간 식당이나 슈퍼가 문을 닫았을 때는 끼니를 해결해준다. 그리고 각 지역에서 얻은 지도, 관광 브로슈어나 관람 팸플릿이나 티켓 따위는 대체로 그 지역을 떠날 때 숙소에 남겨둔다.

이렇다 보니, 작심하고 버리는 것들과, 잃어버리는 것들과, 새로 짐에 더해지는 것들이 자연적으로 덧셈과 뺄셈을 하고 있어 짐은 거의 항상 같은 무게를 상회하고 있지 않을까 싶다.

　그런데, 라레도를 지났을 무렵이었다. 집에서부터 길을 떠나 걷기까지 줄곧 '짐을 벗는다', '가볍게 한다'는 것에만 골몰해왔으나, '짐을 진다'는 것에 대해서도 생각이 미치기 시작했다. 짐을 가볍게 하면 물론 걷기는 편하다. 최소한 나는 편하다. 하지만 편안함을 추구하려는 것이 나의 목적이었던가? 인생의 짐은 타인과의 관계에서 빚어지는 것이 태반이다. 짐을 지는 것으로 사랑이 가늠되기도 한다. 아무 짐도 지지 않는다는 것은 타인에 대해 의무도 책임도 안 지려는 태도이다. 때문에, 짐을 무조건 가볍게 하는 것만이 능사가 아니다. 그것은 목적을 이루기 위한 방법일 뿐, 무거운 짐을 질 수 있는 영육의 능력을 키우는 것이 짐을 벗는 것 이상으로 중요한 것이다.

　예수께서는 '수고하고 짐 진 자들아 다 내게로 오라' 하셨고, '나를 따르려거든 자기 십자가를 지고 오라'고 하셨다. 앞의 말씀 속엔 '짐을 벗는다'는 뜻이 강하게 암시되어 있고, 뒤의 말씀 속엔 '짐을 진다'는 뜻이 암시되어 있다.

　예수께로 가기 전에 진 짐은 모두 맡길 짐이고, 예수와 동행한 뒤에

지는 짐은 오히려 세상 전체와 맞먹는 무거움도 져야 하는 것이다. 짐은 같은 것이나, '벗는다' 와 '진다' 의 사이엔 엄청나게 다른 차원의 주격主格이 존재한다. '벗는다' 는 동사의 목적격은 자기애를 포함한 자기애의 원인이 되는 모든 물질적인 것이 다 포함된다. 그것을 버릴 수 있을 때만 타인의 짐까지도 '진다' 는 수고와 책임을 기꺼이 다할 수 있다. 차원이 바뀐 주격, 즉 '사랑으로 띠를 띠고 옷을 입은' 변화된 나인 것이다. 이타적 사랑으로 변한 자기애. 성령과 연합한 자연인 나.

지금 짊어진 짐의 무게로 내가 얼마만큼 타인의 짐을 질 능력이 있는지 가늠한다면, 너무 가볍다. 부끄럽다. 더 무거운 짐을 질 수 있어야 한다.

산비센테SAN VICENTE에서 리바데세야RIBADESELLA 가는 길

세 번째 꿈

─────

마음이 내내 지팡이에 묶여 있었다. 아무래도 지팡이를 버릴 수 없었다. 그것은 단순히 쓸모가 없어진 물건이 아니었다.

산비센테 데 라 바르케라를 떠나면서 손잡이 부분은 버리고 땅을 찍었던 밑부분만 챙겼다. 길을 떠나 걸어보니, 이 구간은 주로 작은 마을이나 들판길이어서 포장이 잘 되어 있었다. 지팡이가 거추장스러워질 것을 미리 아셔서 없애버려주신 것일까 싶으면서도…… 뭔가 허전한 것만은 분명했다.

걸으면서 눈길이 자꾸 길바닥으로 쏠리고 있을 즈음, 미처 깨닫지 못한 것이 발견되었다. 맨땅에서는 먼저 간 사람들의 신발 자국이 물결무늬처럼 찍혀 있는 것을 종종 볼 수 있었는 데 비해, 포장도로에서는 스틱 자국이 마치 물살을 거슬러 모천母川을 찾아 귀영歸泳하고 있는 연어들의 치어稚魚떼처럼 길을 하얗게 뒤덮고 있었다. 화살표가 애매할 때 그 스틱 자국이 있는 길을 따라가는 것도 한 방법이었다.

스틱 자국이 치어로 보인 뒤부터, 치어들에게도 '산티아고'가 모천이구나 싶어 마음이 뜨거워졌다. 그런가 하면, 스틱 자국을 계속 살펴보다 보니, 길에 남겨진 흔적이 콕 찍은 흰 점이면 건강한 남자, 짧게 그어진 선은 아직 지치지 않은 젊은 여자, 길게 휘어진 선은 지칠 대로 지친 내

나이의 사람이거나 몸이 비대한 사람이 아닐까 짐작해보는 것도 흥미로웠다.

네 시간 이상 걸어서 웅케라라는 곳에 도착했다. 콜롬브레스를 지나쳐 야네스까지 버스를 타기로 했다. 치타의 말인즉, 이대로 가면 예정한 날짜에 산티아고에 도착하기 어려우므로 두세 구간을 앞당겨야 한다고 했다. 내가 병이 나는 바람에 애초에 독하게 훈련시킬 맘을 양보한 이상 굳이 고행길을 고집할 필요가 없어졌다고 생각하는 것도 같고, 어느 순간 그녀의 표정이 '아, 지루해' 하며, 마치 책장을 빨리빨리 넘기고 싶어하는 것 같기도 했다.

하지만 나는 이제야 순례의 맛을 알게 된 지라, 그녀가 버스를 타자고 했을 때 썩 기쁘지만은 않았다. 오히려 산티아고에 도착하는 날을 굳이 예정일에 맞출 필요가 뭐 있나 하는 표정으로 그녀를 지켜보았다.

야네스 행 버스는 한 시간 이상 기다려야 했다.

알사 버스가 정거하는 간이정거장 매표소 앞 플라스틱 의자에 앉아 버스를 기다리는 시간은 그리소에서 맛본 그런 휴지와 전혀 달랐다. 건너편에는 조그만 역사가 있었고, 역사 지붕을 훌쩍 넘는 편백나무는 먼지를 뒤집어쓰고 생기 없이 서 있었다. 기찻길 넘어 우뚝 솟은 산도 빛깔이 바랜 듯 생기가 없고, 하늘은 비를 뿌릴 듯 찌뿌듯하게 흐려 있었다. 트레이닝복에 마냥 무료한 표정의 소녀가 껌을 씹으며 지나갔고, 머리에 무스를 바르고 착 달라붙는 스키니 청바지 차림의 청년이 빈 담뱃갑을 버리고 매표소 안으로 들어갔다. 우리 옆에서 두런두런 이야기를

기억에 남는 색다른 화살표

나누고 있는 두 남자 중, 회사의 로고가 새겨진 점퍼를 입은 남자는 손에 들고 있는 병맥주를 사탕 빨듯 아껴 마시고 있었다. 눈동자가 게슴츠레했다. 삭막하고 스산하고 고달파 보이는 변두리 동네의 풍경이었다. 헐벗은 삶의 깊은 우울이 내 마음을 아프게 했다.

마침내 버스가 도착했다. 버스에 올라 차창 밖을 내다보았다. 그가 매표소 안에서 새 맥주병 마개를 이로 뽑고 있었다.

'하나님, 제 앞에 나타나신 그 모습 그대로 저들에게 긍휼을 베풀어 주세요. 아멘.' 하고 나서 엄지발가락을 세워 버스 바닥을 쿡 찍었다.

야네스에 도착해서 알베르게를 물어물어 힘겹게 찾아갔다. 알베르게를 찾기 위해 수고한 걸음이 버스 타고 야네스에 온 것보다 더 멀고 힘들었다. 이미 방이 다 찼다는 쪽지가 문에 붙어 있었지만 그래도 혹시나 하고 문을 두드려 확인을 했다. 벨을 계속 눌러대는 소리에 관리자가 찌푸린 얼굴로 나와 화를 냈다. 유스호스텔에도 가봤으나 6시가 되어야 문을 연다고 했다. 문을 열어도 두 사람 방값이면 차라리 다시 버스를 타고 알베르게가 있는 다음 도시까지 가는 게 비용이 덜 든다는 치타의 말.

걸으면 두 시간이 족히 걸렸을 텐데, 이십 분 만에 리바데세야에 도착했다. 오늘은 걷는 것보다 버스로 이동했음에도 참 기나긴 하루였다.

리바데세야의 알베르게는 바닷가 바로 옆에 있었고, 잠자리도 샤워 시설도 깨끗했다. 1인당 29유로가 싸게 여겨졌다.

"기왕이면 바다가 보이는 쪽으로 방을 줄 것이지."

치타는 허리에 손을 얹고, 여차하면 아래로 내려가 방을 바꿔달라고 할 태세였다. 나는 모르는 척 짐을 풀기 시작했다. 바다는 보이지 않지만 파도 소리가 귓전으로 밀려드는 것만으로도 좋았다. 먹는 것 입는 것 잠자는 것에 더 이상 호불호好不好의 감정 자체가 사라져버려, 주어지는 모든 것이 감사하기만 했다. 샤워를 하고, 마른 빵과 치즈 한 조각으로 급한 시장기를 끄고 나니 마음이 저절로 바다로 이끌렸다. 바느질을 하겠다는 치타를 남겨두고 밖으로 나왔다.

눈이 가물거릴 정도로 광활한 바다와 하늘, 초승달 모양의 하얗고 긴 해안선이 눈앞에 펼쳐졌다. 쌀쌀한 바람이 부는 탓인지 해안선을 따라 잘 정비된 산책로에도, 바닷가 모래사장에도 사람들이 많지 않았다. 산책로 난간에 엎드려 모래사장에 띄엄띄엄 흩어져 있는 사람들을 하염없이 바라보았다. 바라보는 동안 차츰 무념의 상태로 빠져들었다. 사람들과 나의 거리는 이목구비가 구분이 안 될 정도의 먼 거리임에도 그들 한 사람 한 사람의 마음속 생각이 읽히었다. 작은 손짓 고갯짓까지도 다 읽히었다. 이 세상의 시공이 아닌, 하늘과 바다의 텅 비어 있음이 그들의 속생각을 드러내 보여주는 것을 나는 그저 읽고 있을 뿐이었다.

모래사장 한가운데 등을 보이고 앉아 있는 남녀를 계속 바라보는 동안, 그들이 무슨 대화를 하는지도 읽히었다.

　　—남 바다에 한번 들어가 볼까?
　　—여 안 돼. 감기 걸려.

―남 금방 나와서 뜨거운 물에 샤워하면 괜찮을 거야.

―여 참아. 바다는 눈으로 보고 있을 때가 훨씬 아름답잖아.

―남 나 옷 벗는다?

―여 아이참, 네 고집을 누가 말려.

남자는 신발을 벗고 윗옷을 벗는다. 셔츠도 벗는다. 맨몸이 되자 남자는 한순간 어깨를 움찔한다. 그래도 개의치 않고 바지를 벗는다. 헐렁한 속바지 밑으로 드러난 장딴지 근육이 체격에 비해 빈약하다. 그는 바다로 성큼성큼 들어간다. 바닷물이 가슴까지 차오르는 데서 더 나아가지 못하고 멈춰 선다. 한차례 밀려오는 파도를 펄쩍 뛰어넘긴다는 것이 타이밍을 맞추지 못해 얼굴까지 너울을 뒤집어쓴다. 뒤에서 지켜보는 여자가 소리 없이 웃는다.

바닷가를 산책하던 사람들은 물론 해안 산책로를 걷던 사람들까지 먼 데서나 혹은 가까이에서 그에게로 시선을 집중한다. 남자는 기왕 얼굴까지 젖은 김에 용기를 내서 물로 뛰어들어 수영을 한다. 수영 실력은 신통치 않다. 파도가 밀려올 때마다 남자는 너울을 뒤집어쓰고 아푸―하고 얼굴을 물 밖으로 내민다. 그래도 즐거운지 모래사장에 앉아 있는 여자에게 손을 흔든다. 그 드넓은 바다가 그 한 사람이 물에 들어감으로써 현실의 시공간으로 성큼 다가와 있다.

이십 분쯤 물장난 같은 수영을 하던 남자가 물 밖으로 나온다. 여자가 앉아 있는 곳까지 와서 '어이 떨린다' 하며 몸을 일부러 후르르 떤다. 여자가 건네주는 셔츠를 젖은 몸에 걸치고 남자는 구두를 집어든다. 여자가 남자의 벗어놓은 옷을 주섬주섬 챙기는 사이 남자는 벌써 몇 발짝 앞서 가고 있다. 모래사장을 가로지르는 그의 걸음이 내가 서 있는 난간에서 사선으로 비껴갈 즈음 남자가 나를 쳐다보며 활짝 웃는다. 나는 그가 누구인지도 모르는 채 손을 흔든다.

두 사람이 사라진 뒤에 나는 난간 앞을 떠나 해안가 산책로를 걷기 시작했다.

숙소로 돌아왔을 때 치타가 괴메스에서 만난 젊은 독일인 커플이 같은 숙소에 들어 있다고 말해주었다. '아, 나를 보고 웃던 사람이 그 사람이구나.' 혼자 속으로 생각하고 있는데 치타가 볼멘 음성으로 덧붙였다.

"이 사람들 인종차별하는가 봐요."

"……?"

"저들이 우리보다 나중에 들어왔는데 바닷가 방을 주었잖아요."

"……."

나로선 생각도 미치지 못한 말이니 잠잠할밖에 없었다. 또 설사 그런 기미가 있다고 한들 당연한 일 아닌가. 우리보다는 그들이 같은 유럽권 사람인데 그 정도 배려를 하기로서니 그게 무슨 대단한 차별인가.

치타의 불만이 정당한 것이라 해도, 감정적으로 동조하지 않는 경우가 많아지니 대화도 몇 마디 오가다 끊어지기 일쑤였다. 며칠 전 치타가 불만스러운 얼굴로 한마디 했다.

ALBERGUE

"선생님하고는 싸움이 되지 않네요."

'그러면 싸움을 피하는 것이 치타에게 스트레스를 주는 걸까.' 그럴 수도 있겠다는 생각이 들었다.

그날 밤 나는 위로부터 또 다른 꿈을 받았다.

누가 주는 것도, 누가 잡고 있는 것도 아니었다. 하얀 주머니에 넣어진 삼각형 모양의 병이 내 앞으로 둥둥 떠서 다가왔다. 주머니에 싸여 있음에도 그 병에 담겨 있는 노랗고 투명한 액체가 보였다. 그것이 생명수라는 생각이 들었다. 하나님께서 주시는구나 싶어 채뜨리듯 얼른 받아 가슴에 품고 '감사합니다, 감사합니다'를 연발하다가 꿈에서 깼다.

손전등으로 시계를 비춰보니 5시였다. 사방이 조용하니 파도 소리가 더욱 또렷하여 귓가에서 포말이 부서지는 것 같다. 방 안은 외등 빛이 흘러들어 낮은 촉수의 등이 켜져 있는 것 같다. 바다가 보이는 방을 그렇게 원하던 치타도 낮의 일은 모두 잊은 듯 깊은 잠에 들어 코를 골고 있다.

나는 꿈속에서 생명수병을 가슴에 꼭 품었던 자리를 손으로 더듬으며, 늘 궁금했던 성경말씀을 떠올려보았다. '나를 믿는 자는 그 배에서 생수의 강이 흘러나오리라.' 생명수병을 가슴에 꼭 품기까지 했으니 이제는 그 성경구절의 비밀이 풀리지 않을까 기대를 해본다.

특정한 사람에 대한 사랑을 지고는 십자가의 길로 갈 수 없다는 것을 알 수 있었다. 서러움과 눈물이 사랑을 베어내는 칼이었음을 알 수 있었다. 나는 과거의 내 삶이 나로부터 멀어져가는 것을 지켜보며 '가는구나, 가는구나' 하면서 눈물로 작별할 수밖에 없었다.

가는구나, 가는구나,
나와 함께한
인연들……

이슬라 ISLA 에서

네 번째 꿈

6시 30분. 떠날 준비를 한다. 무엇을 버리고 떠날지 고민하지 않기로 한다. 어제저녁, 먹다 남은 빵과 요구르트, 치즈를 꺼내어 선 채로 조금 먹고, 남은 것과 생수 반병을 비닐봉지에 싼다. 들어보니 제법 무겁다. 오늘은 무거운 짐이라도 '진다', 더 무거운 짐이라도 '지고 간다'로 모드 전환하는 첫째 날이다.

또한 오늘부터 길 떠나기 전 성경말씀을 한 구절씩 읽기로 했다. 치타가 일일 생명말씀집에서 오늘의 말씀을 낭독했다.

"너희는 가서 이 세상 모든 사람들을 내 제자로 삼아 아버지와 아들과 성령의 이름으로 세례를 베풀고 내가 너희에게 명한 모든 것을 지키도록 가르쳐라. 내가 세상 끝날까지 항상 너희와 함께 있겠다."

방에서 나와 계단을 내려간다. 계단 맞은편 독일인 커플의 방은 아직 기척이 없다. 현관 앞에서 잠시 하늘을 바라본다. 하늘은 아직 밤의 기운으로 덮여 있다. 한 청소원이 알베르게에서 나온 쓰레기통을 비우고 있고, 배달 차에서 빵을 안은 청년이 밖으로 나왔다. 새벽을 여는 사람들. 길을 묻는 우리에게 청소원이 팔을 앞으로 쭉 뻗어 가리킨 방향이 오늘의 첫 화살표였다. 나는 그에게 허리를 깊숙이 굽혀 절을 한다. 그리고 그를 위해 축복을 비는 기도를 한다.

치타는 바다 옆 산책로로 가도 마찬가지라고 그쪽 길로 가고, 나는 청소원이 가리킨 방향대로 간다.

두 번째 화살표를 보자마자 마음에 잔잔한 물결이 번지는 것 같다. 이어서 세 번째 네 번째 화살표와 눈 맞추며 걸음을 옮기노라니, 마음속 설렘이 파르르 떨며 물결쳤다. 화살표는 내가 따라가야 하는 방향을 가리킬 뿐만 아니라, 그 자체도 내 마음에 찍히는 발자국이 된 것 같다. 길을 걷지 않을 때는 그 발자국도 멈추고 있었던 것일까. 그리하여 화살표를 따라 다시 걷기 시작하자 벅차게 차오르는 이 기쁨……

길의 교차점마다 해안가 집들이 끊기고 산책로로 연결된 길 저쪽으로 치타가 보이다 말다 하고, 그 너머 뿌옇게 밝아오는 바다도 보이다 말다 한다. 나는 반주처럼 따라오는 파도 소리에 내 걸음을 맞추는 놀이에 빠져든다. 파도 소리가 더 이상 들리지 않게 되었을 때 내가 걷던 길과 치타가 걷던 길이 합류한다. 어느새 치타는 내 앞에서 걸어가고 있다.

'응용력이 뛰어난 사람이야.' 나는 혼자 속으로 생각한다. 그녀는 순발력이 뛰어나다. 빨래가 마르지 않으면 어떻게 하든지 마르게 하려고 전등갓 위에까지 빨래를 널 생각을 하고, 그러다 빨래를 태우기도 하는데, 그러면 '할 수 없구나'가 아니라 내가 버리려는 가방을 뜯어 태운 자리를 기워서 본래 그런 디자인인 듯이 만들기도 한다. 가방끈을 뜯어 자기 배낭끈에 연결하여 걸을 때 뱃심을 받쳐주는 데 이용하기도 한다. 닫힌 문 앞에서 규정을 지키며 벌벌 떨고 기다리는 것이 아니라, 창문을 타 넘고 안으로 들어간다. 길에서 생기는 수많은 변수들을 이리저리 꿰어 맞추어 일정을 조정하고, 궁금한 것이 있으면 남이 귀찮아하건 말건 몇 번이고 물어서 그 궁금증을 풀고야 만다. 그녀 같은 사람과 동행했기 때문에 나는 비용을 많이 줄일 수 있고, 생고생도 덜한다는 것을 종종 느끼게 된다.

그러나 십자가를 지기 위한 훈련과정으로 이 길을 택한 나에겐 그녀의 성품이 지닌 남다른 추진력 덕분에 고생을 덜하는 것은 별 의미가 없다. '너희는 피투성이가 되어서라도 살아 돌아오라'고 바빌론 노예로 끌려갈 동족의 수난을 미리 내다보고 절규한 예레미야 선지자의 말대로, 나는 피투성이가 되어서라도 나의 그릇用 됨이 우주를 담을 크기로까지 커지는 것만이 관심사다.

숲속 오솔길로 접어들어 목초지에 다다랐을 즈음 해가 떠오르는 기운이 수평선 주위를 불그레하게 물들이고, 비탈 아래로 내려다보이는 마을에 서린 어둠도 서서히 밀려나고 있었다.

마침내 덩— 하는 소리가 천지로 퍼져나가듯 잠든 마을과 목초지 전체에 황금빛 햇살이 퍼지며 아침해가 떠올랐다.

"참 아름다워라, 주님의 세계는……." 찬송가를 흥얼거리며 해돋이를 한참 동안 음미하다가 다시 걷기 시작한다. 봉우리가 붉게 물든 산 아래 골짝에는 하얀 수염 같은 긴 이내가 나직이 흐르고 있다. '내가 살아 있다는 것도 기쁘고 내가 이곳에 와 있다는 것도 기쁘고, 자연의 이런 속살을 볼 수 있다는 것도 기쁘고, 소똥 말똥도 기쁘고, 개돼지도 기쁘고…… 내가 소똥이 되어도 기쁘고…….' 기쁘다 앞에 무엇을 갖다 붙여도 기쁘고, 나를 무엇에 갖다 붙여도 다아 기쁘다.

지난밤 꿈에 생명수를 채뜨려 가슴에 꼭 품은 행위가 바로 성령이 이미 내 안에 계신 것을 말씀해주신 것이로구나, 이런 상태가 바로 '배에서 생수의 강이 흘러나오리라' 하신 그 말씀이구나, 하며 고개를 끄덕인다. 성령이 내 안에 계심으로 해서 이 세상 이치 전체에 대해 아무 이의가 없으며, 그저 따르면 된다는 믿음이 바로 기쁨의 정체라는 것을 알겠다. 또한 모든 것이 기쁠 수밖에 없는 것은 성령의 능력이 나를 넘어서 그 초월적 힘을 드러내기 때문이라는 것도 알겠다.

해안을 따라 굽이굽이 이어지는 길, 너무나 아름다워 자꾸 멈춰 서게 된다. 아름다움은 기쁨이 드러난 얼굴^{형상}이다. 기쁨은 똥도 아름답게 만든다.

오후 3시 즈음 이슬라에 도착했다. 이곳의 알베르게 찾는 일도 쉽지는 않았다. 문밖에 긴 탁자가 놓여 있었고, 나직한 담장 너머로 바다가 보였다.

"와우, 부엌이 있네." 치타가 문을 열고 안으로 들어가더니 소리쳤다. '부엌은 치타를 기쁘게 하고 치타는 부엌을 아름답게 만든다.' 기쁘다, 앞에 부엌과 치타를 놓으니 너무나 아름다운 문장이 완성된다.

치타가 손뼉을 착착 치고 나서, 자아, 하는 듯이 조리테이블의 버튼을 점화해보고, 냄비 뚜껑을 열어보고, 서랍을 열어보고, 싱크대 아래 문짝을 열어보고 하는 사이 주방기구들은 모두 차렷 자세로 긴장하며 눈을 빛내는 것 같다. '냄비야, 도마야, 칼아, 오랜만에 우리를 부릴 줄

산의 능선이 만든 성합聖盒

아는 인간이 도착한 것 같다. 소리 좀 요란하게 내보자꾸나.'

어린 시절 오빠로부터 많이 듣던 말이 갑자기 귓가에 살아난다.

"엄마, 쟤는 왜 저렇게 먹는 데 관심이 없어요."

요리에 관심이 많은 오빠가 어머니 옆에서 심부름을 하며 방 안에 들어앉아 코끝도 내보이지 않는 나를 두고 흉보는 소리다. 나는 부엌에 생기를 불어넣을 줄 모른다. 입 안으로 짠 게 들어와도, 떫은 게 들어와도 그냥 먹는다. 치타가 나를 두고 음식 사치가 심하다고 한 것은 나를 잘 모르고 하는 소리다. 나는 음식 맛 자체를 탐하는 것이 아니라, 레스토랑의 분위기를 맛보다 더 즐긴다.

"선생님 우리 장 보러 가요."

음식을 해 먹을 수 있는 것을 확인한 것만으로도 이미 표정이 흐뭇해진 치타. 풀던 짐을 놔두고 그녀를 따라나선다. 멀지 않은 곳에 구멍가게 같은 슈퍼가 있었고, 치타가 원하는 밀가루와 양파, 감자를 조금 살 수 있었다.

샤워를 하고 나오니 그사이에 치타는 반죽 덩어리를 비닐봉지에 넣어두고 국물을 끓이고 있었다. 내가 나오자, 이제 수제비를 떠도 되겠네, 하는 표정으로 불 앞으로 다가갔다. '치타의 예수님은 아무래도 부엌에 계시는 것 같아.' 나는 그녀의 발그레 상기된 얼굴이 참 아름답다고 처음 느꼈다.

"맛있어요."

나는 식전에 그녀를 위해 기도를 하고 나서, 감사하다는 말을 그렇게 표현했다.

"선생님이 맛있다고 하시니 다행이네요."

부엌이 우리를 의기투합하게 만들었다. 설거지를 하고 나서, 나는 혼자 어스름이 밀려오는 바닷가 쪽으로 산책을 나갔다. 알베르게 뒤에 있는 목초지에서 말 한 마리가 혼자서 풀을 뜯고 있었다. '혹시나?' 하고 말 가까이 다가가보았지만, 이 말은 풀을 뜯는 데만 정신이 팔려 있을 뿐 하나님의 성스러운 심부름을 하기에는 그 그릇이 멍청하고 속되어 보였다. 성경에는, 열매 없이 잎사귀만 무성한 무화과나무를 두고 예수님께서 심하게 꾸중하시는 장면이 있다. 만약 그 무화과나무가 풍성하게 열매를 맺고 있어 예수님의 시장기를 가시게 해드렸다면 얼마나 큰 축복이었을까.

그날 새벽녘에 꿈을 꿨다. 흐릿한 어둠 뒤편에서 누군가 하얗고 미끈한 지팡이 하나를 내게 하사품으로 내려주셨다. 감격스러워하며 두 손으로 받았다. 꿈을 깨자마자 꿈의 의미가 이내 깨달아졌다.

'이제 너는 지팡이를 밖에서 찾지 말라. 네 안에 이미 들어 있다.'

베드로는 요엘 선지자의 말을 인용해서 '너희의 늙은이들은 꿈을 꾸리라'고 말씀하신 바 있다. 그 꿈은 사람이 임의로 꾸는 꿈이 아니라 위에서 주신 계시이다. 나 자신을 보호하기 위해서는 지팡이조차 필요치 않을 뿐만 아니라, 이제 내 안에 있는 지팡이로는, 확신을 가지고 다른 사람들을 이끌라는 메시지였다. 이 계시로써 하나님께서는 내게 주실 응답을 다 이루신 것이다.

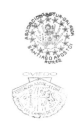

아빌레스에서도 치타는 부엌을 만났다. 이른 아침, 밥을 해서 김밥을 말고 누룽지까지 만들어 순 한식으로 조식을 차렸다. 어제부터 내리는 비로 불기 하나 없는 크고 썰렁한 데서 자고 일어났더니 몸이 으슬으슬 떨리는데, 뜨거운 누룽지로 속을 풀고 나니 몸이 한결 개운했다. 아빌레스 숙소는 침상이 100개가 넘고, 샤워실과 부엌이 따로 있었다. 투숙한 순례자들만 30명이 넘었다. 그들이 저마다 길 떠나기 전 요기를 하려고 부엌으로 몰려나와 불을 찾는데, 치타는 끄덕도 않는 표정으로 두 개의 조리調理 불을 차지하고 할 거 다한 것이다.

그러노라고 출발이 여느 때보다 한 시간 정도 늦어졌다. 비는 잠시 그친 듯했으나 하늘은 여전히 우중충했다. 알베르게 문밖을 나서자 이 내 6차선 도로였다. 이른 아침부터 차량들의 정체가 심했고, 정류장마다 등교하는 아이들이 가방을 들고 무리지어 서 있었다.

"오비에도?"

길을 물어보니, 한 아이가 시외버스 정류장을 가리킨다. 치타가 선 자리에서 걷는 시늉을 하자 다른 아이가 놀라서 눈을 크게 뜨며,

"무초, 무초" 한다. 이른 아침 이 세상 어느 귀퉁이인지도 알 수 없는 곳에서, 너무도 해맑은 표정의 여자아이가 놀라는 시늉으로 연발한 '많

이많이' 한 그 말이, 그 아이와 나 사이의 존재적 거리를 나타내는 것이 기도 해서 '세상에 나가서 내 말을 전하라' 고 하신 예수님 말씀을 전하게 될 때 대체로 이와 같은 상황이 되겠다는 생각이 스쳐갔다.

자동차들이 물을 튕기며 바쁘게 달리는 길과 나란한 인도를 걷고 있노라니 자신이 한없이 작고 초라하게 느껴진다. 아무도 나를 아는 사람 없고, 나를 배웅해주는 사람도 없고, 도시에 잠입할 때도 조용히, 떠날 때도 조용히, 혼자라는 사실만으로도 내 존재가 너무 작게 느껴진다. 붉은 유니폼을 입은 중년의 여자가 선 채로 피우던 담배를 한 번 깊이 빨고 나서 꽁초를 길가에 휙 집어던진다. 그녀도 이른 아침 거리에서 혼자 쓰레기를 치우노라면 외로움이 자신을 무시한다고 느낄 것이다. 그녀의 고단한 삶의 이면을 흘깃 엿본 것만으로 가슴이 짠하다. '하나님, 저 여자의 삶이 너무 고단하지 않게 해주세요. 그것이 불가피한 시련이라면 그 의미를 깨달아 알게 해주세요.'

기도를 하고 나서야 세상의 기세에 잠시 밀렸던 존재감이 되살아난다.

한 시간쯤 걸었을 때 비가 쏟아지기 시작했다. 길에 선 채로 우비를 꺼내어 입었다. 도심을 벗어나자 길이 4차선 도로로 좁아지며 갓길이 사라졌다. 도로 끝, 10센티 폭의 흰 선을 따라 걸을 수밖에 없었다. 순례자는 그 10센티 선을 자기 길로 만들면서 걸어야 한다. 상행선으로도 하행선으로도 온갖 차들이 정신없이 질주하며 노한 바람처럼 곁을 스쳐갔다. 차체가 큰 덤프트럭이나, 화물트럭이 지나갈 때는 가드레일에 바짝 붙어 몸을 피해야 했다. 우비 자락이 바람에 날려 차바퀴에 휘감기지 않도록 신경쓰라고 치타가 일러주었다.

　오늘은 걷는 것으로 예배를 드리겠다고 생각했는데, 10센티 흰 선을 따라 드리는 예배가 되고 있다. 참으로 절묘하지 않은가. 세상으로 오가는 차들이 빗발치는 4차선 도로에서 10센티 흰 선만큼의 폭을 '산티아고로 가는 길'로 구별시켜 하나님께 바치고 있다는 것이!

　주유소 화장실에 들른 것 말고는 줄곧 걸었다. 걸으면서 자두 하나와 토마토 두 개를 먹었을 뿐인데, 걸음이 너무 가벼워 내 다리로 걷는 것 같지 않다. '생명수와 지팡이가 다 내 안에 있으니 그럴밖에?' 하며 혼자서 배시시 웃어본다.

　포도 한 알을 먹더라도 앉아서 정식으로 먹겠다던 치타가 너무 뒤처지고 있다. 교차점 앞에서 배낭을 내려놓고 길가에서 기다린다. 삼십 분이 지나서야 직선 길 저 멀리 작은 점 같은 치타의 모습이 보인다. 그 점이 차츰 커지는 속도가 무척 느리다. 치타의 걸음이 오늘따라 유난히 무거워 보인다. 그녀가 가까이 올 때까지 기다렸다가 일어나서 배낭을 짊어진다.

　"뒤에서 보니 선생님은 오늘 나는 듯이 걷네요."

　나는 빙긋이 웃고 만다.

　"이 길은 나도 처음이에요. 이제부터는 선생님이 앞장서세요."

　아빌레스에서 루아르카로 가는 해안길은 치타가 지난번에 걸어본 길이라고 했다. 오비에도로 빠져서 루고로 가보자는 내 의견을 받아들이긴 했어도, 해안의 절경이 사라지고 줄곧 자동차 길로만, 그것도 옷깃을 부여잡고 잔뜩 긴장한 상태에서 걷는 것이 치타에겐 무척 힘이 드는 것 같다.

일곱 시간을 꼬박 걸어 오비에도 턱밑까지 왔는데, 경찰차가 와서 우리를 제지했다. 고속도로로 잘못 진입했다는 것. 오비에도까지는 아직 6킬로를 더 가야 한다는 말에 치타는 바싹 마른 입술을 축이며 버스를 타자고 했다.

오비에도OVIEDO에서
눈물 또는 서러움

———

　다른 순례자들이 수런거리는 소리에 눈을 떴다. 늦잠을 잤나 싶어 당황했으나, 하루를 더 묵기로 한 것이 생각났다. 어제 너무 지치기도 했으려니와 볼거리가 많은 아름다운 중세도시에 와서 겨우 몇 시간 잠만 자고 떠나기가 아쉽다는 치타의 생각에 나도 공감했다.

　천천히 일어나 양치를 하고 있는데, 마지막 남은 순례자 한 사람이 당황한 낯으로 다 싼 짐을 풀어헤치고 있었다. 아끼는 묵주를 잃어버렸다고 했다. 허둥거리는 그를, 일상인적 태도로 느긋하게 바라보는 나의 시간과 그의 시간이 같은 공간 안에서 달라졌다는 것이 이상했다. 같은 시간을 다르게 착색着色하는 것은 무엇일까? 장소? 일의 내용? 아니면 도달해야 하는 목표? 나의 이 여유는 그 목표를 잠시 유보한 데서 비롯된 것이다. 그렇다면 일상 속에는 목표가 없다는 것일까? 그가 화살표를 따라 걷는 동안, 나는 서점에 들어가 책과 그림엽서를 사고, 카페에 앉아 차를 마시려고 하는데, 그같이 단순한 일은 목표가 될 수 없는 것일까? 꼬리를 무는 의문을 좇고 있는 동안, 그는 기어이 묵주를 찾지 못하고 떠나갔다.

　기온이 뚝 떨어져 날씨가 쌀쌀했다. 옷을 든든히 입고 거리로 나갔다. 아침햇살이 오래된 중세의 건물들 사이에 짙은 그늘을 드리우고 있

가는구나, 가는구나,
나와 함께한 인연들……

는 냉랭한 골목길을 이리저리 기웃거리며, 먹을 것을 사기 위해 슈퍼를 찾는 일도 쉽지 않았다. 치타가 물어보겠다며 약국에 들어간 뒤, 잠시 후 흰 가운 차림의 약사가 밖으로 나와서 시장으로 가는 길을 친절하게 가르쳐주었다. 시장이 크고 깨끗했다. 치타의 말에 의하면 이런 시장은 잠시 열렸다 닫힐 거라고 했다. 우리는 싱싱한 물건을 사기 위해 아침 일찍 장을 보러 나온 주부처럼 시장 안을 천천히 돌아다녔다. 생선은 좌판에서 펄떡 뛰어오를 것 같고, 야채에선 쉴 새 없이 물방울이 도르르 굴러내렸고, 때깔 좋은 과일은 보기에도 먹음직해 보였고, 갓 구워낸 빵이 풍기는 구수한 냄새에 침이 넘어갔다. 포도, 토마토, 사과, 빵을 샀다. 그리고 오는 길에 조그만 가게에서 생수, 요구르트, 캔참치를 샀다.

숙소로 돌아와 테이블 위에 펼쳐놓으니 순례자가 먹기에는 너무 거창하다 싶을 만큼 가짓수가 많았다. 빵을 뜯으며 치타가 난데없이 말했다.

"여기서 모자를 하나 사세요."

"왜요?"

이내 눈을 내리까는 치타의 표정 속에 그동안 말하지 못한 것이 숨겨져 있는 것 같았다. 묻지 않았다.

아침을 느긋하게 먹고, 밖으로 나왔다. 두리번거리며 그냥 걷다 보니 발길이 오비에도의 가장 오래된 성당 앞 광장에 이르렀다.

해가 떠 있는 시각에 따라, 솔sol과 솜브라sombra의 대비가, 고딕 양식과 로마네스크 양식이 합쳐진 아름다운 건축물인 성당의 음각과 양각을 더욱 뚜렷하게 새겨서, 18세기의 오래된 건물이지만, 마치 장인의

밤에도 순례는 계속……

손에서 갓 빚어진 것 같은 생생함을 띠고 있었다.

특히, 중앙 첨탑 부분은 하늘을 향해 간절히 합장한 손처럼 보여, 로댕이 이 숨 막힐 듯 경건하게 합장한 손을 꽃봉오리처럼 벌려놓고 '성당'이란 제목을 붙인 손조각이 새삼스럽게 의미심장하게 다가왔다.

성당 안은 참으로 웅장했다. 특히, 무지개를 형상화한 것 같은 천장 부분의 궁륭은 바깥에서 합장한 손처럼 보인 부분의 안쪽으로서, 지상에 내려온 하늘이었다. 지상에 임한 하늘과 땅에서의 예배와 찬양이 만나서 하나 되는 곳, 그것이 온전한 성전聖殿이었다. 그렇다면 내가 오비에도까지 오는 동안, 곡예를 하듯 위태롭게 밟아온 도로 끝의, 27킬로에 이르는 기나긴 흰 선線은 이 세상에 단 하나뿐인 일차원 성당이 될 수 있겠다. 장인들이 자기 손끝에 혼신의 정성을 기울일 때마다 그것 자체가 하나님께 드리는 예배이고 찬송이었듯이, 나는 혼신을 다해 10센티 길을 구별해 걷는 것으로써 하나님께 예배와 찬양을 드렸다.

디지털 안내에 따라 교회의 소장품들을 들여다보고 있는데, 등 뒤로 나이 든 신부님들이 열지어 지나갔다. 잠시 후 신부님들이 들어가신 곳에서 찬송 소리가 흘러나왔다. 미사의 시작을 알리는 소리였다. 몇 세기를 걸쳐서 수많은 사람들이 하나님을 찬송하고 예배드린 곳에서 미사를 드릴 수 있게 되다니…… 미사가 끝난 뒤 치타가 나에게 말했다.

"선생님은 진짜 운이 좋으시네요. 천주교 신자인 저도 이런 미사를 좀체 볼 수 없었는데……."

성당에서 나온 우리는 한 사람은 박물관으로, 한 사람은 성당 앞에 있는 카페로 갈라졌다. 유리문을 밀고 안으로 들어서는데 색소폰 연주가 마중을 나왔다. 우디 앨런, 찰리 채플린 같은 유명인의 흑백사진 패널로 채워져 있는 오른쪽 벽면 외에는 이렇다 할 장식이 없음에도 카페 분위기는 클래식하면서도 편안했다.

나는 성당이 보이는 창가자리에 앉아 카푸치노를 시켰다. 검은 앞치마를 입은 남자 종업원의 서빙태도는 정중하면서도 친절했다. 테이블 위에 안경과 그림엽서를 꺼내놓고 지인에게 편지를 쓸 채비를 했다. 하얀 거품이 듬뿍 얹힌 커피 한 잔이 내 앞에 놓였다. 커피를 한 모금 마시고 펜을 들어 첫 문장을 썼다.

'명순 씨, 여기는 스페인 북부의 오래된 도시 오비에도예요.' 입 안에 가득 떠도는 커피 향과 '명순'이라는 이름이 내 마음에 불러일으키는 가시 같은 기억…….

그날 나는 하루 종일 그 전화를 기다렸다. 지칠 대로 지쳐 포기했을 즈음 명순 씨의 전화를 받았다.

"선생님, 제 전화가 그렇게 반가우세요?"

"보고 싶으니까. 우리 오늘 저녁 같이 먹을까?"

"제가 아직 일이 덜 끝나서……."

"일이야 내일도 할 수 있고, 모레도 할 수 있는데 뭘 그래. 내가 명순 씨 보고 싶다는 이 감정은 한 번 가버리면 영원히 다시 오지 않는 거잖아."

나는 다른 사람에게 해야 할 말을 명순 씨에게 털어놓고 있었다.

"알았어요. 지금 떠날게요."

사실 우리가 누군가에게 주려고 했던 꽃다발은 그렇게 가끔 다른 번지수로 찾아갈 경우가 있다. 한 시간 뒤 초인종이 울렸을 때 나는 아주머니를 시켜 급한 일이 있어 나갔다고 말해달라고 했다.

"선생님, 선생님 저 왔어요."

초인종을 연방 울려대며 대문을 두드려대는 그녀를 2층 창문을 통해 내다보면서 나는 나쁜 짓을 하고 있는 것처럼 마음이 두근거렸다. 명순 씨가 오기를 기다리고 있는 동안, 그사이 나는 기다리던 전화를 받았다. 옷을 입고 미친 듯이 뛰어나가려는데 그녀가 먼저 당도한 것이다. '명순 씨, 미안. 나도 내 맘을 어쩔 수가 없어요. 이해해주기를.' 명순 씨는 조그만 난蘭 화분 하나를 아주머니에게 맡기고 헛걸음을 되돌렸다. 그녀가 돌아간 뒤에 나는 택시를 타고 약속장소로 달려갔다. 타는 가슴을 문지르듯, 오디오에서 흘러나온 노래가 닐 다이아몬드의 「Sweet Caroline」이었다.

나중에 나는 명순 씨를 만나 사과는 했지만 진실을 밝히지는 못했다.

꽃을 파는 할머니 한 분이 시든 꽃다발을 내 앞으로 내밀었다. 할머니 얼굴에 깊이 파인 주름살에 내 시선이 한동안 머물렀다. 한 다발에 우노 유로라고 했다. 유로화 동전을 모두 주며 맘속으로 할머니를 위해 기도를 했다.

커피를 또 한 모금 마시는데, 바로 그 올드 팝송이 흘러나왔다.

Sweet Caroline

good times never

seemed so good.

I've been inclined

to believe they

never would.

But now I –

look at the night

and it don't seem so lonely

잔을 든 채 음악에 귀를 기울이고 있노라니 나도 모르게 눈물이 흐르

가는구나, 가는구나,
나와 함께한 인연들……

기 시작했다. 커피 잔을 노려보며 울음을 멈추려 해도 걷잡을 수 없이 눈물이 철철 흘러나왔다.

절대로 잊을 수 없을 것 같았던 기억들…… 그 올드 팝송과 함께했던 사람과 장소가 떠오른다. 그 장소, 그 사람은 여전히 저만큼 있는데, 함께한 시간만 간 곳이 없었다. 시간만 간곳없어진 것이 아니라, 마음도 간곳없이 사라졌다. 그때의 나는 누구이고 지금의 나는 누구인가. 내가 내 마음에 무덤덤해진다면, 애통하고 비통했던 날들의 기억은 다 무어란 말인가. 슬픈 것은 사라진 시간이 아니라, 내가 변했다는 것이다.

손이 떨려 잔 안의 커피가 출렁거렸다.

'나는, 나에 대해 진정 변할 수밖에 없는가.'

주위에서 두런두런 이야기를 나누고 있는 무심하고 태평스러운 얼굴들. 이곳 사람들에겐 그저 일상의 어느 시간이 지나가고 있을 뿐 ― 주문을 받아 커피를 내리고, 손님들 사이로 다니며 팔찌나 꽃을 팔고, 여자친구가 하는 말에 슬며시 미소를 지으며 고개를 끄덕이고, 다른 곳에 있는 누군가와 전화 통화를 하고, 그러는 동안 오디오에서는 늘 듣던 음악이 흘러나올 뿐……

초등학교 때 내가 자주 꾼 꿈은 어머니와 헤어지는 꿈이었다. 꿈속에서 흐느끼다 잠에서 깨어나 보면 어머니는 잠자기 전과 다름없이 곁에 누워 계셨다. 어린애 같은 꿈을 꾸었다는 것이 부끄러워 나는 잠결에도 얼른 돌아누웠다. 나이 스무 살이 넘어 남자를 알게 되자 나는 어머니의

슬하를 발버둥치며 벗어났다. 어머니는 내 남자 때문에 참 많이도 울었다. 가만히 몰래 사는 자취방을 찾아와 주인집에 김치항아리를 맡겨두고 돌아설 때마다 어머니는 울면서 돌아서셨을 것이다. '그 남자가 그렇게도 좋은가' 내 멱살을 휘어잡고 흔들며 외치고 싶었던 그 한마디 말을 어머니는 가슴속에 묻은 채 미국의 오빠 곁으로 떠나가셨다. 그런 어머니가 93세에 시카고 교외, 외진 요양원에서 인생의 마지막 날들을 보내고 있는 어느 날, 나는 문병을 가서 내일 한국으로 돌아간다는 말씀을 드렸다. 그리고 어머니를 휠체어에 앉히고 식당에 가서 식사를 함께 하고 방으로 돌아왔다. 어머니는 그날만큼은 어서 가보라고 재촉하지 않으셨다. 시간이 되어 나는 어머니 손을 한번 잡아보고 병실 밖으로 나왔다. 안에서 어머니가 서럽게 소리 내어 우는 소리가 들려왔다. 나는 눈물을 참으며 엘리베이터에 몸을 실었다. 그때 나는 왜 병실로 되돌아가서 어머니를 부둥켜안고 소리 내어 울지 못했는가. 그것이 이승에서 모녀가 함께하는 마지막 시간이라는 것을 알면서…….

김동리와 결혼을 하고 나서도 나는 한 번도 내가 그의 여자라고 생각하지 않았다. 나는 호적상에 엄연한 그의 세 번째 아내였지만 나는 여전히 그의 여자가 아니었다. 수많은 날들 저편에서 그는 항상 내 사는 집 문을 조심스럽게 두드린 감춰진 남자였다. 안으로 들어서는 그의 턱밑으로는 항상 이마에서 흘러내린 땀이 갓끈처럼 그의 턱을 조여매고 있었다. 무엇이 이 남자로 하여금 30년 나이 차이와 현실의 높디높은 벽을 뛰어넘고 이렇게 휘이휘이 넋 나간 사람처럼 찾아오게 하는가. 그것이 정염이라는 것 때문에 나는 오히려 그를 떠나지 못했다. 뒷골목 싸구려 사창가에서 낯모르는 여자와의 하룻밤 풋사랑으로 스러지기에는 너무나 사무치게 진지한 정염. 김동리에게 사랑은 정염이었다. 그의 불꽃 같은 정염은 그의 삶을 비극으로 물들였다. 그는 5년 동안 투병을 했다. 남들은 의식이 없다고 했지만, 나는 알고 있었다. 그는 외부와 소통할 수 없었을 뿐, 너무나 뚜렷하게 모든 것을 알고 느끼고 있었다. 그것을 알기에 나는 끝까지 그에 대한 도리를 다했다. 그는 나와의 인연에서 더 이상 청구할 것이 없을 것이다.

김동리에게 나는 세 번째 아내이지만, 나에게 그는 지나갈 남자인 것이다. 나의 부모님, 형제자매 또한 이 세상 하나뿐인 인연이지만, 그 기막힌 인연도 나에겐 지나갈 인연인 것이다. 마지막 길을 가시는 어머니를 위해서도 눈물을 참아온 것은, 내게는 눈물이 인연을 끊는 칼이기 때문이다. 인연을 위해 우는 것은 내게는 단 한 번이어야 했다.

'그렇더라도 이렇게 졸지에, 가슴속 슬픔을 한번 속 시원히 다 울어보지도 못한 채 작별을 하라고 하시다니요, 하나님?'

눈물로 뿌옇게 흐려진 눈에 할머니가 놓고 간 시든 꽃다발이 두 개 세 개로 보였다.

하지만 하나님의 시간은 이미 내 앞에 당도해 있었다. 나를 태어나게 해주신 부모님으로부터 형제자매 친지들까지, 세상에서 인연 맺고 살아온 모든 사람들과 나를 묶었던 끈을 스스로 끊어야 한다는 것을 알 수 있었다…… 특정한 사람에 대한 사랑을 지고는 십자가의 길로 갈 수 없다는 것을 알 수 있었다. 서러움과 눈물이 사랑을 베어내는 칼이었음을 알 수 있었다. 나는 과거의 내 삶이 나로부터 멀어져가는 것을 지켜보며 '가는구나, 가는구나' 하면서 눈물로 작별할 수밖에 없었다.

혼란한 시기에 하나님께 잡힌 바 되어 선지자의 지난한 길을 갈 수밖에 없었던 엘리야는, 자기를 거들어주고 나중에는 임무를 대신 맡길 사람, 엘리사를 만난다. 엘리사는 밭에서 쟁기질을 하던 중, 졸지에 선지자가 던진 겉옷을 받는다. 이 무슨 성스런 날벼락이람. 그는 소를 버리고 선지자에게 달려가 부모님과 작별할 시간을 달라고 양해를 구한다. 부모님을 모시고 평범한 농부의 삶을 살아온 엘리사는 집으로 돌아가자마자 쟁기를 불태워 마음속 결단을 자기 자신에게나 주위 사람에게 확인시킨다. 그러고 나서 목숨이나 다름없었던 소를 잡을 때는 아마도 다리가 후들후들 떨렸을 것이다. 자기 손으로 부모를 마지막으로 공경하고, 이웃들에게도 살면서 진 빚을 갚으며 작별을 준비할 때의 엘리사도 가슴이 먹먹하도록 미어졌으리라.

솔직히, 나는 이전의 삶과 무 자르듯 작별하는 것으로써 하나님이 나를 곧바로 데려가주시면 좋겠다고 생각했다. 엘리야나 엘리사처럼 부름을 받아 하나님의 일꾼으로 쓰임 받는 것은 내가 소설가가 된 것보다 백배 천배 의미 있는 일이지만, 두려움을 모르는 엘리야조차도 견디기 어려웠던 고독. 미련 두어 돌아볼 것까지 끊어버린, 그 뼈를 저미는 외로움을 어찌 감당할까 상상만 해도 몸이 떨린다.

하늘이 주시는 소명 앞에 '내가 여기 있나이다' 하고 나설 때만큼 고독한 자리는 없다. 하나님은 사람에게 소명을 주시기 전, 그가 살아온 터전과 추억 모두가 다시는 돌아갈 수 없는 저편의 인생이 되었음을 깨닫게 하신다. 인간적 재미나 감정, 혈연에 대한 애틋한 정, 살아온 추억까지도 마음에서 남김없이 비워내게 하시는 그 신성神性의 잔혹함을 받아들이는 것이 내게는 아직 너무 버겁고 서러운 일이다.

에스피냐에서 티네오TINEO, 비야루스VILLALUZ로 가는 길
사 랑 과   심 술

살라스에서 4킬로 떨어진 고단의 알베르게에서 8시 10분에 출발했다. 어제, 마을에서 만난 동네 노인이 가르쳐준 방향으로 걷기 시작했다. 미리 물어봐서 방향을 알아놓기를 잘했다. 산중의 길은 자동차 길임에도 어두컴컴했다. 삼십 분쯤 걸었을 때 하늘에서부터 조금씩 어둠이 벗겨지기 시작했다.

그날의 목적지로부터 최소 20~24킬로 떨어진 자동차 길, 동서남북 방향조차 가늠이 안 되는 길을 따라 한 시간이 넘게 걸었어도 화살표를 발견하지 못했다. 스틱 자국인 치어들의 흔적도 없다. 그 많은 치어들은 다 어디로 갔을까. 군데군데 도로 표지판이 있어도 그 표지판에 쓰인 동네 이름이 우리가 목표하고 있는 목적지의 중간 경유지인지도 알 수 없다. 험준한 산세가 그 길이 점점 내륙의 깊은 산간지역으로 들어가고 있음을 말해줄 뿐. 산비탈을 개간한 목초지에서 풀을 뜯고 있는 말이나 소들이 있어도, 마을이 나타나지 않는다. 사람은 물론 자동차들도 좀체 보기 어렵다. 어쩌다 자동차가 나타나면, 걷는 사람은 반가운데 운전자 입장에서는 예상치 못한 곳에서 사람이 홀깃 스쳐가니 저게 생시의 사람인가 싶어 오히려 속력을 높여 달아나는 것 같다. 그토록 깊은 산중임에도, 도로변이나 풀섶에 운전자들이 차창 밖으로 집어던진, 러키스트라

이크 담뱃갑, 빈 페트병, 비닐봉지, 과자봉지 같은 것이 버려져 있다. 곽곽하고 지루한 길에서는 이런 쓰레기라도 사람의 흔적으로 느껴져 위안이 된다.

쓰레기를 버리는 것과 순례자들이 짐을 가볍게 하기 위해 버리는 것과의 차이는 무엇일까. 후자의 것은 아직 쓸모가 남아 있는 상태에서 버려지지만, 버려진 뒤에 쓰레기가 되는 것은 마찬가지이다. 결국 쓰레기가 될 것을 놓고 순례자는 심각하게 고민을 하는 셈이다.

세 시간 사십 분 정도 걸어서 에스피냐란 곳에 도착했다. 크지는 않지만 마을의 형태는 갖추고 있는 곳이다. 다행히 문을 연 바bar가 있어 잠시 짐을 내려놓고 화장실에 다녀와서 위치를 확인한다. 목표도시인 티네오까지는 아직 10킬로 이상 더 가야 한다고. 주문한 커피와 가져온 빵으로 요기를 한다.

에스피냐에서부터는 길에 화살표가 나타났다. 자동차 길을 벗어난 것이다. 화살표를 만난 것이 반가운 지기를 만난 것보다 더 반갑다. 거기다, 걷다 보니 이 구간의 화살표들은 그동안 순례자를 너무 답답하게 만든 것을 사과라도 하듯, 5미터, 10미터 간격으로 자주 나타난다. 나타날 때마다 순례자에게 '나 여기 있어요' 라고 소리치며, 찾기 전에 먼저 손을 흔드는 것 같다.

다른 곳의 화살표는 숨어 있듯이 작게 그려져 있어 보물찾기 하듯이 찾아야 하고, 갈림길처럼 방향표시가 꼭 필요한 곳이나, 한참 걸을 때까지 그냥 두고 보다가 살짝 불안감이 깃들만 하면 나타나는데, 이곳의 화살표들은 '왜 안 오지, 왜 안 오지' 하고 자기 쪽에서 조바심치며 순례자를 기다린 것 같다.

순례자는 어느새 석축이나 나무기둥, 길바닥 돌에 그려져 있어 좀체 그 자리를 벗어나지 못한 화살표에게, 자기가 거쳐온 여정에서 귀 기울여 들었던 새소리, 바람 소리, 낙엽이 바스락거리는 소리, 자갈돌들이 서로 몸을 비벼대는 소리들의 화음과 숲의 향연을 담은 요염한 야생의 냄새를 선물로 내려놓고 가야 할 것처럼 연정이 솟는다. 이는 물론 얼굴은 볼 수 없으나 화살표 뒤의 실체, 이웃마을의 봉사자들과의 간접 대화를 뜻한다. 그들 또한 화살표 뒤에서 그 길을 지나가는 순례자들과 대화를 시도하고 있다. 어떻게 하면 더 알기 쉽게 길을 인도해줄 수 있을까, 하는 호의와 친절이 넘친 나머지, 먼저 표시된 화살표가 조금만 흐려도 그것 바로 옆에다 더 샛노랗게 이중으로 그려놓은 것도 있고, 먼저 것을 회색 페인트로 지우고 그 위에 다시 더 크게 그려놓은 것도 있다. 풀잎 사이로 살짝 보이는 어떤 화살표는 그것이 화살표가 아니라 웃고 있는, 또는 안쓰러워하는 사람의 얼굴로 보일 때도 있다.

그렇게 티네오까지 동행한 화살표, 거기서 그만 돌아가는 줄 알고, '감사합니다, 잊지 않을게요' 라고 인사까지 했는데 그게 아니었다. 앞에 영어 대문자 A(Albergue의 약자) 표시를 덧붙인 화살표가 알베르게 앞까지 이어져 있어, 다른 도시에서처럼 이 사람 저 사람에게 물어보는 수고를 하지 않도록 끝까지 이끌어주었다.

에스파냐에는 나의 새로운 연인이 산다고 해도 좋을 듯.

다음 날 아침이었다. 티네오 알베르게를 나서는데 빗방울이 듣기 시작했다. 도로 들어가서 우비를 입었다. 우비에서 나는 빗방울 소리가 이전보다 저음으로 변했다. 비닐 성분이 많은 소재지만 워낙 많은 비를 맞다 보니 빳빳한 소재가 눅눅해진 까닭이다. 그래도 연주는 들을 만했다. 빗방울 연주는 주룩주룩 비가 올 때보다 구름도 마음을 정하지 못해 빗방울이 오락가락할 때가 더 듣기 좋다. 얼마 걷지 않아 티네오에서 가장 물맛이 좋다는 샘을 만났다. 물을 마시면 우중에 화장실에 가고 싶어질까 봐 병에다 한 컵 정도만 받았다.

티네오는 가파른 경사면에 형성된 작은 도시였다. 쏟아질 듯 가파른 비탈에 지어진 집들은 자연환경을 최대한 살린 건축법으로 지어져, 집 하나하나가 상상 속에서 튀어나와 테트리스를 하고 있는 것 같다. 집과 집을 연결하는, 바깥으로 노출된 계단은 거의 수직으로 세워진 사다리 같아 야곱의 사다리를 연상케 한다.

야곱의 꿈에 나타난 사다리는 '그 꼭대기가 하늘에 닿았고, 하나님의 사자들이 그 위에서 오르락내리락하고 있음'에도 사다리는 땅 위에 서 있다. 하늘에서 내려온 것이 아니라, 땅에서 하늘을 향해 세운 것이다. 야곱이 의식지 못하는 사이에 그는 하늘을 향해 위험을 무릅쓰고 사다리를 땅에서부터 세웠고, 그것을 보고서야 하나님은 야곱을 축복하신다. 땅의 염원이 먼저 있어야 하나님도 축복을 내려주실 수 있다. 때문에 잠이 깬 야곱이 "두렵도다 이곳이여 이것은 다름 아닌 하나님의 집이요 이는 하늘의 문이로다" 하고 두렵고 떨리는 마음으로 중얼거린 것은 성령의 존재를 처음 접하고, '내 마음의 염원을 어찌 하나님께서 아셨을까' 하는 감탄에서 나온 것이다. 이후 그는 그 계시의 '문'을 통해 흔들림 없이 나아갔고, 신실하신 하나님은 약속하신 대로, 지팡이 하나만 가지고 타지로 떠난 그를 통해 그 자손을 '땅의 티끌같이 되게 하리라'는 약속을 지키셨다.

도시를 벗어나 곧장 산으로 이어진 길은 오르락내리락을 거듭한다. 마치 느린 롤러코스터를 타고 있는 것 같다. 해발 700미터 지점부터 밤숲이 계속되었다. 양쪽으로 빽빽이 늘어선 밤나무들 때문에 평소에도 좀체 햇빛이 비치지 않은 탓인지 오래 썩은 낙엽 냄새가 코를 찌른다. 낙엽과 밤송이들이 뒤엉킨 진창길에 알밤이 지천으로 깔려 있다. 배가 고파서 하나 줍고 싶어도 몸을 굽히는 것이 더 힘들어 그냥 참고 지나친다. 길이 몹시 미끄럽다. 발을 떼자마자 재빨리 다음 발 놓을 자리로 몸의 중심축을 이동하지 않으면 발목을 삐기 십상이다. 울퉁불퉁한 지표면에 따라 오히려 비틀거려야 한다. 그것이 몸속에 내재된 율律, 몸속의 지팡이가 지닌 균형감각이다. 그 지팡이가 있어 길 안에서의 길 찾기가 저절로 이루어진다.

'비야루스'라는 팻말이 나타난 데서부터 시작된 키 큰 상수리 나뭇길의 화살표 뒤에 이상한 표시가 나타났다. 울긋불긋한 스프레이로 낙서하듯 그린 그림이, 이 나무 저 나무 사이를 두서없이 오락가락하며 화살표를 교란하고 있다. 처음엔 어느 화가가 기발하게도 숲속 나무를 이용해 나무그림전展을 기획한 것인가 싶었는데, 좀더 가다 보니, 그 그림들의 양태가 삿되고 경박해서 어쩐지 그림이라기보다 순례자들을 야유하는 탈바가지 같다는 생각이 들었다. 탈바가지의 수선스러움을 밀어내며 거의 2킬로가 넘는 길을 걷는 동안 머리가 어지럽고 기운이 빠져나가는 것 같다. 떨어진 낙엽 하나, 길에 뒹구는 돌멩이 하나까지도 순연한 질서 속의 조화로움으로 섞이고 있는 깊은 산중에서, 그 낙서 같은 그림만 하나로 섞이기를 거부하고 줄곧 '나! 나!' 하며 자기를 주목해달라고 떼를 쓰고 있다. 예술가들의 타고난 자아도취적 기질을 보는 것 같다. 그 병적인 자기애와 터무니없는 오만방자함이 이제는 혐오스럽다.

숲속의 세이렌, 그 어지러운 유혹을 떨쳐내고 마침내 큰길로 나왔다. 갑자기 시장기가 배를 쥐어짜는 것 같다. 마을은 어디쯤 있을까. 걸어도 걸어도 마을이 나타날 기미가 없다. 설사 마을이 나타난다 해도 바나 레스토랑이 있을 가망은 거의 없어 보인다.

마침내 도로를 따라 집들이 하나둘 나타나기 시작했다. 길에는 자동차도 나다니는 사람도 없다. 집들은 비바람으로부터 자기를 지키려는 듯 창문을 꽁꽁 닫고 있다. 어느 집 안에서 유리창을 통해 누군가 우리를 내다보고 있었다. 치타가 그 집을 향해 다급하게 걸어갔다. 발걸음이 절박해 보였다. 우리가 다가가자, 후덕하게 생긴 아주머니가 안에서 유리창 문을 열었다.

"바? 레스토랑?"

어디 있느냐는 물음이었지만, 아주머니는 고개를 가로저으며 자기 집은 바도 레스토랑도 아니지만, 커피는 줄 수 있다고 했다. (신기하기도

하지, 손짓 발짓으로 이런 소통이 가능하다니.) 우리는 그 집의 현관 안으로 들어섰다. 우비에서 줄줄 흐르는 빗물이 매트를 금방 적셨고, 진흙투성이 신발이 말끔한 바닥을 이내 더럽혔다. 현관에 놓인 아기자기한 장식품들을 바라보는 내 마음이 마치 전투 중에 잠시 집에 들른 병정처럼 먼 옛날의 꿈을 보는 것 같았다.

우리는 현관에 선 채로, 우유가 많이 들어간 따끈한 커피와 머핀과 소시지까지 대접받았다. 커피도, 머핀도, 소시지도 너무나 맛있어서, 아마도 내 평생 그처럼 맛있는 음식을 다시 먹어보기는 어려울 것 같다. 아주머니는 우리가 커피를 마시는 사이, 안에 들어가 가족사진을 가지고 나와서 가족을 소개해주었다. 어린 손녀도 있었다.

"끝까지 순례 잘하시고, 산티아고에 도착하면 우리를 위해 기도해주세요."

아주머니는 우리를 포옹하고 뺨에 입을 맞추며 축복해주었다.

다시 길을 떠나면서 나는 그녀가 사는 곳, 베가 데 레이를 잊지 않기 위해 젖은 손으로 다른 젖은 손 위에 이름을 썼다.

착한 사마리아인은 단순히 친절한 사람이 아니다. 평소에는 밥하고 빨래하고 손녀를 안아주고 바느질을 하는 일상인이지만, 고난받는 사람을 만났을 때는 즉시 하나님의 사자로 바뀌는 준비된 영혼이다.

화살표를 교란하는 숲속의 세이렌 같은 길

라 메사LA MESA 가는 길
마늘 두 쪽

치타에게 무슨 일이 생긴 걸까.

출발시간이 7시만 지나도 늦었다고 재촉하던 사람이 8시 30분이 되어도 서두르는 기색이 없다. 비가 오고 있긴 해도 떠나면서 커피를 한잔하고 가자는 것도 뜻밖의 제안이었다. 짐작 가는 바는 있었다. 그녀가 출발시간을 서두른 것은 알베르게가 있는 곳에 일찍 도착해서 짐을 내려놓고 그곳의 미술관이나 박물관을 구경하려는 것이었다. 하지만, 길이 산간벽지로 접어들어, 미술관은커녕 조그만 교회도 없는 산골마을이 대부분이다 보니 서둘러 떠날 이유가 없어진 것이다. 하지만, 그것뿐일까. 치타는 내색 안 하려고 하지만, 걷는 것이 점점 힘이 드는 눈치였다. 커피를 마시면 한두 시간 반짝 기운이 난다는 말이 그러했다.

9시가 넘어서 우리는 폴라 데 아얀데를 뒤로하고 자동차 길을 따라 걷기 시작했다. 멀리 보이는 높은 산정에 눈이 쌓여 있었다. 설마 저기까지 가는 것은 아니겠지, 아니겠지 하면서 걷는데 길의 고도가 높아지면서 설산이 조금씩 가까이 다가온다. 길은 포개어진 능선을 헤치고 첩첩산중으로 파고든다. 어느 때부터 비가 진눈깨비로 바뀌더니 우박이 오기도, 난데없이 구름 사이로 해가 비치기도 하면서 날씨가 종잡을 수 없이 바뀐다.

그런데, 어찌 된 셈인지 내가 나를 모르겠다. 내 배의 생수가 터진 것일까. 짐의 무게도 거의 느껴지지 않고, 발걸음이 나는 듯 가볍다. 거센 바람이 얼굴의 살점을 베어가듯 날카로운데, 안에서는 뜨거운 기운이 솟고 있다. 성령으로 들리운다는 것이 이런 것일까. 정수리가 열린 것 같다.

뒤에 처진 치타와의 거리는 산허리 하나만큼 벌어져 있었다. 이때다 싶어 돌아가신 아버지 어머니 남편 그리고 가까웠던 지인들 한 분 한 분의 이름을 불러가며, 그분들의 영혼의 안식과 평강을 위해 큰 소리로 기도를 드렸다.

까마득히 멀리 보이던 설산이 이제 키 높이에서 옆으로 옆으로 지나간다. 다섯 시간을 꼬박 걸어서 '베르체로' 라는 곳에 도착했다. 스무 채도 안 되는 집들이 모여 있는 작은 동네였다. 다행히 길옆에 있는 바의 문이 열려 있어 안으로 들어가 짐을 내려놓고 다시 밖으로 나왔다. 십오 분 남짓 기다려서야 뒤에 처져 있던 치타가 도착했다. 기진맥진 지쳐 있었다. 치타는 바 안으로 들어서서 배낭을 내려놓자마자 테이블 위에 엎드렸다.

"선생님은 무슨 기를 받은 것 같네요."

"그래요."

나는 천기를 누설하는 기분으로 대답했다.

치타는 커피, 나는 포도주 한 잔을 시켰다. 가지고 있던 감자칩을 씹으니 그제야 마른입 안에 침이 고인다. 메사까지는 4킬로를 더 가야 한

다고 했다. 이미 16킬로를 걸어왔으니 4킬로를 더 걸으면 20킬로가 되는 셈이다. 오늘 같으면 100킬로라도 거뜬히 걸을 수 있을 것 같다. 성령의 내재를 확인했으니 이제는 정말 두려울 것이 없다.

메사는 보레스처럼 아주 작은 시골 마을이었다. 비철이라 알베르게를 찾아오는 길손이 끊겨 관리가 소홀해진 듯, 벽에는 곰팡이가 파랗게 피어 있었고, 침상에는 먼지가, 매트리스에도 메가 피어 있었다. 그나마 온수가 나와서 다행이었다. 녹이 슨 조리기구도 하나 있지만 끓여 먹을 만한 것이 없었다. 그럴 줄 알았으면 밤이라도 좀 주워올걸. 치타는 몸살이 난 것 같다며 일찌감치 침낭 속으로 들어가 누웠다.

샤워를 하고 양말과 속옷 몇 가지를 빨고 나니 할 일이 없다. 배가 고프니 머릿속이 텅 비는 것 같다. 침대에 걸터앉아 무연히 창밖을 내다본다. 창가에 소복이 피어 있는 달리아가 비를 흠뻑 맞고 고개를 떨어뜨리고 있다. 이웃에 농가가 있으나 사람의 기척이 없다. 잔디밭 너머로 텅 빈 길을 기웃거리다 말고 픽 웃음이 터진다. 찾아올 사람이 누가 있다고…… 산도 보이고 집도 보이련만 꼭 망망대해에 떠 있는 것 같다.

치타 같으면 이럴 때 가가호호 문을 두드려서라도 먹을 것을 얻어올 텐데. 허기에 몸살까지 난 동료를 위해 뭔가를 하긴 해야 되는데, 하는 심정으로 벌떡 자리에서 일어나 문밖으로 나온다. 그때였다. 마을 쪽에서 장화를 신은, 키가 자그마한 여성이 걸어오고 있다.

반가운 마음에 안에다 대고 소리친다.

"누가 와요. 먹을 것 좀 구해볼게요."

그 스페인 여성이 가까이 다가오는 것을 보고 나는 절박한 걸음으로 다가간다.

"올라!"

"올라."

그녀는 나보다 더 숫기가 없는지 입만 달싹하고 얼른 고개를 떨어뜨린다.

"슈퍼?"

고개를 가로젓는다.

"빵 좀 파세요."

급한 마음에 그녀의 등 뒤에 대고 소리쳐본다.

"밀크, 밀크!"

갑자기 영어를 못 알아들을 수도 있다는 생각이 스쳐간다.

"레체, 레체!"

망망한 수평선에 나타난 배를 향해 구조를 외치며 두 팔을 휘휘 내젓고 있는 것 같다. 그녀가 사라지자 다시 주변은 막막한 정적에 감싸인다.

"그냥 가버렸어요."

"선생님이 그렇지 뭐."

침낭 속에서 치타가 낮게 중얼거린다. 면목이 없어진 나는 얼른 배낭을 뒤져 비상시에 먹으려고 꿍쳐둔 청심환을 꺼내어 물 한 컵과 함께 치타에게 주었다. 치타는 반만 먹고 반은 내게 돌려주었으나, 다 먹어야 나을 수 있다고 하니 그제야 나머지 반도 씹어 먹었다.

어제 치타는 다시 내게 모자 얘기를 꺼냈다. 나는 그녀가 단순히 내가 머리에 쓸 것을 다 잃어버려 수건을 매고 있는 것이 안쓰러워 하는 말인 줄 알았다. 하지만 그게 아닐 수도 있겠다는 생각이 들었다. 순례길 초반에 그녀 쪽에서 온갖 것을 좌지우지하던 것이, 내가 그녀의 영향권에서 점점 벗어나는 것으로 상황이 바뀌자, 시무룩해지는 그녀의 표정을 자주 볼 수 있었다. 그러다가 보레스의 알베르게에서는 뜨거운 물이 나오지 않는다고 혼자 짜증을 냈다. 나는 잠자코 있으려다 한마디 했다.

"너무 속을 끓이지 마세요. 길에 나서면 이런저런 변수가 많이 생기는데, 이 길이 막히면 저 길로 가고 저 길이 막히면 이 길로 가면 되잖아요."

"나는 그렇게 흐리멍덩한 것은 싫어요."

그쯤에서 나는 입을 다물었다. 불편한 침묵이 그녀가 겉으로 내뱉은 '모자' 속으로 흘렀다. 내가 알지 못해 그녀에게 휘둘리는 것이 더 나았나? 그렇다고. 다시 내 머리를 그녀의 손아귀에 들이대어줄 수도 없는 일이잖아? 나는 혼자 속으로 생각했다.

어제 폰사그라다에서 모처럼 따뜻한 수프와 노란 밥paella을 먹을 수 있어 식사 분위기는 녹녹하고 부드러웠다. 치타가 그릇에 남은 국물을 내 접시에 마저 떠주며 난데없이 말했다.

"루고 가면 꼭 선생님 모자를 사요."

괜찮다고 말하려다 나는 순순히 고개를 끄덕였다. 치타의 입가에 살

짝 웃음이 피어났다. 그것을 보고 나는 짐짓 마음에 다짐했다. '모자를 꼭 사야지.'

배가 고파서 잠이 깼다. 새벽 2시였다. 숙소에 다른 순례자가 없는 경우 치타는 늘 불을 켜놓고 잔다. 그녀의 습관이 이런 벽지에서는 이로운 점도 있다. 시퍼렇게 곰팡이가 슬어 페인트가 들뜬 벽, 천 쪼가리 하나 걸린 게 없는 맨유리창은 바깥의 어둠이 거울처럼 입혀 있어, 눈 맞추기가 겁난다. 비바람에 유리창이 덜컹거린다. 혼자 깨어 있어 이런 정경을 어둠 속에서 의식한다면 좀 무서울 것 같다. 그런 두려움의 실체를 눈으로 보고 있으니 별것 아니다. 하지만 배가 고프고 몸이 덜덜 떨리는 것은 눈을 뜨고 있어도 진정되지 않는다. 머릿속으로 먹을 만한 것을 떠올려본다. 감자칩 반 봉지, 웨하스 몇 개, 일회용 커피 한 봉지, 설탕 두 개. 그거라도 먹어볼까 싶어 침낭 지퍼를 내리다 말고 그만둔다. 실내 공기가 너무 썰렁해서 엄두가 나지 않는다. 억지로라도 잠을 청해 허기를 잊는 수밖에 없다.

배가 고파서 또다시 잠이 깼다. 6시였다. 치타가 조리테이블 앞에서 무언가 끓이고 있다.

"몸은 좀 어때요?"

"그 약이 좋은 건가 봐요. 집에 가면 우리 남편한테 선생님이 3만 원짜리 청심환을 나 먹으라고 줬다고 얘기해야겠어요."

사실 그 청심환이 부자가 특별히 맞추어 제조한 것이긴 해도 그것이 한 알에 3만원이라고 말한 기억은 없다.

"이건 뭐예요?"

라디에이터 위에 올려져 있는 냄비 속을 들여다보았다.

"음식 같지 않아 드시라는 말을 못 하겠어요."

"뭔데요?"

"보니까, 마늘 한 통이 있어 그거 까서 넣고, 땅콩 몇 알, 남은 멸치 몇 개를 넣어서 끓인 거예요. 피라미드를 세운 노예들이 마늘을 먹고 기운을 냈다지 않아요. 마늘이라도 드세요."

나는 치타가 누리끼리한 국물을 휘휘 저어 그중 알이 큰 마늘 두 쪽을 건져, 내게 주는 것을 사양하지도 않고 냉큼 받아먹었다. 치타의 가장 깊은 심중에 있는, '무슨 일이 있어도 가족을 굶게 하는 일은 없다'는 주부로서의 철두철미한 소임의식이 얼핏 엿보였다. 소임에 의해 태어난 것은 절박한 때라도 콩 반쪽까지 나누게 되지만, 몸의 생각으로 태어난 것은 절박하지도, 나누어 먹을 만큼 양이 적지도 않은데 나누게 되지 않는다. 그러니 몸이 시키는 대로 살면, 그 삶은 결국 썩지 않는 밀알이 될 수밖에 없다.

커피를 마늘과 땅콩 삶은 물에 타 먹으니 그것도 별미였다.

바깥을 살폈다. 세상은 아직 어둠에 잠겨 있고, 여전히 비바람이 심하게 몰아치고 있었다. 몰아치는 비바람 소리가 을씨년스러웠다. 그래도 '순례의 길은 계속되어야 한다'는 다짐이, 의무도 강요도 아닌, 기쁜 과제로서 몸에 배어 있다. 드디어 내 몸은 이 길에 복종하는 말馬이 된 것일까.

산정에 있는 외딴집의 반쯤 열린 문이 화살표였다.

덜 마른 빨래를 비닐봉지에 넣고 짐을 쌌다. 짊어진 배낭 위로 채 마르지 않은 우비를 걸치는데 어제의 빗물이 목살에 닿는 느낌이 오싹했다. 등 뒤로 알베르게 문을 닫고 빗속으로 나섰다. 비바람이 성난 듯 거칠게 옷 속으로 파고들었다.

"비가 올 때는 화살표 길이 위험하니 포장된 길로 갑시다."

치타는 대답이 없다. 어젯밤 몸살을 치른 사람 같지 않게 늠름하다. 그녀의 이력 속에 여군女軍 이력이 있다는 것이 갑자기 생각난다. 나 역시 말은 그렇게 하면서 어느새 반사적으로 숙소 앞에서부터 화살표를 찾고 있다.

그란다스 데 살리메 GRANDAS DE SALIME 가는 길
가 시 와 절 벽

자동차 길은 길 자체가 방향을 내포하고 있다. 그에 비해 순례자의 길은 세상천지의 모든 길과, 길 아닌 길을 다 포함해서 오로지 하나의 방향만 선택해서 가는 길이다. 노란 화살표 표시는 많은 길 중에서 그 길을 구별하기도 하지만, 방향이 길보다 더 중요한 의미를 지닌다. 하나의 길에서 또 하나의 길로 이어갈 때, 앞의 하나의 길은 이미 안내를 받은 길이고, 뒤의 길은 수많은 길 중에서 이제부터 하나를 선택해야만 하는 길이다. 노란 화살표는 선택이 이미 내포된 방향이다.

예수께서 '나는 길이요, 진리요, 생명이니, 나로 말미암지 않고는 아버지께로 갈 자가 없느니라' 하신 말씀은 그리스도가 인류에게 가장 신실한 '화살표' 즉, 방향이란 뜻이기도 하다. 이 화살표는 십자가 구원 하늘나라로 이어지는 인간을 위한 구원의 프로젝트이다.

순례길을 떠나기 전, 한 지인知人이 내 꿈을 꾼 얘기를 해주었다. 자잘한 노란 꽃이 핀 가시넝쿨이 길 양쪽으로 끊임없이 이어진 좁은 길을 가는데, 발이 가시에 찔려 상처가 나면서도 그 길을 끝까지 가더라고 했다.

"힘든 길이지만 끝까지 잘 걸으실 거예요."

지인은 기도 중에 앞날을 예견하는 꿈을 자주 꾸는 터여서 나는 그 꿈을 믿어 의심치 않았다. 그러면서도 나는 그 꿈 얘기를 잊고 있었다. 그러다 산이나 숲속이나, 들판이나, 하다못해 아스팔트 길에서조차 가시넝쿨이 길을 포복, 점령하여, 길을 지워버릴 듯 위협하고 있는 것을 보고 지인의 꿈을 불현듯 떠올렸다. 가시넝쿨은 포장이 되지 않은 길에서는 아예 줄기를 길게 뻗쳐 '여기도 내 영토다' 하고 걷는 사람을 위협하고 있는가 하면, 대지가 숨을 쉴 수 없는 아스팔트 길이나 시멘트 길에서까지 무시무시한 생명력을 과시하며 포장이 되지 않은 땅에서부터 도로로 기어 나오고 있어, 갓길을 걸을 때 자칫 가시줄기에 다리가 걸려 비틀거리기 일쑤였다.

특히 걸으면서 묵상 중에 기도를 드리다 보면 무엇이 바짓가랑이를 끌어당기는 바람에 비틀하다가, 균형을 잡고 아래를 내려다보면 넝쿨의 가시가 옷자락에 감겨 있곤 했다. 기도를 방해하는 가시의 존재를 실감하는 순간이다. 어떤 점에서 가시넝쿨의 방해는 화살표가 가리키는 길 위에 더 많았다. 지인은 나에게 순례를 끝까지 잘 마치리라는 뜻으로 그 꿈 얘기를 들려주었지만, 코브레세스에서 하나님의 사자를 만난 뒤부터 그 가시넝쿨은 내 영적 삶의 앞날에서도 얼마든지 방해꾼으로 나타날 수 있음을 깨달았다.

극단적인 경우에는 그 꿈을 꾸어준 지인도 자기도 모르게 나에게 가시넝쿨이 될 수 있다. 그녀가 꿈을 통해 계속 내 길을 예견한다면 나는 무의식중에 그녀의 입을 쳐다보게 될 것이다. 이 세상에 앞날을 예견한 답시고, 약한 영혼들로 하여금 자기 입을 숭배하게 만드는 점술가들이

첩첩산중에서 만난 가장 극적인 화살표

얼마나 많은가.

예수님을 따르는 길에서는 오히려 가시넝쿨의 방해가 더 많을 수밖에 없다. 그 가시넝쿨은 우리 안의 연약함을 단련시키기 위해 허락된 방해꾼들이다. 십자가에 달리신 예수님 머리에 씌워진 가시면류관이야말로, 3년의 공생애 동안 내내 가시의 방해를 받다 못해 운명하시는 순간까지도 가시와 함께함으로써, 자기를 핍박하고 진리의 길을 방해한 가시적 존재들까지 피 흘리면서도 끌어안으신 증거이다. 그러고 나서 "다 이루었다"고, 마지막으로 남긴 그 말씀은 사랑을 다 이루셨다는 뜻이다.

산티아고 가는 길, 전 구간에서 가장 힘들고 험한 길이 우리 앞에 기다리고 있었다.

말똥과 소똥이 비에 풀어져 걸쭉해진 진창길, 울퉁불퉁한 돌멩이들이 비에 젖어 미끄러지는 길, 댐을 끼고 왼쪽은 절벽, 오른쪽은 바위벽 (수시로 낙석이 떨어지는) 사이의 폭 30센티밖에 안 되는 벼랑길이 거대한 댐을 끼고 한도 끝도 없이 이어진다. 더없이 아름다운 절경이 더없이 큰 두려움을 준다. 그 앞에 서는 것만으로도 목숨이 위협받는 느낌. 인간 인지력의 한계가 적나라하게 드러나는 곳.

그런데, 두려우면서도 마음 한편에서는 분기탱천하는 의욕 같은 것이 살짝 고개를 쳐든다. 나에겐 절대 무슨 일이 일어나지 않아, 설사 내가 발을 헛디뎌도 기적적으로 나를 떠받들어주는 보이지 않는 손이 있을 거야 하는 믿음. 더 솔직해진다면 '내가 성령의 은총을 입은 사람이 확실한지 이런 때 드러나겠지' 하는, 확인하고 싶은 위험한 호기심이 슬쩍 고개를 쳐든다. 그러나 다음 순간 그 생각을 재빨리 접고 순례자의 평상심으로 돌아간다.

한순간만 한눈을 팔아도 추락할 수 있다, 오로지 '집중, 또 집중'을 입속으로 되뇌며 한 걸음 한 걸음에 정신을 쏟는다. 단 몇 초라도 아름다운 절경을 감상하거나 디카에 풍경을 담고 싶은 마음이 굴뚝같지만 참는다. 인간의 발걸음을 잡아끄는 아름다운 절경들은 많지만 그 곁에 오래 머무를 수 없는 아름다움도 있다. 릴케는 아름다움이 우리를 멸시한다고 했던가. 지나쳐가야 할 것은 지나갈 수밖에 없다.

인생에서 절벽과의 만남은 종종 일어나는 일이다. 낭떠러지에서 떨어진 것 같은 상황 — 질병, 파산, 실연, 명예나 권력의 실추 같은, 목숨만큼 귀하게 여기던 것을 상실하게 되는 일 — 은 누구에게나 항용 일어나는 일이다. 하지만 그것과의 대면이 곧 죽음을 의미하지는 않는다.

대개의 사람은 이런 위기상황에서 하나님을 만나고 성령의 은총을 입어 영안을 뜬다. 영안을 뜨고 나면, 같은 상황 속에 있어도 그 상황을 다르게 보는 눈이 열린다. 더 이상 두렵지 않다. 하지만 믿음을 가진 사람들에게 정작 두려운 일이 벌어질 수 있는 것은 이때이다. 그는 그 상황을 하나님 시간의 흐름에 맡기려 하지 않고 자기 시간에 맞추어 빨리 벗어나려 한다. 빨리 벗어나려는 것은 단련받는 시간을 포기하겠다는 뜻이다. 그것은 스스로 시험에 드는 행위이다. 단련을 거쳐야 그는 이전의 생활태도를 바꿀 수 있다.

우리 안에 들어오신 성령은 모든 것을 다 가능케 하는 능력이 있다. 그러한 까닭에, 위기에 처한 인간은 성령의 능력이 자기를 그 상황에서 구출해주거나, 죽거나 양단의 선택 앞에 자기를 세운다. 죽을 상황이 아닌데도 스스로 죽을 상황으로 여기고 있는 것이다. 섭리의 진실과 다르게, 기분으로 감정으로 '이러저러하게 여기고' 있는 허상이 그를 괴롭히는 것이다. 하나님의 때는 서서히 국면의 전환을 통해서 반드시 그에게 임한다. 그가 그 상황 속에 머물러 있으려 해도 있을 수 없음에도, 빨리 탈출할 수 있게 해달라고 안달하는 것이다. 자기 목숨을 저당 잡기까지 하면서.

예수님은 마귀로 인해 세 번 시험에 드셨다. 세례 후 하늘로부터 "이는 내 사랑하는 아들이요, 내 기뻐하는 자"라는 선포가 있은 뒤였다.

40일을 금식한 예수에게 마귀는 "네가 하나님의 아들이어든 이 돌들을 떡덩이가 되게 하라"고 한다. 예수가 시험받은 부분은 굶주림이 아니라 스스로도 자신이 하나님의 아들임을 확인하고 싶은 인자로서의 욕구였을지도 모른다. 마귀는 그 점을 놓치지 않았다. 두 번째도 마귀는 예수를 성전의 꼭대기로 데리고 가서 "만일 네가 하나님의 아들이어든 뛰어내리라"고 한다. 마귀가 예수를 넘어뜨릴 수 있을 것으로 기대한 장소가 절벽인 이유는 무엇일까. 절벽은 예수가 '하나님의 아들로서 오신 자기'를 확인할 수 있는 더없이 좋은 장소이다. 예수님은 자신이 뛰어내렸을 경우, 마귀가 말한 것처럼 '저가 너를 받들어 발이 돌에 부딪치지 않게 하리라'는 것을 알고 계셨다. 그럼에도 예수는 끝까지 인자의 자리를 지켰다. 자신이 하나님의 아들로서 드러나는 일은 언제나, 항상 아버지의 뜻으로서 이루어져야 하는 것이기 때문이다.

나중에, 육신이 십자가에 매달려 처형되는, 공포스럽고 수치스러운 절박한 순간이 다가와 피하고 싶은 맘이 들 때도 '내 뜻대로 마옵고, 아버지 뜻대로 하옵소서'라고 끝까지 보내신 분의 뜻 뒤에 자신을 세운다.

위태로운 벼랑과 나와 짐이 하나 되어 한 걸음 한 걸음에 집중하는 동안 위에서 까마득히 내려다보이던, 시퍼런 두려운 물이 난간 아래로 잔잔하게 흐르는 가까운 물로 다리 아래 있었다. 마침내 절벽을 뒤로하고 댐의 다리를 건넜다. 어깨가 뻐근한 것 외에는 아무 일도 일어나지 않았다.

루벤스 그림 이야기

마드리드 프라도 미술관 내의 루벤스 방에서 그 그림을 보았다. 그 작품은 벽면 전체를 차지하는 대작들에 비해 10분의 1 사이즈 정도밖에 안 되는, 그 안에서는 소품적 성격이었다. 그림이 걸려 있는 위치도 입구 쪽이었다.

백발이 성성하지만, 아주 건장한 체격에다 미끈한 근육에서 기품과 늠름한 기상이 넘치는 노인이었다. 노인은 팔에 안겨 있는 갓난아기의 가슴살을 사정없이 무자비하게 한입 깊고 크게 물어, 쭉— 잡아당긴다. 그 잡아당기는 심중의 결의는 아기의 목숨이 끊어지기 직전까지라도 절대 놓지 않겠다는 비장함에 차 있다. 아기는 고통스러움에 자지러져 눈의 검은자위가 휙 돌아가 있다. 아기의 가슴에서 솟은 피가 낭자한데도, 노인은 온 힘을 다해 입에 문 생명을 다그치고 있다. (무엇을 위해?)

육체로 아기를 제압하는 힘에서는 남아도는 넉넉함이 있다. 그러나, 그의 결의에는 아기의 비명과 고통에, 한순간 멈칫하는 연민이 감춰져 있다.

도대체 이 그림의 제목이 무엇일까. 나는 안경이 들어 있는 색을 소지품 보관실에 맡겼기 때문에 그림 옆에 붙어 있는 작품설명을 읽을 수 없었다. 하지만 내가 받은 이 충격에 화가가 무슨 제목을 붙였는지 궁금해서 미칠 지경이었다. 그래서 관객들이 그림에 더 이상 가까이 가지 못하도록 설치해둔 금지 라인 너머로 상체를 기울여 작품 제목을 보려는데, 미술관 안의 감시원이 어느새 나타나 '노!' 하고 소리쳤다. 하지만 나는 제목의 첫 글자가 'S'로 시작된다는 것은 알게 되었다.

'아, 그러면 이 그림의 제목이 성화聖化인가 보다' 하고 생각하는 순간, 두 번째 충격을 받았다.

내 생애의 모든 고난이 아기의 비명에 수렴되면서 하나님이 인간을 성화시키려는 결의가 이토록 엄중하구나, 하고 깨달아졌기 때문이다. 돌이켜보면 숨이 넘어갈 만큼 당시의 상황들이 고통스러웠던 때가 여러 번 있었다. 하나님을 알기 전에는 '고통이여 나를 찔러라, 너의 무자비한 칼날이 나를 갈가리 찢어도 나는 산다. 다리로 설 수 없으면 몸통으로라도, 몸통이 없으면 모가지라도. 지금보다 더한 고통 속에 나를 세워놓더라도 나는 결코 항복하지 않을 거야'라고 입술을 앙다물었다.

고통을 주는 대상을 알지 못한 채로 부르짖었지만, 하나님을 알고 난 뒤부터는 그것이 '나를 정금같이 빼어나게 하시려는 하나님의 사랑'이라는 것을 알게 되면서 차츰 기쁘게 인내할 수 있었다.

나는 그림 앞을 떠날 수가 없었다. 그 자리엔 지구 전체로 퍼져나가는 깨달음의 자장磁場이 형성되어 있었다. 하지만 줄지어 그 방으로 들어서는 관객들은 그 그림을 잠깐 쳐다만 보고 그냥 지나갔다. 그리고 세상에 널리 알려진 〈마리 드 메디시스의 생애〉나 〈오디세우스와 나우시카〉 같은 작품 앞에 가서 겹겹이 띠를 두르고 서 있었다.

전기 충격을 받은 것처럼 그렇게 서 있는 내 옆에, 나를 감시하듯 지켜보는 미술관 직원이 있었다. 그때 내 곁으로 젊은 연인이 지나갔다. 나는 착해 보이는 여자 쪽을 붙잡고 물었다.

"이 노인이 누구인가요?"

"사투르노예요."

"이 아기는 아들인가요?"

"네, 그래요."

"감사해요."

페테르 루벤스, 〈아들을 잡아먹는 크로노스〉(1636)

· 프란시스코 고야, 〈아들을 잡아먹는 사투르노〉(1821)

그러고 나서 다시 그림을 보려고 돌아서는데 내 몸이 금지 라인에 부딪쳤다. 미술관 직원이 다시 "조심해요" 하고 주의를 주었다.

나는 그 직원이 더 이상 신경을 쓰지 않아도 좋을 만큼 멀찍이 떨어져 수첩에 메모를 했다. 그 작품의 제목이 '아들을 잡아먹는 사투르노 Saturn devouring his son' 이든 '성화' 이든 '희생' 이든 상관이 없었다. 나는 거기서 내게 고난을 주신 하나님의 실체를 보았고, 고난을 통해 연단되는 과정을 거침으로 해서 그나마 내가 이 정도의 인간이 되었다는 것을 뼈저리게 느끼는 것으로 충분했다.

집에 돌아와서 사투르노에 대해 알아보았다. 사투르노는 그리스의 크로노스 신의 로마식 이름으로서, 그는 자신의 아들 중 한 사람에게 왕위를 빼앗길 것이라는 예언을 듣고 아들 다섯을 차례차례 잡아먹었다고 한다. 그리스 신화에 등장하는 극히 인간적 면모의 신을, 창조주 하나님으로 재해석하고 기독교의 핵심인 '고난과 구원' 사상을 그림에 담아 표현한 루벤스는 믿음의 핵심을 이미 알고 있었던 것이다.

한편 같은 제목으로 루벤스의 〈사투르노〉보다 더 잘 알려진 고야의 〈사투르노〉는, 고야가 큰 병을 치른 뒤 '귀머거리의 집'에서 은둔생활을 할 때 제작한 14개의 작품 중 하나라고 한다.

　그 그림은 아기의 머리를 이미 입 안에 삼킨 아버지의 얼굴이 그림의 주제를 표현하고 있다. 이 아버지는 자식을 잡아먹을 수밖에 없는 자기 안의 괴물성에 스스로 경악한 듯, 눈이 공포에 질려 있다. 그의 공포는 자기의 입속으로 얼굴이 삼켜지면서 외마디 비명을 질렀을 아기의 공포가 심중의 메아리로 증폭된 것이다. 고야의 〈사투르노〉는 신화의 범주 안에서 인간 속에 내재된 악의 정체를, 연약한 생명에 대해 절대적 힘의 우위에 있는 인간의 폭력적 지배욕을 표현하는 것으로 도치하고 있다.

카다보CADABO 가는 길

따뜻한 눈

―――――

6시에 일어났다. 침낭에서 공기를 빼고 착착 접어 부피를 작게 하는 요령도 생기고, 길에서 길로 흘러다니는 생활리듬에 익숙해지면서 집에서의 습관 하나를 되살리는 여유까지 생겼다. 빈속에 소금을 생수에 타서 마시면 속이 편하다. 빵과 주스, 맛살 남은 것으로 요기를 하고 양치를 했다. 거실의 라디에이터 위에 올려놓았던 빨래를 챙기며 창밖을 살폈다.

'어마, 눈이 오네.'

함박눈이었다. 창밖으로 보이던 이웃 농가의 푸르던 텃밭이 하얗게 변해 있었다. 멀리 보이는 산과 들도 하얀 세상 저쪽으로 사라져가고 있었다. 펑펑 내리는 눈이 오늘은 우리를 인도해줄 화살표를 쉽게 해줄 모양이다.

독실에서 잠을 자고 나온 프랑스인 순례자가 인사를 한다. 그는 어제 살리메 알베르게에서도 만나 얼굴을 익힌 사람이다. 세련된 디자인의 프랑스 제품인 신발에 대해 '방수가 잘 되기는 한데, 들어오는 물을 막아주기도 하지만 들어온 물이 나가는 것을 막기도 한다'고 재치 있는 농담을 했다.

떠날 준비를 모두 마쳤으나, 준비가 덜 된 그를 위해 잠시 기다려주

가는구나, 가는구나,
나와 함께한 인연들……

기로 했다.

"땡큐, 렛츠 고!"

그가 붉은 우비의 후드를 뒤집어쓰며 부엌을 거쳐 거실로 나왔다. 늘 말없이 출발하던 때와 달리 그가 함께함으로써 뭔지 경쾌한 활력이 더해지는 것 같다. 배낭의 엉덩이를 한번 툭 쳐보며 문을 열고 나서려는데, 그가 "오, 마이 스틱" 하더니 자고 나온 방으로 되돌아간다. 그 덕에 나도 내 안의 지팡이를 향해 '오 마이 스틱' 하고 말을 건넬 수 있었다. '오늘은 길이 미끄러울 텐데 우리 모두를 지켜주세요.'

알베르게 문밖이 바로 마을에서 외곽으로 연결되는 도로였다. 알베르게는 대개 마을이나 도시의 외곽에 있어, 도착해서 찾아갈 때는 힘이 들지만, 떠날 때는 바로 다음 지역과 최단거리에서 걸을 수 있도록 위치 선정이 되어 있었다.

천지를 가득 채우며 분분히 날리는 탐스런 눈송이가 우리를 신비의 세상으로 데려다줄 것 같다. 아직 소등이 되지 않은 외등 불빛 아래로 꽃잎처럼 춤추며 떨어지는 눈꽃이 아름다워 세 사람은 길에 서서 잠시 사진을 찍었다. 하얗게 눈이 쌓인 차도에 먼저 지나간 차량이 남긴 두 줄의 기나긴 바퀴 자국 ― 그 화살표는, 그 끝의 갓이 어디에 있는지 알 수 없었다.

처음엔 옆으로 나란히 서서 걷기 시작했으나, 프랑스인이 앞서가기 시작했고, 치타는 내 뒤로 처지기 시작했다. 쌓인 눈이 발밑에서 뽀드득뽀드득 소리를 낼 때마다, '바로 이 맛이야'라고 어느 광고 카피를 흉내 내본다. 무슨 잎사귀처럼 내 앞길에 떨어져 있는 프랑스인 발자국을 따라가면서 간혹 그의 발자국 속에 내 발을 담그기도 하다 보니, 돌아가신 분들이 우리에게 남긴 추억을 회상하는 것도 바로 그들과 함께한 시간 속에 이렇게 발을 놓아보듯 마음을 맞춰보는 것이라는 생각이 스쳐갔다.

눈이 오면 내가 즐겨 회상하는 추억이 있다. 김동리를 만난 지 3년째 되던 어느 해 정월, 교통이 끊길 정도로 눈이 많이 내렸다.

나는 김동리의 수필집을 보다가 연인을 그리워하는 한시漢詩를 인용한 부분이 너무 좋아 목소리라도 듣고 싶어 공중전화로 가서 전화를 했다. 손소희 선생님이 전화를 받았다. 그냥 끊고 집으로 돌아왔으나 끓어오르는 그리움을 진정시키기 어려웠다. 생각다 못해, 그 시를 종이에 써서 봉투에 넣어가지고 집을 나섰다. 그리고 용두동에서부터 신당동까지 걸어서 가는데 눈이 어찌나 많이 쌓였는지 걸음을 옮기기가 힘들 지경이었다. 마침내 김동리의 집 앞에 이르렀을 때는 조금 이르긴 해도 외등이 켜져 있었다. 지나다니는 사람이 아무도 없는 틈에 나는 외등 전봇대 밑의 눈을 파헤치고 또 흙을 파헤치고 가지고 간 봉투를 거기에 파묻었다. 그러고 나서 다시 흙으로 덮고 눈으로 덮고 나서 되돌아섰다. '이 담장 안에 내 연인이 살고 있구나' 하는 생각을 하며 집으로 돌아가는데, 내 발자국이 그대로 남아 있어 그때 마침 손소희 선생님이 밖으로 나와 본다면, 어떤 발자국이 문 앞에서 끊긴 것을 수상하게 여길 수도 있을 것 같았다. 가는 길에 공중전화를 보고 안으로 들어가서 전화를 했

발자국은 방향을
노래하는 음표이다.

다. 다행히 그분이 전화를 받았다.

"제가 지금 집 앞 전봇대 아래 편지를 파묻어놓았으니 나가서 보세요."

"알았어." 하는 목소리가 이미 한 옥타브 높아져 있었다. 나는 그분이 그 봉투를 눈 속에서 파내서 꺼내어본 소감을 그다음 날 회사에 출근한 뒤에야 들을 수 있었다. 자취방에 전화가 없었기 때문이다.

두 시간 남짓 걸렸을까. 산중에 넓은 공터가 있었고, 안쪽으로 휴게소 같은 큰 건물이 있었다. 뒤에 오던 치타가 먼저 성큼성큼 휴게소 앞으로 가며 자기가 들어가서 알아볼 테니 잠시 기다리라고 했다. 잠시 후 치타가 문 앞에 나타나 손짓을 했다. 바였다. 삼십대로 보이는 남자 주인 혼자 TV를 보고 있었다. 산간지역을 왕래하는 운전기사들이 고객인 듯 작은 당구대와 게임시설이 있었다. 나는 커피를, 치타는 토르티야를 시켰다.

TV에서는 뉴스가 진행되고 있었는데, 무릎 높이까지 눈이 쌓인 어느 지역을 걷고 있는 순례자들에 대한 뉴스였다. 자세히 보니, 그들이 멘 배낭에는 침낭도 없었고 하나같이 그 차림새가 말끔했다. 화면발을 위해 이곳에서도 영상을 만드는 경우가 있는 모양.

치타는 주문한 음식을 먹어보더니 빵 사이에 달걀프라이를 끼워준 것이나 다름없다고 투덜거렸다. 음식을 먹는 동안 눈이 그칠까 봐 조바심이 났다. 서둘러 커피에 머핀 하나를 먹고 배낭을 짊어졌다.

10미터 앞은 그냥 하얗게 보이는데, 가까운 앞은 허공을 가득 메우고 쏟아지는 눈송이가 편편이 날리는 것을 볼 수 있다. 어쩌면 하나님께서 만나를 내려주셨을 때도 이런 모습이었을 것 같다. 이집트의 노예 된 몸에서 출애굽한 당시의 이스라엘 민족은 힘들긴 했어도 하나님의 은총을, 그것도 광야에서 나날이 체험할 수 있었으니 그 흥분을 어떻게 감당했을까 싶다. 아무것도 없는 황량한 광야의 하늘 가득 만나가 이렇게 눈처럼 편편이 날렸다면 그 광경은 얼마나 아름다웠을까.

평소에도 은총은 이렇게 온 세상에 공평하게 내리고 있을 텐데, 보이지 않기 때문에 사람들이 깨닫지 못할 뿐이다.

치타는 자동차가 가는 방향으로 걸으면 뒤에서 자동차가 오는지 볼수 없기 때문에 위험하다고 했다. 그 때문에 그녀는 건너편 차선에서 걷고 있다. 하지만 자동차들이 오는 방향에서는 차들의 통행량도 많을 뿐아니라, 헤드라이트 불빛이 눈을 시리게 하고, 자동차가 지나갈 때마다 매연 냄새가 심했다.

나는 자동차가 가는 방향에서 걷는다. 청각과 후각이 예민해지니, 먼데서 차가 오고 있다는 것을 냄새로도 알 수 있지만 소리로도 알 수 있다. 도로변에 있는 조그만 도랑에 물이 흐르고 있었다. 주위가 너무 조용해 그 물소리가 달콤하도록 맑게 들린다. 흐르는 물은 더럽든 깨끗하든 맑은 소리를 낸다. 미당의 시처럼 바꾸어보면,

땅이 하도나 고요하시니,

도랑물도 궁금해서 흘러보는 거라.

바람이 없으니 눈송이들이 직선으로 떨어진다. 그것이 꼭 하늘에서

내려온 주름이 땅에 닿아 있는 것 같고, 그 하얀 주름을 헤치며 신비로운 세상으로 걸어 들어가는 것 같다. '나는 너를 노예 된 땅에서 인도하여 낸 네 하나님이니 네 입을 크게 열라 내가 채우리라' 하신 말씀대로, 입을 크게 벌리고 '아구, 아구' 눈을 받아먹는다. 눈이 따뜻하다. 눈냄새 속에 하늘의 향기가 담겨 있다. 하늘의 푸르름조차 벗어버린 흰빛의 냄새, 상큼하다.

심호흡을 하는데 살짝 가솔린 냄새가 섞여 있다. 갓길 쪽으로 바짝 붙어야겠다.

함박눈이 진눈깨비로 바뀌었다. 자동차가 지나갈 때마다 눈 녹은 물을 튕기며 지나가기 때문에 '아랫도리는 내 몸이 아니요' 할밖에 없다. 그러나 운전자들 중에는 걷는 사람을 보고 미리 속력을 줄여서 물이 덜 튀도록 배려해주는 사람도 많다. 눈이 녹아 물이 흥건한 대신 아스팔트 길이 드러나 미끄럽지 않아서 걷기는 더 편하다.

드디어 '카다보 5킬로'라는 이정표를 지나쳤다. 짐의 무게가 거의 느껴지지 않는다. 길과 짐과 내가 하나가 되니 이제 빵 한 덩이, 물 한 병, 사과 두 개, 젖은 빨래 정도 더해지는 것은 더 이상 부담이 되지 않는다. 내 몸이 감당해내는 적정한 무게가 형성된 것 같다.

그러면 마음이 감당해내는 짐의 무게는……?

루고LUGO에서
오! 모자

───

　루고가 가까워지면서 내 무의식 깊은 속에서 불쑥 모자가 떠올랐다. 그렇게 떠오른 모자는 사라지지 않고 내내 의식의 수면 위에 수련처럼 떠 있었다.

　루고의 알베르게는 성벽 안의 오래된 옛 시가에 있었다. 알베르게 문이 닫혀 있어 문을 여는 시간까지 기다려야 했다. 비가 오는데 배낭을 짊어지고 다니는 것이 거추장스러워서 그렇지, 어차피 기다리는 시간에 루고의 명소를 둘러보면 시간을 절약할 수 있는 이점이 있었다. 먼저 성당부터 찾아가 기도를 드리고 그다음에…… '모자를 사야지.'

　장방형의 큰 광장 한쪽에 오래된 성당이 있었다. 이곳 성당은 구조가 특이했다. 벽감 모양의 작은 제단들이 중앙 제단을 둘러싸고 있는데, 그 벽감 안에 모셔져 있는 마리아와 성인의 성상聖像이 제각각 다 달랐다. 특히 중앙 제단은 장식이 너무 정치하고 화려해서 '나를 위해서 상을 만들지 말라'는 그리스도의 말씀이 떠올랐다. 그리스도를 예배하기 위해 만든 제단이 상을 만들지 말라는 말씀을 떠올리게 하는 이유는? 사람이 빚은 조형물이 너무 뛰어나 그 재능에 감탄하다 보니, 그리스도의 말씀이 가려진다고 할까. 그곳을 찾은 외부인들은 모두 눈이 휘둥그레져 카메라 셔터를 누르고, 그 지역 신자들은 자기가 섬기는 성인이 모셔져 있는 벽감 앞에서 성호만 긋고 그냥 나간다. 성당 분위기가 어수선하다. 물질로 빛을 흉내 내선 안 되고, 진리를 전파하는 사람이 하나님의 영광을 가려서는 안 된다.

성당 안에서 아기를 안은 집시 여인 두 가정이 구걸을 하고 있다. 그 중의 한 아기가 칭얼거리는 소리가 공명이 되어 유난히 크게 울린다. 적선을 하는 사람도 없지만, 나가라고 내쫓는 사람도 없다. 내가 적선을 하려고 하자 치타가 말렸다. 그러나 나는 치타가 앞서 가도록 몇 걸음 뒤처져 있다가 양쪽에게 모두 적선을 했다.

그때 문득 의식 위에 떠 있는 모자를 다시 보았다. 다른 곳에서도 내가 적선을 하려고 하면 치타의 표정이 살짝 찌푸려졌다. "우리 천주교 쪽에서는 적선을 하는 것이 그 사람들의 자립정신을 약화시킨다고 생각해요." 지금 당장 빵을 구하는 사람에게 빵 한 조각을 주는 것이 급하지 자립정신까지 따질 일이 있을까. 자립을 돕는 사람도 있고, 빵을 주는 사람도 있고 그런 거지. 구걸하는 사람, 특히 동물을 앞에 두고 구걸하는 사람을 보면 나는 반사적으로 손길을 뻗는다. "선생님은 길에다 돈을 깔고 다니는군요." 치타가 헌금함에 꼬박꼬박 헌금을 하는 것이 자립을 돕는 일에 쓰인다면, 내가 교회의 헌금에 더하여, 걸인에게 적선을 하는 것은 빵이 되지 않을까.

어수선해서 마음을 집중하는 데 시간이 좀 걸렸다. 구걸을 하는 집시 여인 두 가정을 위해 기도를 하고 밖으로 나왔다. 광장 둘레에 있는 집들이 거의 다 레스토랑, 바였다.

치타는 길에 세워놓은 음식그림판을 보다가, 문어 요리가 있는 집으로 들어가자고 했다.

레스토랑 안은 빈 테이블이 한두 군데 있을 뿐 손님들로 꽉 차 있었다. 먹고 마시며 인생을 즐기는 스페인 사람들의 기질은 칸나를 닮아 있다. 배낭을 내려놓고 화장실에 다녀온 치타가 말했다.

"사람들이 우리를 곁눈질하고 있네요."

산간벽지의 바에서도 치타는 그런 말을 가끔 했다. 그런데 나는 어찌된 셈인지 그와 같은 기미를 한 번도 눈치채지 못했다. 둔한 것일까. 아니면 그런 쪽으로 감성이 아예 닫혀 있는 것일까. 또다시 모자 생각이 불쑥 떠올랐다. 의식 위에 떠 있던 모자가 엄지로 톡 퉁긴 연잎처럼 갸우뚱한다.

모처럼 코스 요리를 시켰다. 치타가 얼른 두 사람 음식 값을 계산해본다. 47유로라고 한다. 빵과 포도주가 먼저 나왔다. 나는 잔을 들어 치타에게 건배를 제의했다. 치타가 잔을 내려놓으며 말했다.

"선생님 덕분에 호강을 많이 하네요."

"덕분에 나는 낭비를 절제할 수 있어 고마워요."

"선생님은 돈에 대해 허무감이 있는 것 같아요."

"허무감이라기보다 인색한 사람들에 대한 반발심일 거예요. 나는 돈이란 수건돌리기 놀이에서 수건 같은 거라고 생각해요. 술래가 돌린 수건이 뒤에 놓여 있음에도, 수건을 돌리지 않으면 놀이가 깨어지잖아요."

다시 잔을 들어 와인을 한 모금 마시는 순간, 갑자기 빙긋 웃음이 나왔다.

88년 미국에서 나오신 어머니가 한 달 남짓 내 곁에 머물다 돌아가실 때였다. "자, 이거 어무이 드려라" 하고 남편이 나에게 내민 것은 달랑 인삼 한 상자였다. '아니, 말끝마다 어머니 노후는 내가 책임질 거'라고 했으면서, 85세 되신 노모가 이제 미국으로 돌아가시면 다시는 나올 수 없을 텐데, 무슨 노후가 따로 있단 말인가.

인색한 사람이라고 지목할 때마다 내 안에서 김동리의 얼굴이 먼저 떠오르는 것은 그의 불행이다. 오랜 세월 동안 내가 사랑 안에서 수용하지 않으면 당장 관계가 끊어질 수도 있는 그의 성품 중의 하나는 인색함이었다. 그의 인색함은 책임감과 정확함을 중시하는 그의 다른 성품에 묻혀 남의 눈에는 잘 감지되지 않았다. 나 자신도 그의 책임감을 더 큰 덕목으로 여기고 있었으므로, 그다지 신경쓰지 않았다. 그런데, 나의 어머니에 대한 그의 태도 때문에 나는 한동안 말을 하지 않았다. 동리는 내가 무엇 때문에 말을 안 하는지 그것조차 알지 못했다.

"선생님, 지금 동리 선생님 생각하셨지요?"

"어떻게 아셨어요?"

술이 약한 치타의 얼굴이 포도주 한 모금에 이내 홍조를 띠었다.

"선생님, 김동리 선생님이 첫 남자였어요?"

나에게는 느닷없는 질문으로 들렸으나, 그녀의 음성은 안에서 많이 망설인 흔적을 담고 있었다. 나는 씹고 있던 음식을 천천히 삼켰다.

"여학생 때 국어 선생님을 좋아하긴 했는데, 그건 내 짝사랑이었어요. 그분은 성품이 자신에게 매우 엄격해서 내가 좋아하는 것을 아는 척

도 해주지 않으셨어요. 그러고 나서 김동리 선생님을 만난 뒤에 보니 그건 사랑이 아니라 성장통이었구나, 싶어 스스로 조금 머쓱한 느낌이었어요. 그런데 왜요?"

"선생님을 생각하면 조금 화가 나서요. 소문에 김동리 선생님은 바람둥이라고 들어서요. 그게 좀 불공평하잖아요."

"하하하― 사실, 자세히 알고 보면 남자들의 성이 훨씬 정직해요."

"무슨 뜻이에요?"

"그분은 날 만난 이후로는 어느 여자도 가까이하지 않으신다고 했어요. 그 이유가 지극히 자기중심적인 것, 에너지를 아끼기 위해서이기 때문에 그럴 수밖에 없을 거예요. 나 이전에 누구를 만났든 그건 내 알 바 아니잖아요."

치타가 모르는 비밀이 하나 있다. 치타가 아는 여자 중에 그분이 나를 만나기 전 잠시 연애관계에 있던 여성이 있다. 그 여성이 치타가 아는 사람이란 걸 알고 난 뒤, 나는 치타를 만나면 지나가는 소리처럼 그녀의 안부를 묻곤 했다.

"글쎄요. 저도 몇 년 동안 소식을 모르는데, 알아봐드릴까요?"

"아니, 아니에요."

한 길 사람의 속이 얼마나 깊은지 치타는 감히 상상도 할 수 없을 것이다. 블랙홀처럼 깊이를 알 수 없는 자기 속을 들여다보려면, 빠져 죽을 각오로 독해져야 한다. 아마도 우리는 독해질 수 없어 진실보다 거짓을 먼저 받아들이는지 모른다. 우리가 우상화하고 있는 사람들의 거짓을 벗겨내고 진실을 보게 된다면 폭동이 일어날지 모른다.

치타를 만나면 나는 그녀가 생각나서 묘한 기분이 들곤 한다. 치타가 아는 또 다른 여성이 재혼한 상대는 나의 어머니와 가장 절친했던 분이고, 내 어린 시절의 많은 기억을 잡고 있는 어머니 친구분의 아드님이었다. 그런데 그 아드님도 2년 전에 사망했다고 한다.

또다시 모자가 눈앞에 어른거렸다. 그러고 보니 뭔지 감추어야 할 말이 있을 때 무의식적으로 모자를 찾는 것 같다.

문어 요리, 티본스테이크 다음에 몹시 단 맛의 후식이 나왔다. 모처럼 포식을 했다. 레스토랑에서 나왔을 때 내가 말했다.

"여기서 모자를 사려고 하는데 카드 좀 빌려줄 수 있어요?"

"그사이에 돈을 다 쓰셨어요? 하긴 그렇게 길에다 깔고 다니시니…… 그런데, 일요일이어서 문을 연 집이 있을지 모르겠네요."

이제 보니 치타가 내게 모자를 사라고 말했던 것도 다른 말을 감추기 위한 우회술이었던 것 같다. 그 감춰진 말들을 알려고 할 필요는 없다. 바로 그처럼 남에게 털어놓지 못한 말들이 있어 한 길 사람 속을 아는 것이 어렵다는 격언이 있는 것이리라.

숙소로 돌아가니 관리인이 데스크 앞에 앉아 있었다. 스탬프를 찍고 나서 2층으로 올라갔다. 침상이 40개는 족히 넘어 보이는데, 순례자는 우리뿐이었다. 시설이 잘 관리되고 있어 매트리스도 베개도 깨끗했지만 공기는 썰렁했다. 해가 지기 전에 성벽을 보려면 샤워랑 빨래는 나중에 하자고 치타가 재촉했다.

비는 그쳤으나 바람이 쌀쌀했다. 상점들은 모두 문을 닫았고, 거리에도 나다니는 사람들이 많지 않았다. 바나 레스토랑에만 사람들이 넘쳤다. 성벽을 찾아가는 동안 나는 계속 불빛이 환한 쇼윈도를 기웃거렸다.

"왜 모자 가게가 없지?"

치타는 가타부타 대답이 없었다. '치― 자기가 사라고 부추겨놓고…….' 나는 속으로 투덜거렸다. 이런 투덜거림도 아마 모자 밑에 숨겨져 있는 말일 것이다. 숨겨진 말들, 그것도 내가 감당하는 짐일 수 있다.

가끔 치타가 내게 감추고 있을 법한 말들이 짐작될 때가 있다. 가령 그녀가 내게 뭔가를 가르쳐주고 나서, "나중에 선생님이 혼자 오시게 될 때……"라고 말했을 때, 나는 이내 "아니요, 나는 이 길을 걷는 것은 한 번으로 족해요"라고 대답하고 나서, 치타는 정작 '내 수고를 당신이 얼마나 알고 있을까'라고 말하고 싶은 것이라고 생각해본다. '길에다 돈을 깐다'고 말했을 때도 '그런 돈이 있다면 정작 당신을 위해 애쓰는 나를 위해 써야 하는 것 아닌가' 하고 묻고 싶었던 것은 아닌지. 그때마다 나는 속으로 '나를 위한 당신의 수고는 너무 커서 하늘의 몫이지, 내가 하나님보다 앞서서 이러쿵저러쿵 감사를 표할 성질의 것이 아니다. 당신이 자꾸 내 입에서나 행동에서 감사를 끌어내려고 하는 것은, 그것을 빌미로 내 감정을 당신에게 종속시키고 싶기 때문이다'라고 말하고 싶어진다.

세계문화유산에 등재된 성벽은 무너진 부분이 있긴 해도 원형이 잘 보존되어 있었다. 이라크의 바빌로니아 유적지엔 당시에 지어진 성벽의 기단만 남아 있는데, 그곳 성벽에 쓰인 재료가 태양열에 구운 벽돌인데 비해, 이곳 성벽은 돌로 축성한 것이라 큰 재앙이 없다면 앞으로도 그 수명은 까딱없을 것이다? (천만에) 스페인의 모든 성당, 교회, 왕궁 기타 문화유산은 석재로 만들어져 있음에도 '무너짐'으로부터 안전하지는 않다. 그 '무너짐'을 서서히 진행시키는 것은, 세나루사에서 보았듯이 흙 속에 숨겨진 생명의 힘이다.

성벽의 폭은 5미터가량인데 사륜마차 한 대는 너끈히 지나다닐 수 있는 폭이었다. 높이는 성벽 안쪽으로 4층 높이 집의 지붕과 거의 같아서 성벽을 돌아보는 사람들이 원하기만 한다면 남의 집 안을 속속들이 들여다볼 수 있을 것 같았다. 철도 옆길의 집들이 소음을 참고 지내야 한다면 이곳 주변 집들은 관광객의 관음을 참아야 할 것 같다. 한 바퀴 도는 데 한 시간 남짓 걸린다지만 바람이 심해 조금 걸어보다 그냥 내려왔다.

숙소로 돌아와 한숨 자고 일어났다. 6시 30분. 치타는 이미 7시 미사를 보러 갔는지 침대가 비어 있다. 옷을 든든히 입고 숙소를 나와서 어슬렁어슬렁 성당으로 갔다. 미사를 보러 온 신자들이 많지 않아서 치타를 굳이 찾으려고 한다면 찾을 수 있겠지만, 찾지 않았다.

나는 아직 코브레세스에서 하나님의 사자를 만났다는 얘기를 치타에게 하지 못했다. 내가 모자 밑에 감춘 것 중에 가장 큰 비밀이 그 사실이라는 것은 참 아이러니하다.

나는 그 말을 직접 하지는 않아도, 길 위에서 깨달아지는 것들을 치타와 나누고 싶어 틈틈이 말을 꺼냈다. 그때마다 치타는 몹시 따분한 표정을 지으며, '또 그 얘기야' 하는 듯이 눈길을 내린다.

'배에서 생수가 터진다' 는 말씀은 내 안에 신비한 기운이 들어와 걷는 것이 전혀 힘들지 않다거나, 하는 실제적 경이로움보다 훨씬 놀라운 일이다. 그것은 바로 세상 이치가 훤히 깨달아져서 거치적거리는 것이 없어지는 경지를 말하신 것이다. 평소에 늘 들어서 알고 있다고 생각해 온 말씀들이 (마치 출애굽 당시 광야에서 하늘 가득 눈처럼 쏟아진 그 만나처럼) 너무나 감격스럽게 새롭게 깨달아지니, 나로선 그 갓 쪄낸 찐빵 같은 깨달음을 옆에 있는 치타와 나누고 싶지 않겠는가. 그런데 치타는 미술관이나 박물관에서 본 것들에 대해 이야기 나누는 것을 더 즐겨했다. 때문에 길을 걷는 동안 많은 갓 쪄낸 찐빵들이 모자 밑으로 숨었다. '할 수 없지. 하나님의 심부름을 해준 데 대한 보답을 하고 싶은데, 본인이 그걸 원치 않는다면.'

미사를 보고 나서도 나는 치타를 찾지 않고 혼자 나왔다. 어두컴컴한 광장을 가로질러 골목길로 들어섰다. 조금 가다 보니 길을 잘못 든 것 같았으나, 윈도를 살피며 그냥 걸었다. 마침내 모자 가게를 발견했다. 윈도에 진열된 모자 중에 마음에 드는 것이 있었다. 위치를 잘 기억해뒀다가 내일 떠나기 전에 들러서 살 생각을 했다.

알베르게가 있는 골목으로 접어들었을 때 어디선가 기타음악이 들려왔다. 주변의 집들은 장사가 안되어 폐점한 것인지, 아니면 밤 10시에나 문을 여는 것인지 어둠에 잠겨 있었고, 다만 알베르게만 환히 불이 켜져 있었다. 음악 소리에 이끌려 소리 나는 집 앞에서 멈춰 섰다. 알베르게 바로 앞집이었다.

가는구나, 가는구나,
나와 함께한 인연들⋯⋯

누군가 기타를 직접 켜고 있었고 그 음률은 매우 고난도 기교를 터득하지 않고서는 켜기 어려운 곡이었다. 기타 켜는 사람 얼굴을 보고 싶어 안을 기웃거렸으나, 집 안이 캄캄해서 소리만 들리고 사람의 얼굴은 볼 수 없었다. 어둠 속의 그는 내가 바깥에 서서 듣고 있는 것을 보고 있는 것 같았다. 한 곡이 끝나도 내가 자리를 떠나지 않자, 그는 또 다른 곡을 연주했다.

음률이 그 미지의 사람 마음을 열어 보이는 것 같았다. 이상도 하지. 음악을 듣는 것만으로도 연애 감정이 꿈틀거리다니. 그와 차라도 한잔 마시고 싶다는 생각이 불현듯 솟구쳤다. 그는 내가 바깥에서 듣고 있는 것이 부담이 되었던지, 한 곡을 끝내고 연주를 멈추었다.

아쉽지만 그 앞을 떠날 수밖에 없었다. 숙소로 돌아와 내 침상 옆 창문의 커튼을 들치고 그 집을 살펴보았다. 벽에 쓰인 'Luz Gesto'라는 간판을 간신히 읽을 수 있었다. 나는 그 멋진, 노란색 필기체 간판이 무얼 말하는지 알 수 없었다. 그때 안에서 한 남자가 밖으로 나왔다. '와, 미남이네.' 그는 집 앞에 서서 길 좌우를 살피며 누군가를 기다리는 듯했다.

'연인을 기다리며 연주한 음악을 내가 먼저 따 먹은 거 아니야.'

마치 내 속생각을 읽은 듯이 그가 문득 내가 자기를 내려다보고 있는 창문을 올려다보았다. 눈길이 마주치자 나는 '마침내' 하는 듯이 미소를 지었다. 그도 미소를 지었다. 그러고 나서 돌아섰기 때문에 나는 그가 언제 돌아섰는지 알 수 없었다.

멜리데_{MELIDE}, 아르수아_{ARZUA}로 가는 길
순 례 자 들

"지금부터는 알베르게에 사람들이 많아질 거예요."

치타가 이 말을 한 곳은 팔라스 데 레이에서였다. 과연 오후 3시가 지나자 다른 루트로 걸어온 순례자들이 비에 흠뻑 젖은 채 알베르게로 속속 모여들었다. 그중에는 한국에서 온 여대생도 있었고, 카다보에서 잠시 헤어졌던 프랑스인도 있었다. 그는 침대만 하나 맡아놓고 이내 아래층으로 내려와 나에게 불편한 심기를 털어놓았다.

"여기 있는 몇몇 젊은이들은 겨우 100킬로를 5일 동안 걸어와서 순례자 행세를 하고 있군요. 짐을 조심하세요."

프랑스인이 흉을 본 젊은이가 누군지 모르겠다. 한데, 나를 흉본 사람이 있었다. 체구가 건강하고 수염이 더부룩한 남자 둘이 도착하자마자, 내가 침대에 걸터앉아 무얼 먹고 있는 것을 보고 얼굴을 찌푸리더니 내려가서 관리인에게 규칙을 지키도록 하라고 항의했다고 한다. 유럽의 회사원들은 극기훈련 삼아 단거리만 걷는 경우가 많다고 한다. 그들은 옷차림이 말끔했고 배낭도 그다지 무거워 보이지 않았고, 휴대폰을 소지하고 있었고, 담배를 피웠다. 팔라스 데 레이를 떠나 멜리데를 향해 가는 길에 누군가 뒤에서 된 숨을 거칠게 뿜어내며 씨근덕거리고 걸어오는 소리에 뒤를 돌아봤더니 그들이었다.

16킬로밖에 걷지 않았는데 치타가 몹시 힘들어했다. 레이를 떠난 사

람들은 멜리데를 지나 내처 아르수아까지 가는데, 우리는 멜리데에서
묵기로 했다. 관리인은 문을 잠가놓고 오픈 시간까지 기다리라고 했다.
저돌적인 치타도 규정의 문턱 앞에서는 어쩔 수 없었다. 문밖에서 오들
오들 떨고 있는데, 그 두 남자가 도착했다.

"이 사람들도 여기서 묵을 모양이네. 아직도 힘이 펄펄해 보이는데
좀더 걸어가시지……"

하지만 치타는 잠시 후에 그들과 스스럼없이 말을 나누었다. 마침내
시간이 되어 문이 열렸다. 이십대로 보이는 여자 관리인이었다. 크리덴
셜 카드에 도장을 찍어주며 특이하게도 침대 번호까지 주었다. 침상이
있는 방으로 들어가보고 그 이유를 알았다. 데바에서처럼 이곳의 침대
도 3층이었다. 그만큼 사람들이 많이 몰린다는 증거였다.

짐을 내려놓고 젖은 양말만 갈아 신은 뒤 숙소에서 나왔다. 치타는
문어를 먹고 싶어 했다. 오는 길에 문어 전문 레스토랑을 보았기 때문이
다. 그곳에서 문어를 삶던 남자는, 지나가는 우리에게 뜨거운 솥에서 금
방 건져올린 문어를 들어 보이며, '한 접시 6유로'라고 한글로 쓰인 쪽
지를 보여주었다.

레스토랑 안쪽 테이블에는 레이에서 함께 길을 떠났던 순례자들이
여럿 모여 있었다. 한국인 여대생도 있었다. 불어를 유창하게 구사하며
프랑스 청년과 대화를 나누는 모습이 기특해 보였다. 우리는 문어, 포도
주, 수프를 시켰다. 수프는 한국의 건추감잣국 같은 것인데, 된장이 빠
진 것 같은 맛이었다. 젖은 옷, 젖은 몸에는 뜨거움보다 더 좋은 맛이 없

었다. 여대생이 우리 자리로 와서 작별 인사를 했다. 아르수아까지 간다고 했다. 나는 그녀에게 20유로를 주었다. 그녀가 떠난 뒤 치타가 너무 많이 주었다고 나무랐다.

숙소로 돌아가는 길이었다. 치타의 걸음이 빨라지더니 어디론가 사라졌다. 혼자서 성당의 첨탑이 보이는 방향으로 천천히 걸었다. 성당 앞의 조그만 광장에 이르렀다. 동화 속 분위기 같았다. 다닥다닥 붙어 있는 자그마한 가게들의 윈도를 들여다보는 것이 즐거웠다. 십자수로 만든 식탁보와 봉제 인형들을 진열해놓은 상점, 수제手製 생가죽 제품을 파는 상점 윈도는 잃어버린 꿈이 담겨 있었다.

마침내 검은색 니트 모자를 하나 샀다. 루고에서 떠나는 시간에 쫓기며 모자 가게를 찾아가서 점찍어뒀던 모자를 써봤으나 마음에 들지 않았다. 게다가 값도 만만치 않아서 사는 것을 포기했다. 이 니트 모자는 8유로여서 부담 없이 살 수 있었다. 치타에게 줄 선물도 하나 샀다. 장인이 손으로 만든 가죽수첩이었다. 이제 유로화는 그렇게 해서 모두 내 손에서 떠나갔다.

성당 앞에 생활사 박물관이 있어 그곳에 들어가 시간을 보내다 7시 미사에 참여했다. 치타도 미사에 왔을 테지만 찾지는 않았다. 미사의 분위기가 조용하고 엄숙하면서도 따뜻했다. 신자들의 몸가짐에서 살아 있는 믿음이 묻어나왔다. 이곳 성당은 볼거리로서 사람들이 모여드는 곳이 아닌, 진정으로 예배를 드리는 처소였다. 기도의 울림이 깊어 한없이 무릎을 꿇고 앉아 있고 싶었다. 기도를 하기 위해 꼭 잡았던 두 손을

모든 그림자는 빛의 은유, 또는 익살이다.

풀기 아쉬워 그대로 맞잡고 혼자 골목길을 걸어 숙소로 돌아왔다.

　치타는 어느새 부엌에 가 있었다. 슈퍼에서 사온 문어를 삶고, 수제 비를 만든다고 밀가루를 반죽하고 있었다. 조리테이블이 세 개나 있지만, 열이 제대로 가해지는 것은 치타가 이미 선점하고 있었다. 서양 남자들이 '저게 뭐야?' 하는 표정으로 지켜보고 있어도 기가 죽기는커녕 '볼 테면 봐라' 하는 식이었다. 문어는 결국 너무 짜서 먹지 못하고 버려야 했다.

　11월 5일.

　안개가 자욱하다. 시계가 5, 6미터밖에 되지 않는다. 그래도 비가 오지 않으니 다행이다. 마침내 '산티아고 52킬로'라고 쓰인 표지석이 나타났다. 그 표지석의 숫자는 앞으로 산티아고가 가까워질수록 줄어든다고 한다.

　표지석의 숫자만이 아니라, 길 자체의 변화도 산티아고가 가까워지고 있다는 것을 말하고 있다. 목초지는 이제 거의 사라지고, 숲속 길을 얼마쯤 걷다 보면 평지의 들판 길이 나타나고, 들판 길은 곧 마을에서 마을로 이어지는 길로 연결된다. 소나 말을 먹여 키우는 목축이 옥수수 농사로 토지의 이용도가 바뀌면서 밭에는 거름을 준 곳이 많아 냄새가 심했다. 그러나 냄새를 자꾸 맡는 동안 그 냄새하고도 친해져 역한 줄 모르겠다. 설사 사람이 없어도, 인간의 흔적이 담겨 있는 경작지는 결코 아무도 없는 곳이 아니다. 기하학적 무늬의 밭고랑이, 잘 다져진 흙이, 냄새가, 말을 걸어온다. 이제 호젓하게 생각에 잠겨 길을 독점하고 걷는 것은 불가능하다. 앞을 봐도 뒤를 봐도 누군가가 걷고 있다.

백두산으로 가다 보면 산이 가까워질수록 주변 풍경에서 성스러운 느낌이 감지되는데, 이 산티아고라는 도시는 가까워질수록 길이 소란스러워지고 세속화되는 느낌을 준다.

표지석에 누군가의 이름과 날짜가 쓰여 있는 것은 보통이고, 구름다리 밑에 한글로 '은아, 힘내' 하는 한글 낙서도 보인다. 숲속에 놓인 쓰레기통에는 '독도는 우리 땅'이라는 글귀도 있다. 길을 안내하는 화살표보다는 자신을 나타내려는 낙서가 더 많이 눈에 뜨인다. 이십대로 보이는 젊은이 네 사람이 일렬로 서서 왁자지껄 떠들어대며 걷고 있다. 네 사람 모두 지팡이를 짚고, 그중 한 사람은 양손에 지팡이를 짚고 있다. 뒤에서는 휴대폰 울리는 소리가 들려온다. 산티아고가 가까워지는 감격보다는 오염되고 세속화되는 길이 당혹스럽다.

네 시간 남짓 걸어서 아르수아 알베르게에 도착했다. 이곳에서도 문을 열 때까지 한 시간 삼십 분 남짓 기다려야 했다. 전원 속에 있는 아르수아 알베르게는 주변 풍광이 아름다워 '카미노 데 산티아고' 안내 책자에 사진이 실리는 곳이었다. 이태리에서 혼자 온 여성이 우리와 함께 앞서거니 뒤서거니 걷다가 같이 도착했다. 그녀는 배낭을 문 앞에 내려놓고 개울가에 앉아 꼼짝 않고 뭔가를 쓰기 시작했다. 알베르게 주변을 이리저리 돌아보면서도 나는 내내 그녀를 의식하고 있었다. 아니, 그녀를 의식하고 있다기보다 그녀의 노트에 적혀 내려가는 글의 내용이 궁금했다. 그렇게 한 시간 남짓 글을 썼을까. 노트를 덮고 나서 개울 앞에 한동안 서 있더니, 바짓가랑이를 걷어올리고 물속으로 들어갔다. 그녀의 몸짓 바깥으로 배어나오는 오롯한 혼자만의 시간이 무언극처럼 보였다.

아르수아 숙소는 펜션 같은 구조였다. 파란 하늘색 페인트칠을 한 창문 밖으로 흐르는 개울물에 하늘의 구름이 떠서 물과 같이 흐르고 있는 풍경이 아름다웠다. 나는 창가의 침대에 자리잡고, 이태리 여성은 나와 맞은편 쪽 침대에 자리를 잡았다. 우리는 간혹 눈이 마주치면 웃는 것으로 말을 대신했다. 치타는 자다가 바깥에 있는 화장실에 가려면 아래층 문 옆 침대가 더 낫다고 했다.

침낭을 펴고 누웠더니 시선이 저절로 2층 침대 밑을 쳐다보게 되었다. 매트리스를 받친 나무판때기에 그곳을 다녀간 사람들이 남긴 글들이 빼곡히 적혀 있었다.

'TAI WAS HERE 24-03-99 또는 JOSE DANVILA 3/8/03' 등 각 나라말이 다 있었다. 사람들이 누군가 자기를 기억해주기를 바라는 것은, 자기 존재가 허무하게 사라진다고 생각하기 때문일 것이다. 하지만 아무것도, 그 누구도 일단 존재했던 모든 것은 절대로 완전한 무無로 돌아가는 일이 없다는 것을 나는 믿는다. 완전한 무란 없다. 다만, 있음을 내포한 없음, 없음을 내포한 있음이 계속 생성과 소멸의 수레바퀴를 돌리고 있는 것이다. 없는 것은 다만 '나였던 존재'일 뿐이다.

저녁이 되어 순례자들이 속속 도착하면서 여기저기서 휴대폰이 울려대기 시작했다. '카미노'를 떠나면서도 휴대폰을 손에서 놓지 못한 젊

은이들은 고독하기 위해 길을 걸으면서도 혼자되는 것이 두려운 모양이다. 그러나 그 혼자는 이미 두려움을 감내하기 시작한 것이므로 어느 날인가는 휴대폰을 손에서 놓을 날이 올 것이다.

저녁 7시쯤 숙소 옆의 단 하나뿐인 레스토랑으로 갔다. 음식을 주문받으러 온 주인집 딸에게 내가 영어로 주문을 하자 치타가 약간 짜증을 내면서 "이런 데서는 영어를 전혀 못 알아들어요." 하더니, 메뉴판을 잡아당겨 가서 자기 먹을 음식만 스페인 말로 시키고 시침을 뚝 뗀다. '그럼 나는?'

그녀의 모자 속에 감춰진 말이 쌓이다 못해 그런 식으로 폭발한 것일 수도 있다.

이제부터 산티아고를 향해 가는 길 위엔 휴대폰 소음, 잡담, 담배연기, 쓰레기 외에도 마음속에 침전된 불만, 투덜거림도 포함되어야 할 것 같다. 화살표가 가리키는 길은 하나지만, 그 길의 내용을 채우는 것은 순수하지만은 않다. 중심축은 하나이지만 그 하나는 주변의 다른 모든 요소를 아우른 전체이다. 이틀 뒤, 내 앞에 모습을 드러낼 산티아고는 도대체 어떤 곳이란 말인가.

이제 다섯 시간만 더 걸어가면 '산티아고' 다!

산티아고SANTIAGO에서
성聖과 속俗

　　산티아고 '19킬로'라고 쓰인 표지석을 지난 지 얼마 되지 않아서였다. 자동차 도로와 나란한 길을 가리키는 화살표가 가드레일에 유난히 크고 진하게 표시되어 있었다. 그 화살표를 무심히 지나치는 나에게 치타가 말했다.

　　"선생님 이것 보세요."

　　보았다! 가드레일 위에 잇대어져 있는 철조망에 십자가가 묶여 있었다. 순례자들이 길에서 주운 나무막대기로 만든 크고 작은 십자가는 좌로도 우로도 끝도 한도 없이 매달려 있었다. 십자가를 매단 순례자마다 자기 포기를 서약한 것이니(아니, 이미 자기 포기를 했다), 그 숫자만큼 사랑으로 바뀐 사람들이 세상에 많아진 것이리라. 그곳이 바로 길 위의 성당이었다. 또한 예수를 본받으려는 순례자들이 매일매일 그곳에 이르러 자신을 십자가에 못 박는 골고다 언덕이기도 했다.

　　화살표도 여기서는 방향을 가리키는 표식이 아니라, 자신도 아예 길 위의 성당에 매달린 십자가로 변신하고 있었다.

　　"선생님, 거기 서세요."

　　치타가 디카를 치켜들며 말했다.

　　"아니, 나는 십자가를 매달고 싶은데……."

"언제 그러고 있겠어요. 빨랑 서세요."

찰칵, 찰칵, 디카에서 두 번 소리가 났다. 치타는 나를 담은 카메라를 집어넣고 다시 걷기 시작했다.

'아, 나는 정말 여기서 십자가를 매달고 싶은데…… 바울 선지자의 말씀처럼, 무엇이든지 내게 유익하던 것을 내가 그리스도를 위하여 다 해_害로 여긴다는 표시를 꼭 이곳에 남기고 싶은데……' 나는 주변을 두리번거리며 십자가를 만들 만한 재료를 찾아보았으나 얼른 찾아지지 않았다.

그런데 기묘했다. 그곳에는 순례자를 위한 두 개의 표지석 이외에도, 수많은 세상길 표시가 다닥다닥 붙어 있어 저마다 이 길은 이렇게 쓰인다는 것을 주장하고 있는 것 같았다. 그런 속에서 나무십자가는 길과 길의 경계인 철조망에 수천 개가 매달려 있었다.

'어쨌든 저는 저의 이전 생활을 이곳에서 십자가에 못 박았습니다. 제 십자가는 가슴에 있습니다.'

그제야 나는 걸음을 뗄 수 있었다. 그사이 치타는 저만큼 앞서가고 있었다. 나는 치타에 대해 상심이 컸다. 치타는 날 위한다고 하면서 어째서 내 이 마음을 못 알아줄까. 십자가를 매다는 행위를 표적으로 생각하기 때문일까, 아니면, 모자 밑에 아직 폭발하지 못한 불만이 쌓여 있어 엇나가고 있는 것일까. 치타가 여기서 '선생님 그러면 십자가 만들 나무를 한번 같이 찾아봐요' 하고 내 마음을 맞들어주었다면, 그동안 내면에서 서로 다른 길을 걸어왔다 하더라도 이곳에서 우리의 길은 하나가 될 수 있었을 것이다.

마침내 도착한 몬테 도 고소는 산티아고에서 5킬로 떨어진 곳이었다. 병영의 막사 같은 건물들이 언덕에 수십 동이 있었다. 치타의 말로는 이곳 알베르게는 산티아고의 전초기지 같은 곳으로, 한걸음에 달려갈 수 있는 거리에 산티아고가 있음에도 순례자들은 이곳에서 하룻밤을 보내며 목욕재계하고 마음을 새롭게 하는 시간을 갖는다고 한다.

우리는 몬테 도 고소에서 3박을 하기로 했다. 두 번째 날 산티아고에 입성하여 12시 미사를 드리고, 셋째 날에는 산티아고에서 140킬로 떨어진 곳인, 표지석 0지점 '피니스테라'에 다녀와서 일단 순례 일정은 모두 끝내고 '코루냐'라는 곳으로 이동하기로 했다.

배정받은 방에는 출입문 입구에 천 단위가 넘는 방 번호가 붙어 있었다. 방 하나에 침대는 8개씩 있었다. 배낭을 내려놓고 창 옆의 1층 침대에 걸터앉았다. 내일이면 산티아고에 입성한다. 그것은 이제 걷기가 끝난다는 뜻이다. 왠지 살짝 우울해지려고 한다. 매일매일 이렇게 격렬하게 지내다 집으로 돌아가서 뭘 하며 지낼까.

세수를 하고 나서 침대에 걸터앉아 디지털카메라로 찍은 사진들을 되돌려 보았다. 내가 걸어갈 길을 앞에서 찍었지만 사진은 뒤에서 보고 있었다. 사진 속엔 지난 시간과 다가올 시간이 사진을 찍은 현재 시간에 압축되어 있었다. 사진에는 내가 없었다. 다만 나는 이렇게 감탄할 수밖에 없었다. '내가 지나온 길이 이렇게 아름다웠구나.'

저녁이 되니, 알베르게 한 동이 사람들로 북적거렸다. 국적이 다른

순례자들이 자기를 내려놓는 길 위의 골고다 언덕

순례자들을 비롯, 레이에서 만났던 한국인 여대생과 다른 한국인 순례자들 네 사람이 부엌에 모여 한국말로 떠들고 있었다. 반갑기도 했지만, 치타가 엎드려 절 받기 식으로 '서영은 선생님 모르세요?' 하자 그중의 한 여학생이 '네 알아요. 저 그분 작품 좋아해요' 하는 바람에 그만 내 쪽에서 얼굴이 홍당무가 되었다. '1200킬로를 걸어서 다시 자기 이름 앞으로 돌아오다니.' 치타는 그런 내 속을 까맣게 모르는 듯, "신통하기도 하지, 선생님 저 여학생이 선생님 작품을 읽었대요." 하고 말하는데, 그 말이 무슨 의미가 있는지 참 딱한 노릇이었다. 어찌 됐든, 원치 않는 일을 당했지만 치타가 무안하지 않도록 '네, 그래요' 하는 듯이 쑥스러운 미소를 짓는 것으로 지나쳤다.

그중에 선배 격인 한 남성은 한국을 떠난 지 일 년이 넘었다고 했다. 그의 말에 의하면 순례자 중에는 순례를 전문으로 하며 살아가는 사람들도 있다고 했다. 그러니까 잠은 알베르게에서 공짜로 자고, 끼니는 다른 순례자가 남기고 간 음식으로 때우고, 때로는 순례자들에게서 적선도 받아가며 몇 년씩 길에서 떠도는 사람들도 있다고 했다.

나는 아연했다. 언젠가부터 내 안에 '이건 아닌데……' 하는 느낌이 차오르고 있었는데, 그의 말에서 그 느낌의 정체가 조금 분명해지는 것도 같지만, 여전히 확실치는 않았다.

빗소리에 자다 깨다 하다가 손전등을 켜고 시계를 보았다. 6시 30분이었다. 옷을 끌어안고 살그머니 방에서 나왔다. 부엌으로 갔다. 수첩을 꺼내 일기를 쓰고 있는데 치타가 나왔다. 수제비를 만들겠다고 했다. 갑자기 나는 치타의 그 수제비 사랑이 무슨 코미디처럼 느껴졌다. 식탁 위에 얼굴을 가리고 한참 동안 엎드려 있었다. 소리를 죽인 웃음이었으므로 치타는 알지 못했다. 나중에 다른 순례자들이 하나둘 부엌에 나타나 빵을 썰어 잼을 바르고 치즈와 토마토를 썰고, 우유에 시리얼을 타서 먹고 있는 옆에서 우리는 희멀건 국물에 손으로 뚝격뚝격 떼어 익힌 '수제비'를 먹고 있었다. 소금이 있어 천만다행이었다.

8시쯤 산티아고를 향해 출발했다. 짐은 숙소에 두고 조그만 륙색만 지고 떠났다. '이건 거저야, 거저.' 마치 남인 듯 자기 다리에게 생색을 냈다. 지난밤 내린 비로 길이 젖어 있어 가죽처럼 번들거리고 미끄러웠다. 몬테 도 고소 알베르게 단지를 벗어났을 때 부슬비가 내리기 시작,

가는구나, 가는구나,
나와 함께한 인연들……

우비를 입어야 했다.

화살표는 철둑길 위로 놓인 다리를 지나, 큰 관공서 앞을 지나, 거리의 상점들 앞을 지나, 공원 앞을 지나, 건널목을 몇 차례 지나더니 난데없이 뚝 끊어졌다. 마지막 화살표에 감사를 표할 새도 없이 우리는 닳아서 반들반들 윤이 나는 돌길을 따라 돌연 산티아고 성당 앞의 큰 광장에 도착했다. 한 시간 만이었다.

광장은 썰렁했다. 몸에 소름이 돋았다. 그것은 비단 날씨 탓만은 아니었다. 배낭을 짊어진 순례자들만 이 골목에서 나와서 저 골목으로 들어가고, 저 골목에서 나와서 성당으로 들어가는 식으로 갑자기 알 수 없는 상형문자를 쓰듯 움직이고 있었다.

한자리에 망연히 서 있노라니, 치타가 말했다.

"가서 확인서 받고, 12시 미사에 참여해요. 12시 미사에서는 신부님이 오늘 산티아고에 도착한 순례자들 이름을 호명하고 축복기도를 해주세요."

치타는 긴가민가하며 몇 차례 이 건물 저 건물을 기웃거리더니, '여기다' 하는 표정으로 안으로 들어갔다. 건물 입구로 들어섰을 때 치타가 "저것 보세요" 했다. 수백 개의 나무지팡이가 기둥을 둘러싸고 날가리처럼 쌓여 있었다. 순례자들이 버리고 간 것들이었다. 아마도 그 지팡이의 주인들은 자기 마음 안으로 옮겨온 지팡이를 가슴에 품고 그곳을 떠났을 것이다.

2층에 사무실이 있었다. 여직원 한 사람이 데스크에 앉아 업무를 보

순례를 끝낸 성스러운 지팡이들

고 있었다. 그녀의 업무는 크리덴셜 카드에 순례자들이 받아온 도장을 확인하고 나서 그 이름과 국적, 기타 인적 사항을 자기네 장부에 올리고, 졸업장 같은 확인서를 써주는 일이었다. 여직원이 내 크리덴셜 카드를 보며 확인서에 '서보영'이라는 내 본명을 옮겨 적었다.

확인서를 받고 나서 옆방으로 건너왔을 때, 치타가 자기 색에서 뭔가를 꺼내더니 나에게 사진을 한 장 찍어달라고 부탁했다. 그 방 벽에는 순례자들이 글귀를 적어놓은 쪽지들이 벽면을 가득 채우고 있었다. 치타가 의자에 올라가서 자기 책 표지를 그 벽면에 붙이는 장면을 사진에 담았다. 광장으로 나와서도 치타와 나는 성당을 배경으로 서로의 사진을 찍어주기도 하고 다른 사람에게 부탁해서 둘이 같이 사진을 찍기도 했다. 이제 뭘 하나. 나는 한국에 있는 그녀에게 줄 생각으로 십자가를 하나 사고 싶다고 말했다.

성당을 겹겹이 둘러싼 상점에서는 거의 다 기념품, 특히 마리아상, 십자가상, 묵주 같은 성물을 팔고 있었다. 파란 바탕에 노란 화살표 타일이 10유로였다. 그것을 보는 순간, 나는 왠지 모욕을 당한 것 같은 기분이었다. 내 안에 차곡차곡 쌓여 감사의 노래로 흐르는 그것이 상품으로 팔리고 있다니! '이건 아닌데' 하는 느낌이 일종의 분노로 변하면서 나는 자신의 감정이 스스로 당혹스러웠다. 그렇게 먼 길을 걸어와서 가슴에 거두는 순례의 열매가 배반감이라는 사실에 스스로 놀라면서도 그 감정을 가라앉힐 다른 것을 내 안에서 찾을 수 없었다. 나는 십자가 사는 것을 포기했다.

미사시간까지 한 시간 정도 여유가 있었지만 성당에 들어가서 기도를 하며 마음을 가라앉혀보기로 했다. 성당 안의 광경은 더욱 내 마음을 심란하게 했다. 성당의 크고 화려한 규모는 차치하고라도 제단이 특이했다. 다른 곳에서는 중앙 제단에 마리아와 예수님 상이 모셔져 있는데, 이곳에는 금칠을 한 옷을 입고, 머리 위로 번쩍거리는 후광이 마치 금관처럼 보이는 야곱 성인의 상이 모셔져 있었다. 무리를 지은 관광객들이 여기저기서 가이드의 안내를 받으며 가다가 서서 설명 듣고, 또 가다가 서서 설명 듣고 하는데 그들이 서로 엇갈려서 회랑을 돌다가 부딪치기도 하고. 개인으로 온 관광객들은 신자들이 기도를 드리고 있는 기도대 사이로 들어와 카메라 셔터를 연방 눌러대고 동영상을 찍기에 분주했다. 성당 안이 시장통처럼 어수선하고 소란스러웠다.

치타를 찾으니 회랑 복도에 늘어선 긴 줄에 끼어 서서 손짓으로 나를 불렀다. 무얼 위한 줄인지 모르는 채로 나도 그 줄 뒤에 섰다. 앞에 선 사람들이 좁은 계단 위로 올라서서 안으로 사라질 때마다 줄이 조금씩 줄어들었다. 내 차례가 되어 계단 위로 올라서 안으로 들어갔다. 아주 비좁은 틈이었다. 앞선 사람이 검고 둥그런 것에 입을 맞추기도 하고 손을 대었다가 성호를 긋고 나서, 좁은 구석에 구겨지듯 앉아 있는 신부님이 나눠주는 무언가를 받고 그 앞에 놓인 헌금함에 돈을 떨어뜨렸다. 나는 입을 맞추지도, 헌금을 하지도 않고 다만 신부님이 나눠주는 작은 종이만 받았다.

"그런데 아까 그 검은 덩어리가 뭐예요?"

치타에게 물었다.

"야곱 성인의 뒷머리예요."

'오, 마이 갓.'

그러는 사이 한쪽에서는 미사가 시작되었다. 미사가 시작되었다고 장내에서 달라지는 기미는 아무것도 없었다. 야곱 성인의 뒷머리에 입을 맞추기 위해 줄을 선 사람들은 여전히 줄을 서고, 사진을 찍는 사람은 여전히 사진을 찍고, 가이드는 여전히 자기가 인솔해온 관광객들에게 교회의 역사나 건축물에 대한 설명을 이어갔다. 나는 그 어지러운 소용돌이에 맞물려 있으면서도 자기 앉아 있는 자리에서 가만히 다른 사람들을 지켜보기 시작했다.

산티아고 성당 자체가 하나의 중심에 여러 다른 차원이 겹쳐져 있는 이상한 천체天體처럼 보였다. 각자가 자신이 하려는 것에만 관심이 있을 뿐, 옆에서 다른 사람이 떡을 찌는지, 굿을 하는지 전혀 관심을 두지 않는다. 심지어는 자기 팀을 뒤쫓던 사람이 서로 반대 방향에서 오는 다른 사람과 몸을 부딪치고 나서 '미안합니다' 하면서도 자기 가는 방향만 볼 뿐 상대를 쳐다보지 않고 지나간다. 서로가 서로에게 방해가 되는 것조차 관심을 두지 않는다. 참으로 기이한 광경이었다.

소란한 중에 미사는 미사대로 진행되었다. 사진 찍기 좋아하는 사람들은 미사광경을 찍기 위해 카메라 셔터를 연속으로 눌러댔다. 그 옆에서 미사를 보는 사람은 그가 없는 듯이 미사 순서를 따라 일어났다 앉았다를 되풀이했다. 하긴 나도 그럴 수밖에 없었다.

미사가 끝나갈 무렵, 천장에 매달려 있던 커다란 향로thuribulum가 밧줄로 내려져, 그네를 태우듯 좌로 우로 왔다 갔다 하며 향기로 하늘까지 기도의 길을 놓을 때는 미사에 참석한 순례자들까지 벌떡 일어나 그 광경을 카메라에 담느라고 미사를 팽개쳤다.

그런 와중에 두 손을 맞잡고, 길에서 도움을 준 착한 사마리아인들의 얼굴을 한 사람 한 사람 떠올리며 축복을 비는 기도를 했다. 한국에서부터 도움을 준 친지들도 생각나는 대로 한 사람 한 사람 얼굴을 떠올리며 축복을 비는 기도를 했다. 그러고 나서 주위를 살피니 점점 무언가 슬퍼지려 했다. 내 안에 새겨진 보이지 않는 노란 화살표의 길이 바로 성당에 와서 뚝 끊어지려는 것 같았다. 성당 안은 너무도 많은 것으로 가득 차 있으나, 그 중심은 비어 있었다.

예수께서 내 아버지의 기도하는 집이 장사의 소굴이 되었다고 노하셨던 그 목소리가 들려오는 것 같았다. 눈을 뜰 수 없었다. 그때 꿈속에서 봤던 그 생명수 병이 둥둥 떠서 내 앞에 와서 멈추었고, 그것을 덥석 잡아 가슴에 끌어안으며 나는 눈을 떴다. 동시에 사람들의 어깨 사이로 보이는 향로와 내 가슴에 끌어안은 생명수 병이 공중에서 겹쳐졌다. 하나님께서 내 슬픔을 위로해주시는 것 같았다. 기도 중에 내 마음에 한 번 더 인印 쳐주시기를 바란 기도가 그렇게 응답되었다. 그리고 산티아고는 하나의 장소가 아니라, 내 마음속으로 열리는 첫 번째 화살표로 새겨졌다!

누군가 내 머리를 툭 건드리고 나서 사과를 하는데 어느 나라 말인지 알 수 없었다. 하지만 '이건 아닌데……' 하는 느낌은 이제 마음의 고요 안쪽에서 눈 녹듯 스러지고 있었다.

여기까지 오는 길이 고통스러웠으니 산티아고가 거룩하고 성스럽기를 기대하는 것은 일종의 보상심리일 수 있다. 산티아고가 설사 내 기대대로 거룩하고 성스러운 성지의 모습을 하고 있더라도 그것 역시 표적에 지나지 않다. 중요한 것은 내 안에서 영적 빛으로 거듭거듭 변환되는 삶과 말씀의 동화작용이다. 성스러움과 거룩함을 눈으로 확인하려 하지 말라. 진정으로 예배드리는 자의 마음 안에 있다. 진정한 것과 거짓된 것은 늘 공존한다. 그 공존이 하나님의 전체 세계이다.

또다시 내 안에서 다른 목소리가 들려왔다.

'너의 분노도 괜찮아. 그것이 너 자신을 정화시키는 불일 때는. 그러나 타인에게 날아가는 미움의 화살이 되어서는 안 돼. 너의 삶은 이제 겨우 한 단계 차원이 바뀌었을 뿐이야. 네 곁에서 벌어지는 모든 일은 너의 이전 삶의 차원이라는 것만 알면 돼.'

성당 앞에는 호텔로 바뀐 오래된 왕궁이 있었다. 순례를 끝낸 사람들이 자축하는 뜻으로 비싼 음식을 먹는다는 레스토랑이 어디인지는 알수 없지만, 나는 그 왕궁호텔 안의 레스토랑에서 점심을 사겠다고 했다. 그 식사비는 내게서 소설을 배운 Y가 치타와 함께 식사를 하라고 준 돈이었다.

예약이 된 시간은 1시였다. 호텔 라운지에서 시간이 될 때까지 소파에 앉아 기다리는 사이, 나는 수첩을 꺼내어 산티아고에 입성한 소감을 적고 있었다. 호텔 안의 숍에서 며느리에게 줄 지갑을 사가지고 라운지로 돌아온 치타는 얼른 레스토랑으로 가자고 재촉했다.

'시간이 돼야지?' 하는 표정으로 그녀를 쳐다보았다.

"가서 레스토랑이 어디 있는지 찾아봐야지요."

'시간 돼서 찾아보면 될걸 왜 이렇게 안절부절못할까. 이 초조감의 정체는 뭘까.'

나는 고개를 떨어뜨리고 다시 쓰기를 계속했다. 치타가 휙 바람을 일으키며 사라졌다. 그녀가 사라진 쪽을 멍하니 바라보며 눈을 깜박거렸지만 짜증이 나지는 않았다. 내가 내 감정을 쉽사리 드러내지 않는 것은 독하기 때문이다. 나는 김동리란 거물의 온갖 것들, 그의 갈증, 외로움, 정염, 모순, 인색함 등 온갖 인간적인 것들을 붙잡고 씨름해온 사람이다. 나는 수첩에 이렇게 적었다.

산티아고는 내게 순례의 종착지가 아니다. 산티아고는 내게 새로운 차원을 열어주는 문이자 또 다른 화살표이다. 그 화살표가 성경 속의 모든 선지자들에게 그랬듯, '이제 내가 여기 있나이다' 하는 자리로 나를 이끈다 해도……

자기 성질에 못 이겨 사라졌던 치타가 1시에 맞춰 돌아왔다. 더 이상 지체하다가는 약을 올리는 것으로 오해할 수도 있을 것 같아 수첩을 덮었다.

산티아고는 길이며, 숲이고, 낙엽이며, 바람이다.
길과 숲과 낙엽과 바람이 성당이다.

나는 내가 예약한 레스토랑이 그렇게 좋은 곳인 줄 모르고 호텔 안의 만만한 데를 찾아갔다가 입구에서 되돌아서야 했다. 뒤따라오는 치타가 '거 보세요, 미리 봐두자고 했잖아요' 라고 속으로 혀를 찰 것 같았다. 그 레스토랑에는 우리가 첫 손님이었다. 차림새가 너무 허술해서 서빙 받기가 미안할 지경이었다. 나중에 들어서는 손님들의 성장한 차림새와 비교가 되긴 해도 순례자이므로 양해가 되는 분위기였다.

메뉴가 스페인어와 영어로 쓰여 있어 그나마 다행이었다. 우리가 시킨 음식의 메인 디시는 애저였다.

나는 멜리데에서 산 선물을 치타에게 건네며 정식으로 감사인사를 했다. 사실 맘속 감정대로라면, '당신은 나의 은인이요' 라고 말했어야 했다.

"뭘 이런 걸⋯⋯."

말끝을 흐리고 자기 고기를 나이프로 썰던 치타가 느닷없이 내 모자 얘기를 꺼냈다.

"선생님 지금 쓰고 계신 그 모자 머슴애 같아요. 다른 거 사세요."

"사실은 집에 모자가 많이 있어서 제일 싼 것을 샀어요."

"그래도 다른 것 사세요. 제가 카드 빌려드릴게요."

치타는 지금도 모자 밑에 다른 말을 감추고 있을까? 하기는 인간의 감정이란 수시로 요동치는 요물이어서 말을 안 하고 덮어버리면 잊히는 경우가 태반이다. 하지만 나는 그녀가 아까 왜 그렇게 안절부절못했는지 묻고 싶었으나 참았다.

피니스테라FINISTERRA에서
가득 찬 비어 있음

———

8시 30분 숙소를 나왔다. 처음엔 시내버스를 타고 시외버스 터미널까지 가려고 했으나, 시내버스를 기다리는 시간이 삼십 분 남짓 되자 치타는 일요일이어서 버스 배차 간격이 달라졌을지도 모르니 걸어가자고 했다. 길에서는 그 나라 사정을 자세히 알지 못해 동행끼리 불필요하게 충돌하는 경우가 많다. 사실, 어제 산티아고에서 확인서를 받고 난 뒤엔한 발짝도 더 걷기 싫었지만 치타의 의견을 따르기로 했다. 가다 보니버스가 우리 곁을 지나갔다.

어쨌든 늦지 않게 터미널에 도착해서 피니스테라로 가는 버스를 탈수 있었다. 걸어서 가면 나흘이나 닷새 정도 걸린다고 했다. 한국인 여대생은 그곳까지 걸어서 간다고 했는데, 혹시 차창 밖으로 그녀가 걸어가는 것을 볼 수 있지 않을까. 내가 그 나이였을 때는 사랑의 끈에 목이묶이어 오른쪽으로, 왼쪽으로 고개를 돌리는 것까지 자유롭지 못했다.그처럼 알차게 청춘을 보내는 그녀가 부럽다. 기특하다.

해안을 끼고 S자로 도는 길의 경치가 참으로 아름답다. 해안가 집들도 바다를 생업으로 삼는 사람들이 급조한 건물이 아니라, 제대로 아름답게 지은 집들이었다. 버스에 좌석이 많이 비어 있어 치타와 나는 떨어져 앉아 있다. 며칠 전 치타가 말했다.

"선생님은 남에게 곁을 잘 주지 않는 것 같아요."

'사실 그래요. 나는 누구에게 종속되는 것을 병적으로 경계해요. 부모님도 연인도 나를 종속시키지는 못했어요. 자기가 좋아하는 사람도 너무 빠져들어 감정이 묶인다 싶으면 피를 철철 흘리더라도 단호하게 끈을 잘랐어요. 김동리와 같이 살면서 나는 세 번 그 끈을 끊었어요. 마음속에서 그런 일이 일어났기에 그분이 쓰러졌을 때 나는 독해질 수 있었어요. 기독교가 하나님께 사람을 종속시키는 교리를 가졌다면 나는 믿지 못했을 거예요. 숭배는 종속되는 것이 아니에요. 하나님도 사람이 하나님께로 종속되는 믿음을 단호하게 힐책하셨어요. 우리는 하나님을 우상화하는 믿음이 아니라, 우리의 자존自尊을 지키며 인격적으로 교제하는 하나님을 만나야 해요. 어떤 상像을 놓고 절하는 것만이 우상을 숭배하는 것이 아니라 심정적으로 매이는 믿음, 내가 이렇게 했으니 이런 것을 기대해도 되지 않을까, 하고 받는 것을 전제로 하는 믿음이 바로 우상숭배일 수 있어요. 종속된 자리에서는 진정한 사랑을 줄 수도 받을 수도 없어요.'

나는 치타의 뒤통수에 대고 그때 내가 자세히 말하지 못한 생각을 털어놓았다.

'이제 나는 종속의 문제에서 자유로울 수 있기 때문에 나를 시장 바닥에도 내던질 수 있어요.'

바닷가를 끼고 끊어졌다 이어졌다 하는 모든 마을에 정차하기를 거듭하던 버스가 종착지에 도착했다. 작은 어촌마을이었다. 피니스테라는 마을에서 3킬로 이상 떨어져 있다고 했다.

치타는 먼저 점심부터 먹자고 했다. 근처에 있는 레스토랑은 일요일이어서 가족 손님들이 많았다. 치타는 여기서도 문어를 시켰다. '어떤 음식을 물리지도 않고 저토록 좋아할 수 있는 것도 힘이다.'

갑자기 나는 먹던 것을 멈추고 치타를 유심히 살폈다.

치타가 내게 사소하게 화를 내고 스스로 자책할 때마다 찢어온 성경을 읽는 것을 보며, 그것이 당신 복이요, 하고 믿음의 성숙에 대해서만 관심을 가졌지, 내가 남에게 머슴애처럼 보이는 것조차 싫었던 그 마음에 대해서는 한 번도 신경을 쓰지 않았다는 것이 뒤늦게 후회되었다. 치타가 나를 자매나 모성애적 사랑으로 '자랑하고' 싶은 사람으로 여기고 있었다는 사실이 불현듯 깨달아지자 그녀가 어째서 그토록 자주 짜증을 내고 눈길을 피하고 있었는지 이제야 알 것 같다. 무얼 시켜도 제대로 못해 길을 앞세우면 엉뚱한 길로 가고, 박물관에서 자신이 감동받은 것에 대해 얘기를 나누고 싶어 하면 못 들은 척 하나님 얘기를 꺼내고, 그때마다 치타가 얼마나 상심했을까 생각하니 마음이 아팠다. 그 바람에 내 어머니에 대한 회한도 되살아났다. 나는 어머니가 나를 남 앞에서 자랑하고 싶어 하면 슬그머니 뒤로 꽁무니를 빼고 그러한 어머니를 부끄러워했다. 오죽 자랑하실 게 없었으면 나를 자랑하고 싶으실까, 그것이 부끄러웠다. 그냥 수줍어하며 어머니 앞에 가만히 서 있기만 해도 어머니 마음이 덜 추우셨을 텐데. 남에게 잘난 척하느라고 내 어머니 맘을 상하게 하다니. 아, 내가 왜 그랬을까. 왜 그랬을까.

모자 속에서 치타가 '쳇, 잘났어, 정말' 하고 흉을 수백 번 보았다 해도 할 말이 없다. 내 안에서 치타와 서로 다른 길을 걸어왔다고 생각했던 것도 나의 도그마였다. 그 도그마는 겸손과 부끄러움으로 위장한 나의 교만이었다.

"왜 그렇게 보세요?"

"아니, 그냥."

얼른 고개를 숙이는 내 얼굴이 붉어졌다.

식사 후 우리는 피니스테라를 향해 걷기 시작했다. 마을의 끝 집을 지나자 왼쪽으로 탁 트인 드넓은 대서양 바다가 나타났다. 끝집 언저리에 표지석 하나가 있었고, 그 앞에 누군가 벗어두고 간 신발이 한 켤레 놓여 있었다. 갈 때 벗어놓았든 올 때 벗어놓았든, 팩트로 보면 주인공은 맨발이 되었다는 말인데……?

완만하긴 해도 길의 고도가 점점 높아짐에 따라 어디선가 서서히 안개가 밀려왔다. 안개는 길의 고도가 높아질수록 농무濃霧로 바뀌었다. 하늘도 바다도 색깔도 모양도 다 지워지고 오직 천지의 무상함만이, 시계視界 3미터 아래의 숲과 숲의 능선이 포개어져 만든 성합聖盒, Navicula에 가득 담겨 있었다. 내게는 그 안개가, 하나님 말씀이 이스라엘 민족 앞에 임할 때 구름이 먼저 땅에 내려와 거룩하고 엄숙한 것을 위해 베일을 드리웠듯이, 이제 내 앞에 드러날 어떤 것을 위해 먼저 베일을 드리우는 것처럼 느껴졌다.

부웅— 부웅. 삼사 분 간격으로 등대에서 울리는 안개 경고음도 내게는 세례 요한의 광야의 외침 소리처럼 들렸다.

　마침내 피니스테라가 내 앞에 모습을 드러냈다. 안개의 베일이 살짝 걷힌 사이에 나는 벼랑 옆에 서 있는 그 표지석을 보았다. 가리비조개 그림 아래 쓰인 '0'이라는 숫자. 그 '0'이 바로 내 앞에 현현顯現한 하나님이었다. 형상도 색도 모두 지워져 하나인 그 압도적 무념무상. 그것은 모든 생성의 기원이면서 동시에 모든 소멸의 마지막 얼굴이었다.

　등대가 있는 절벽 끝에 너무나 소박한 나무십자가가 하나가 안개의 옷을 입었다 벗었다 하며 서 있었다. 하나님께서는 그 이상 더 무엇을 인간에게 보여주실 수 있을까. 깎아지른 바위틈에 무언가를 태워 검게 그을린 자국도 있었다. 못 버려서 끌어안고 있던 것들 ─ 헤어진 연인의 사진, 갑자기 먼저 가신 부모님 사진, 아끼던 장신구 등, 마음의 애련의 원인이 된 것들을 불태운 자리였다.

　나는 나 자신이 아주 소박한 나무십자가가 되어 거기에 그렇게 서 있는 것처럼 느껴졌다. 거기 있는 것만으로도 시원始原의 고요와 하나 되는 충만함. 비어 있음의 충만함으로 내 영혼이 기뻐 노래하고 있었다. 나는 바로 이것을 만나기 위해 먼 길을 걸어왔다. 산티아고가 끝이 아니고, 그것이 오히려 화살표가 되어 내 안으로 열어놓은 길, 거기에 사랑이신 하나님이 계셨다!

　안개에 휘감긴 하얀 등대에서는 여전히 부웅─ 부웅 하는 소리가, 그 단조롭고 무심한 음조로 천지를 가득 채우고 있었다.

순례자가 태운 것은 사진도 편지도 아니다. 사랑 아니었던 것들이 연기로 사라졌을 뿐.

모자 이야기

우리는 상점들의 거리를 걷고 있었다. 어느 옷가게의 윈도를 들여다보느라고 발을 멈춘 사이에 치타는 저만큼 걸어가고 있었다.

"여기 들어가봐요."

치타는 내가 부르는 소리를 듣고 순순히 걸음을 되돌렸다.

"이 집에서 뭘 하나 살래요."

버리고, 잃어버려 입을 셔츠가 없었다. 우리는 안으로 들어갔다. 내가 행어에 걸려 있는 옷을 이것저것 뒤적거리고 있을 때 여종업원이 말했다.

"저 사람 너네 엄마니?"

"아니, 친구."

대답하고 나서 치타를 돌아보니, 종업원이 그렇게 볼 수도 있겠다 싶었다. 치타는 마치 손아래 동생이나 딸에게 옷을 사주려고 따라나선 사람처럼 좋으면서도 조금은 조마조마한 표정을 짓고 있었다. 그도 그럴 것이 내가 그녀의 비상금을 모두 빌려 쓰고 그것도 모자라 카드를 빌리자는 것이니 마음이 편치는 않을 것이다. 그런데도 치타는 맘속 모자 밑에 다른 말을 감추고 있는 것 같지 않았다. 그녀에게 폐가 되는 줄 알면서 내가 시침 뚝 떼고 카드를 빌릴 생각을 한 것도 그 때문이었다. 나는 짐짓 언니에게 하듯이 피트룸에서 옷을 입고 나와서 치타에게 물어보았다.

"어때요?"

"그것보다는 이게 어떠세요?"

나는 치타가 추천해주는 옷을 들고 다시 피트룸으로 들어갔다. 등이 따뜻했다. 치타의 시선이 뒤를 따라오는 것이 느껴졌다. 치타는 진정 내가 남에게 멋지고 예쁘게 보이기를 원하는 것이다. 그 마음을 따라주고 싶다.

피트룸에서 나온 나에게 치타가 선반 위에 있는 짙은 보라색 모자를 가리켰다.

"선생님, 저 모자 한번 써보세요."

나는 그녀가 가리키는 것을 종업원에게 보여달라고 했다. 모자를 쓰고 나서 치타를 향해 '어때요?' 하는 듯이 씽긋 웃어 보였다.

"괜찮네요. 그거 쓰세요."

거울을 보니 내 마음에도 쏙 들었다. 모자 값은 생각보다 비쌌다. 하

지만 나는 개의치 않았다. 치타가 좋아한다지 않는가! 드디어 모자 밑에서 우리는 같은 마음이 되었다. 치타는 카드를 꺼내 내가 산 청색 셔츠와 모자 값을 지불했다. 상점에서 나왔을 때 그녀가 슬쩍 안 보는 듯이 흐뭇한 눈길로 내 모자를 쳐다보는 것을 보고 내 마음도 흐뭇했다.

치타가 일찍부터 내게 모자를 사라고 권했을 때 그녀의 속마음을 알아봤어야 했다. 그러면 그녀의 마음을 덜 아프게 했을 것이다. 큰 도시, 파리나 마드리드 중심가를 활보하는 긴 부츠에 털코트 차림의 멋진 여성들 숲에서, 아무것도, 하나님도 안중에 없는 그녀들에게 그나마 눈에 뜨인 것은 이 모자가 아니었을까.

———

베트남을 경유한 비행기가 인천공항에 도착한 것은 19일 새벽 4시 무렵. 입국수속을 하고 짐을 찾고 나니 6시가 조금 지난 시각이었다.

"선생님 만 원만 빌려주세요."

사실 내게 있는 한국 돈은 만 원짜리 한 장뿐이었다. 그리고 달러가 몇백 불 있었다. 두말 않고 치타에게 돈을 건네었다. 차를 타러 가는 치타에게 손을 흔들고 나서 나는 고민에 빠졌다. 집에는 아무도 없으니 누구를 나오라고 할 사람도 없고, 카드가 없으니 돈을 찾을 수도 없고, 이 첫 새벽에 택시를 타고 백 달러를 내밀었다가는 욕먹을 것 같고…… 스페인에서 달러를 바꾸기 위해 찾아간 은행마다 모두 환전을 거절당했는데…… 생각해보니, 여기는 우리나라가 아닌가. 그제야 나는 집으로 돌아왔다는 것을 실감할 수 있었다.

두 달 가까이 까맣게 잊고 있던 집 열쇠를 찾기 위해 배낭 안에 들어 있던 물건들을 모두 꺼내서 대문 앞에 늘어놓았다. 그사이, 개들은 대문 틈에 발을 올려놓고 반가워하며 내가 안으로 들어오기를 기다리고 있었다. 배낭 속주머니에서 열쇠가 나왔다.

대문에 꽂아 넣은 열쇠가 맞물리면서 딸깍 소리를 냈다. 뜰로 들어서자 개들이 발을 세우고 달려들었다.

가는구나, 가는구나,
나와 함께한 인연들……

"잘 있었어? 잠깐 기다려, 맘마 줄게."

현관문 앞에서 다시 열쇠로 문을 열고 집 안으로 들어섰다. 집 안은 내가 있을 때보다 훨씬 청결하고 정돈되어 있었다. 개들에게 밥을 주기 위해 동생이 들를 때마다 청소를 한 것 같았다. 슬리퍼를 신는데, 한 번에 발이 꿰어지지 않았다. 발이 슬리퍼를 잊어버린 것 같았다. 배낭을 거실에 내려놓고 서재로 들어갔다. 책상에 앉아보았다. 손을 내밀어 서랍을 열어보고, 노트북을 열어보았다. 집으로 돌아온 것은 확실한데, 나는 내 것들 앞으로 다가가지지 않았다. 유언장을 쓸 때 이미 마음에서 내려놓은 상태에서 모든 것이 정지되어 있는 것 같았다. 그리하여 집 안에 있던 모든 것이 나에게 말하는 것 같았다. '너는 이전의 너가 아니야.'

나는 거실에 앉아 기도를 드렸다. '하나님, 이제 저의 길을 하나님 뜻에 맡기오니 인도해주시옵소서. 말씀하소서, 듣겠습니다.'

사실 루고를 지나면서부터 나는 엘리야 선지자를 계속 떠올리고 있었다. 엘리야에 대한 상념은 화살표 속의 또 다른 화살표였다.

엘리야 역시 내가 성경을 알기 전 콜린 윌슨의 『아웃사이더』를 통해서 그 이름부터 먼저 알았다. 스물한 살 때의 일이었다.

그 책 속엔 할리 그랜빌바커의 희곡 「숨겨진 생명」이 자세히 소개되어 있었다. 극중 중요 인물인 에반 스트로드는 매우 지적인 사람으로서 정치를 하다 은퇴를 했고, 그의 서자인 올리버 곤틀렛은 전쟁에서 팔 하나를 잃고 불구가 되었는데, 제대 후엔 사업가로 변신했다. 올리버는 에반이 원하기만 하면 얼치기 정치인들 사이에서 최고 권력을 잡을 수 있었음에도 그렇게 하지 않은 이유를 알고 싶어 한다. 희곡은 올리버가 에반과의 대화를 통해, 그가 세속적 성공을 멀리하고 삶의 진정한 의미(잃을 수 없는 최후적인 것)를 붙잡으려 했음에도 실패한 이유를 탐색하는 데 상당 부분 초점이 맞춰져 있다. 인물들의 대사를 군데군데 간추려보면 다음과 같다.

—

스트로드   권력의 환상에서 나를 구해주시오! 나는 옛날에 나의 잠재력을 잠깐 자각한 적이 있었소. 그렇지만 그 힘은 어떠한 외침에도 응하지 않았소.

조안   훌륭한 주의의 외침에도 응하지 않았단 말인가요?

스트로드   대의명분은 얼마든지 있소. 그것에 헌신하기 위해 그럴듯한 행렬을 만들고 있는 이른바 투사란 사람들, 아니면 다음에는 무슨 일이 일어날까 눈치껏 처신하며 몸을 사리고 있는 졸장부들도 대의명분을 들먹거리지요. 그것은 그들에게 있는 것이 아니오. 그것은 숨겨진 생명으로부터 샘솟는 것이오.

조안   (빈정거리며) 그 대신 먼저 신의 왕국을 구하세요. 그럼 다른 모든 것에 대한 욕망은 당신으로부터 사라질 테니까.

스트로드   신앙은 나하고 먼 이야기요. 나는 그것을 불만으로 생각지도 않고, 미덕이라고 생각하지도 않아요.

가는구나, 가는구나,
나와 함께한 인연들……

올리버 세속적 성공은 마음만 먹으면 간단한 겁니다. 그렇지만 에반은 어떤 대가를 치르더라도 사물의 핵심에 파고들려고 했던 거예요. 결국 그가 찾은 것은 사물의 겉껍질 또는 죽은 핵심이었어요. 그것을 인식한 자는 감히 그것을 입 밖에 낼 수 없는 그런 것이었지요.

올리버 '전쟁은 제발 그만' 하고 외치는 넌더리나는 사람들로부터 나를 구해주시오. 우리가 바라는 것은 진정한 파괴입니다.

조안 그러면 적은 어디에 있나요?

올리버 그것을 알았다면 이렇게 쓸데없이 앉아 있지 않아요. 그러나 우리는 아주 쉽게 거짓에 속지요. 군중과 타협하지 말아야 해요. 군중을 사랑한다는 것은, 지껄이고 잔소리하고 흐느끼고 기뻐 날뛰는 감상적인 술주정뱅이나 하는 짓이지요. 나는 군중을 증오할 수 있는 전사가 될 수 있어요. 하늘에는 규율이 있고……

—

스트로드 성경을 가져와주게. 확인하고 싶어. 아마도 열왕기상 19장이었다고 기억하는데…….

올리버 어느 구절인데요?

스트로드 여호와여 넉넉하오니 지금 내 생명을 취하옵소서 나는 내 조상들보다 낫지 못하나이다. 아주 근대적이며 진보적인 엘리야의 환멸을 잘 나타내고 있어. 왜 엘리야는 자기 조상들보다 훌륭하다고 생각했을까?

스트로드에게서 무너져버린 것은 동기動機이다. 세속적 삶의 태도는 이미 헛된 것으로 결론지어져 있고, 신 없는 인간의 비참함을 꿰뚫어보고 있지만, 잃을 수 없는 최후적인 것을 어디서 찾아야 하는지 알 수가 없다. 아니, 그 방법을 알 수가 없다.

그에게는 왜 하나님이 잃을 수 없는 최후적인 자리에 있지 않을까. '믿는다'는 것을 왜 자기 불성실로 여기는 것일까.

스트로드나 올리버가 열왕기에 등장하는 엘리야의 행적을 이해하려면 하나님이 실재적 존재로 믿어져야 한다. 성경은 계시를 입고 하나님의 존재가 믿어져서 순종한 사람들의 행적을 기록하고 있다.

아합 왕이 통치하던 시절. 하나님은 바알 신비의 신을 믿는 왕과 여왕으로 인해 백성들이 혼란에 빠진 것을 더 이상 두고만 보시지 않으셨다. 비를 내리고 우주 만물의 생육번성을 관장하는 권한은 오직 여호와 주 하나님에게만 있다는 것을 나타내 보이셔서 아합 왕의 잘못과, 헛된 길로 빠져든 백성들을 돌이키기 위해 엘리야의 입을 통해 오랜 가뭄이 시작될 것을 예언하게 하신다. 그리고 나서 엘리야를 그릿 시냇가로 숨게 하시고 '시냇물을 마시라 내가 까마귀들에게 명령하여 거기서 너를 먹이게 하리라' 하셨고, 가뭄이 시작된 뒤에 시냇물이 마르자 다시 '사르밧으로 가서 거기 머물라 내가 그곳 과부에게 명령하여 네게 음식을 주게 하였느니라'는 말씀을 주셨다. 엘리야는 그대로 순종했고, 하나님은 말씀대로 그릿 시냇가에 있을 때는 까마귀로 하여금 아침저녁 떡과 고기를 가져다주게 하셨고, 과부의 집에서는 통의 가루가 떨어지지 아니하고 병의 기름이 없어지지 아니하게 하셨다.

여기까지 보면, 순종은 엘리야에게 일상 삶이었다. 순종이 일상이 될 때에는 인간에게는 강력한 의지가 발동되지 않는다. 그 의지는 위기 때 드러나고 극한의 위기에 처할 때만 인간은 부르짖게 된다. 부르짖는 행위는 스스로 자의식의 고치를 찢는 행위로 이어지고, 동시에 하나님의 생생한 실재를 경험하게 한다. 줄탁동시啐啄同時의 이치다.

엘리야 선지자가 결정적 계시의 옷을 입은 것은, 과부의 단 하나뿐인 아들이 죽었을 때였다. 여인의 원망도 원망이지만, 엘리야 자신도 크게 낙담하여 하나님께 이렇게 부르짖는다.

"내 하나님 여호와여 주께서 내가 우거하는 집 과부에게 재앙을 내리사 그 아들이 죽게 하였나이까."

이 부르짖음에 응답하신 하나님은 그 이전 까마귀를 통해 음식을 가져다주게 하시고, 가난한 과붓집의 밀가루 항아리와 기름병에서 밀가루와 기름이 떨어지지 아니하게 하신 그 하나님보다 몇 배나 강력하게 그 실재를 드러내신다.

죽은 과부의 아들이 살아나게 하신 것이다! 이때 입은 계시의 힘으로 해서 엘리야는 완전히 선지자로 변화받는다. 하나님은 나중에 엘리야가 갈멜 산에서 백성들과 바알 선지자 450명과 아세라 선지자 400명 앞에서 "여호와여 주께서 이스라엘 중에서 하나님이신 것과 내가 주의 종인 것과 내가 주의 말씀대로 이 모든 일을 행하는 것을 오늘 알게 하옵소서" 하는 절체절명의 기도를 드렸을 때 불로써 응답하셨다.

그 응답에 힘입어 엘리야는 백성들로 하여금 엎드려 "여호와 그는 하나님이시로다"라고 회심하게 하는 한편, 바알 선지자들을 단 한 사람도 도망가지 못하게 붙잡아 기손 시내로 내려가서 칼로 남김없이 처단했다.

"여호와여 넉넉하오니 지금 내 생명을 거두시옵소서 나는 내 조상들보다 낫지 못하나이다" 하고 탄식한 것은, 그 일 후에 자객들의 추적을 피해 광야로 들어가 한 로뎀나무 아래 쓰러져 있을 때였다. 충복을 모두 잃어 복수심에 불타는 여왕이 자기 신 앞에서 엘리야를 죽이고야 말겠다고 선언했기 때문이다.

그는 자기 사환을 브엘세바에 떨어뜨려놓고, 혼자서 하루 내내 광야로 걸어들어갈 때부터 죽기를 소원했을 것이다. 두 신 사이에서 우왕좌왕하는 백성들에게 여호와 하나님의 존재를 확고히 하려는 선지자의 사명을 완수한 뒤에, 그 불꽃같았던 의지는 이제 그를 떠나갔다. 지칠 대로 지친 그가 혼자서 감당해야 하는 것은 450명의 생목숨을 칼로 처단할 때 죽어간 자들의 몸서리쳐지는 비명 소리와 베어진 목에서 분수처럼 치솟는 피로, 땅도 시냇물도 사람도 피로 물든 그 처참한 광경일 것이다. 하나님은 그를 괴롭히는 아비규환의 환영까지 없애주시지는 않는다. 그의 환멸은, 죽은 자나 살아 있는 자나 육체를 지닌 인간에 대한 비애와 연약함이 광기로 바뀌었을 때 분출하는 괴이한 힘을 자신 속에서 확인한 점이었을 것이다. 그 광기까지 하나님이 들어 쓰셨다는 것이 부끄러웠을 것이다.

이십대 때부터 나는 엘리야의 탄식을 성경구절보다 먼저 읊조렸다. 믿음이 없는 상태에서 보면, 엘리야의 환멸은 문학이 탐닉하기 좋은 독약이었다. 그토록 하나님께 크게 쓰임 받던 엘리야가 스스로 죽음을 소원하는 그 장면은 '하나님이 하라시는 일만 했는데 도무지 내 삶의 고난은 끝나지 않으니, 그래도 계속 믿고 순종해야 하는 겁니까' 하는 회의로 해석되기 때문이다.

13년이란 긴 세월 동안 성경공부를 했으면서 나는 하나님의 존재를 알고만 있었고, 믿지 않았던 것을 깨닫지 못했다. 자의식의 고치 안에 갇혀 있었기 때문이다. 자의식은 영혼을 가두고 있는 고치이다.

하지만, 마침내, 산티아고 가는 길 위에서 나는 성령을 보고 만지고, 위로부터 주시는 꿈을 네 번이나 받았다. 밖에서 내 고치를 찢어주셨던 것이다. 이제 내 인생에 허무는 없다. 성령의 터치 한 번에, 존재를 구성하는 원형질 — 감정, 생각, 의식 — 의 배열이 완전히 바뀌어버렸기 때문이다. 나는 의식적으로 노력하지 않아도 '영靈으로 살아지는' 것을 느끼고 있다. 이제는 '말씀이 육신이 되어 우리 곁에 오신 예수님'이 그대로 믿어진다. 성경에 쓰인 모든 말씀이 그대로 믿어진다. 이것이 은혜가 아니고 무엇이겠는가.

나는 이 은혜가 나에게는 주어지고, 스트로드즉 그랜빌바커에게는 왜 주어지지 않았는지 그것까지는 알 수 없다.

길을 걸을 때, 밤, 호두, 무화과가 지천으로 떨어져 있는 걸 보며 까마귀가 엘리야에게 물어다 주어 그를 살린 음식이 이런 것들이 아닌가,

하는 생각을 여러 차례 했다. 그것은 그냥 떠오른 생각이 아니었다는 것을 집에 돌아와서 서서히 알아가기 시작했다. 나는 집으로 돌아왔지만, 집은 나에게 그릿 시냇가였다.

앞으로, 하나님께서 나에게 어떤 소명을 주실 것인지 나는 알지 못한다. 다만 내 쪽에서 그 소명을 받들겠다는 결단을 하고 기다리고 있을 뿐이다.

겉보기엔 예전과 같은 일상이 되풀이되는 것 같았다. 아침에 일어나면 개들의 배설물을 치우고, 압력밥솥은 다시 수증기를 뿜어내고, 오디오에서는 늘 듣던 음악이 흘러나왔다. 그리고 전화가 오면 전화를 받았다.

"선생님 언제 오셨어요?"

"네, 며칠 됐어요."

"오늘 점심 같이 드시겠어요?"

"나중에요. 제가 40일간 묵상기도 중에 있어서요."

"어머, 그러세요? 그럼 끝나시는 대로 전화 주세요."

전화를 끊고, 나는 다시 오즈월드 챔버스의 『최고의 하나님을 위한 나의 최선』을 읽기 시작한다. 밑줄을 긋는다. 문득 창밖을 내다본다. 해가 기울고 있다. 그때 다시 전화 벨소리.

"조선일보 ○○○기자입니다. 금년에도 저희 신춘문예 심사 좀 해주세요."

"금년에는 제가 못 하겠네요."

가는구나, 가는구나,
나와 함께한 인연들……

"왜요?"

"제가 산티아고 갔다 와서 40일간 작정하고 묵상을 하고 있어서요."

"묵상하시면서 원고 보시면 되잖아요."

"미안해요, 정말 안 돼요."

전화를 끊고 나서 나는 한동안 자기 손바닥을 들여다본다. 그러고 나서 욕실로 가서 세수를 한다. 거울을 들여다보니 염색 시기를 한참 지난 머리카락이 거의 반백 상태이다.

'이제는 염색을 하지 말아야지.' 그러고 나서 또 문득 방으로 들어가서, 상자에 들어 있는 각종 액세서리를 모두 장롱 서랍 깊숙이 치운다. '이제는 손에도 몸에도 액세서리를 일절 하지 말아야지.'

(한 달 뒤 나는 이 액세서리들을 조카들과 가까운 후배들에게 다 나누어주었다. 뿐만 아니라, 좋은 옷들도 모두 장롱 깊숙이 집어넣었다. 그러고 나서 며칠 뒤 채원에게서 전화가 왔다.

"영은아, 언니가 니 꿈을 꿨대. 너네 집에 가서 장롱을 열어봤는데, 옷걸이에 좋은 옷들이 차곡차곡 걸려 있고, 그 밑에는 액세서리들이 하나하나 종이에 싸여 놓여 있더래. 좋은 꿈 아니니?"

"좋은 꿈은 맞는데, 니가 생각하는 그런 뜻은 아니야.")

이런 통화를 하고 나서 며칠 후, 또 다른 전화.

"선생님, 접니다. 24일 동리 선생님 시상식에 오실 거죠?"

"아뇨, 못 가요."

"왜요? 어디 편찮으세요?"

"이제 저를 좀 놓아주세요."

곧이어 또 다른 전화.

"문학사상입니다. 이상문학상 심사 때문에 전화 드렸어요."

"금년에는 다른 분을 시키셨으면 해요."

"다른 분 누구요? 그냥 선생님이 해주세요."

"정말 죄송해요."

"정말 안 되시겠어요?"

"네."

치타에게서 유로화로 빌린 돈을 한국 돈으로 환산해보니 무려 250만 원이 넘는다. 그것을 송금하고 나니 마이너스 통장까지 바닥을 드러낸다. 슬그머니 걱정이 되어 엘리야가 그릿 시냇가에 있을 때 하나님이 어떻게 하셨는지 성경을 펼쳐본다.

'내가 까마귀들에게 명령하여 거기서 너를 먹이게 하리라/ 까마귀들이 아침에도 떡과 고기를, 저녁에도 떡과 고기를 가져왔고 그가 시냇물을 마셨으나'

내 삶의 자리가 그릿 시냇가가 되어서야, 까마귀가 엘리야에게 물어다준 것이, 산에 뒹구는 밤이나 호두가 아니라 '떡과 고기'라는 사실로 믿어지면서, 다시 한 번 내 합리적 사고의 틀이 호두 껍데기처럼 탁 깨어졌다.

그런데, 위기에 처한 것은 엘리야가 아니라, 가뭄이 시작되었으나 그것이 하나님께로부터 시작된 줄 모르는 세상이었다.

청담동의 한길 교회에서 목사님의 설교 중에 그 일이 일어났다. 처음에 나는 왜 자꾸 눈물이 나는지 알지 못했다. 그러나 이내 깨달았다. 조카 때문이었다. 나는 조카와 동생을 너무나 오랫동안 빚쟁이로 생각해왔다. 그들이 하나님의 수족이 되어 나를 훈련시켜왔다는 것을 깊이 느끼고 나니, 내 동생 내 조카가 너무나 가여워서 참을 수 없이 눈물이 쏟아졌다. 설교 중에 나는 입을 틀어막고 밖으로 나와 한참 동안 북받치는 슬픔을 가라앉히고 다시 들어가서 예배를 마쳤다.

나는 목사님에게 동생의 전화번호를 주고, 내가 이제 조카를 빚의 사슬에서 풀어주겠다는 말을 대신 전해달라고 부탁드렸다. 앞으로 노후를 어떻게 살아갈 것인지, 집 두 채를 그렇게 허무하게 날릴 수 없다든지 하는 생각은 전혀 없었다. 설사 그로 인한 데미지를 앞으로도 계속해서 내가 감당해야 한다고 해도, 그 짐은 바로 내가 그리스도와 연합한 뒤 기꺼이 지는 첫 번째 짐이 될 것이다. 그러고 나니 정작 족쇄에서 풀려난 것은 나 자신이라는 것을 알게 되었다. 마음이 날아갈 듯 가벼웠다.

잠시 중단했던 성경공부를 1월 17일부터 다시 시작했다. 그 성경공부는 지난 13년 동안 이영자 여사가 주도하시다 박태기 목사님께로 바통을 넘기신 뒤 다시 3년이 더해졌는데, 나는 그저 장소를 제공하는 보조역할에 머물러 있었다.

그러나 이제는 내가 주최가 되어 하나님 일을 하고 있다는 마음가짐으로 집 전체를 작은 선교원처럼 가꾸겠다고 결심했다. 그와 동시에 내 마음에서나, 집에서나 김동리와의 인연을 다시 한 번 정리하는 뜻에서 내가 가지고 있던 김동리 관계 문학자료들, 그로부터 유산으로 받은 모든 것을 내가 믿는 분에게 한국근대문학관을 짓겠다는 조건으로 기증했다.

어느 날 산책을 하고 들어와서 보니, 집 안에 무엇이 너무 많이 걸려 있었다. 의자를 이 방에서 저 방으로 옮겨가며 벽에 걸려 있는 것을 떼어내다 보니 괜히 웃음이 자꾸 나왔다. 그래서 옆에 있는 강아지 귀동이를 보고 '귀동아, 하나님, 정말 오묘한 분이지, 그치.' 하고 말하고 나니 혼자 괜히 웃을 이유가 분명해진 것 같았다.

2009년 2월 서울
다 시 사 랑 앞 으 로 돌 아 오 다

40일간의 묵상기도를 끝내고 나서 외출을 처음 했다. 그 자리는 S신문 문화부장과 평론가 K씨를 만나는 자리였다. S신문은 심사 자리에서 나에게 자기를 성찰할 기회를 제공했던 바로 그 신문이었고, 문화부장은 나의 돌출행동을 지혜롭게 풀어나간 바로 그 인물이었다. 장소는 강남에 있는 어느 레스토랑이었다. 옆자리에서는 이른바 강남족이라는 젊은이들이 활기차게 웃고 마시고 있었다.

나는 두 사람 앞에 앉자마자, 서슴없이 말했다.

"손 좀 내밀어주세요."

두 사람은 마치 천진한 어린아이들처럼 다소곳이 손을 내밀었다. 나는 그 자리에서 두 사람을 위해 축복을 비는 기도를 했다. 그 기도야말로, 40일간 걸어서 산티아고에 다녀온 뒤 다시 40일 외출을 끊고 묵상기도 끝에 깨끗한 빈 파이프가 되어 하나님과 두 사람 사이에 중개자가된 자리였다. 뿐만 아니라, 내가 세상에 태어나 누구를 위해 소리 내어 기도를 드린 최초의 자리였다. 아마도 두 사람은 하나님 보시기에 그런 축복을 받을 만한 이유가 있었던 모양이다. 만약 두 사람이 '에이 쑥스럽게 무얼……' 하고 손사래를 쳤더라면 그들은 그 축복을 놓쳤을 것이다. 또는 내가 평소에 그다지 가깝지 않은 평론가 K씨를 다소 어려워해서 몸을 사렸어도 두 사람은 싱싱하고 따끈한 축복을 놓쳤을 것이다.

두 번째 외출은 미국에서 오신 잭슨 목사님을 위해 이영자 여사가 집에서 마련한 저녁식사 자리였다. 잭슨 목사님은 영성이 맑아서 예언도 하시고 치유은사가 강력하신 분이었다. 그분의 기도를 받고 휠체어에 앉아 있던 환자가 벌떡 일어나는 것을 내 눈으로도 보았다.

그 자리엔, 길 떠나기 전 나를 위해 기도를 해주신 백박사님, 정장로님도 초대되어 자리를 함께하고 계셨다. 식사 후 잭슨 목사님이 한 사람씩 기도를 해주셨다. 내 머리에 손을 얹고 해주시는 기도가 전부 예언이었다. 그 예언에 의하면, 내 영혼이 우주로 열려 예언을 하는 예지력을 가지게 될 것이고, 교회의 거짓됨을 정화精華, 바로잡는 일을 할 것이며, 이전에 알던 사람들이 아닌 새로운 사람들을 만나게 될 것이라고 했다.

내게 축복권이 있다는 얘기는 이미 3년 전에 들은 적이 있지만, 예언은사가 임할 것인지는 아직 알 수 없다. 이전에 알던 사람들은 약속이나 한 듯이 잠잠한 데 비해, 오래 소식을 알지 못했던 사람들이 전화를 해서 그동안 어렵게 지낸 사연을 스스럼없이 털어놓곤 했다. 그때마다 나는 즉각 나가서 그들을 만나 함께 기도를 하고, 가는 길 오는 길에서도 힘들어 보이는 사람을 보면 그들의 등 뒤에 대고 기도를 했다.

저절로 그렇게 되는 것을 보니, 꿈에서 어머니가 자주색 예복을 내게 입혀주시지 않고 땅에 쫙 펼쳐놓은 이유를 조금씩 알 것 같다. '이제부터 네 마음을 사람들이 밟고 다닐 수 있는 바닥에 깔아라.'

지금쯤 영혼세계의 비밀을 샅샅이 터득하신 어머니는, 내가 왜 인간적 감정에 매이지 않으려고 발버둥쳤는지도 아실 것이다. 이제는 한두 사람에게 매이는 사랑보다 이웃, 민족, 인류애를 실현하는 사람으로 살아가도록 어머니가 먼저 길을 닦아주신 것이다.

다른 한편으로, 까마귀가 물어다주는 양식처럼, 이 기간에 내게 날아와 너무나 달게 읽힌 책이 있다. 이연학 신부의 『성경은 읽는 이와 함께 자란다』라는 제목의 책. 이 신부의 책은 그녀가 보내온 것이었다.

나는 집으로 돌아온 뒤에도 그녀에게 전화를 하지 않았다. 묵상기간이 끝난 뒤, 가끔씩 전화기를 들까 하다가도, 이전의 내가 더 이상 아닌 상태에서 그녀를 어떻게 대해야 할지 알 수 없어, 전화도 만남도 계속 망설이고 있는 상태였다. 나는 그녀뿐만 아니라 이전에 알던 모든 인연에 대해, 끊어질 인연인지 이어갈 인연인지 그쪽이 선택하도록 기다렸다. 표면적으로는 '그쪽'이라 하지만, 그것 역시 하나님 뜻에 의해 가닥이 잡힐 것이라고 믿는 터였다. 그런데 그녀 쪽에서 먼저 '돌아온 줄 알고 있어요. 또 당분간 혼자 지내고 싶은 마음도 알고 있어요. 조용히 지내는 동안 이 책을 한번 읽어보세요' 하는 듯이, 불쑥 책을 보내왔던 것이다. 그 시기와 책의 내용이 너무도 절묘해서 나는 하나님이 내 독서까지도 개입을 하신다는 생각이 들었다.

어쨌든, 그녀는 나에 앞서 우리가 앞으로도 '이어갈 인연'이라는 신호를 보내온 것이다. 얼마나 감사한 일인가. 한때 마음을 다 주었던 사람과의 관계가, 같은 하늘 아래 살고 있음에도 더 이상 상관하지 않는 관계로 바뀐다면 참으로 쓸쓸하고 가슴 아플 것이다.

어느 날이었다. 그녀에게서 전화가 왔다. 명동성당에서 아주 특별한 미사를 거행하니 같이 미사를 드리고 점심을 하자는 제안이었다. 이제는 내가 그녀에게 어떤 신호를 보낼 차례였다. 어떻게……?

자주 만나던 시절 우리는 서로 많은 선물을 주고받았다. 그녀가 나에게 준 선물 중에는 그녀의 어머니가 아끼던 브로치가 있었다. 자기도 그 브로치를 무척 아끼면서도 그녀는 그것을 나에게 주었다. 나 또한 그 브로치를 물건 이상의 의미를 담아 귀하게 여겼다. 그녀와 소식을 끊고 지내는 동안 그 브로치는 그녀와의 많은 아름다운 시간을 생각나게 하는 동시에 상실의 아픔을 되새기게 했다. 이제 나는 그것을 그녀에게 돌려줌으로써 지난 세월 애통했던 기억의 매듭을 끊고, 그리스도 예수 안에서 한 형제자매 된 마음자리에서 새로운 관계를 맺고 싶었다. 나는 그것을 상자에 넣어 포장하기 전에 돌아가신 그녀의 어머니와 그녀를 위해 기도했다.

명동성당 올라가는 언덕길에는 올라가는 사람, 내려오는 사람 들이 길을 가득 메우고 있었다. 이런 데서 그녀를 쉽게 찾을 수 있을까 하는 생각으로 위를 쳐다보는 순간, 환하게 웃는 그녀의 얼굴이 사람들 사이에서 나를 마중하고 있었다. 그 웃음은 이제까지 우리의 만남에서 한 번도 보지 못한 크고 밝고 깨끗한 웃음이었다. 뿐만 아니라, 그녀는 내가 다가가자, 아무 스스럼없이 팔짱을 끼었다. 길을 가다가 문을 여닫고 지나가면 새 길을 다시 걷는 것 같았던 일이 인연의 길에서도 생긴 것이다. 그녀는 내가 크게 변해서 나타날 자리에 어느새 먼저 가서 기다리고 있었던 것처럼 나를 맞이했다.

'그렇다면, 이게 뭐야, 나는 실컷 죽을 고생 하고 걸은 뒤에야 간신히 얼굴에서 수건을 떼어냈는데, 자기는 언제 고난당하는 기척도 없이 그 자리에 가 있는 거지?'

속으로 중얼댔지만, 내 옆구리에 닿는 그녀의 체온은 이 세상 무엇과도 바꿀 수 없는 따뜻한 선물이었다. 참으로 먼 길을 돌아 다시 사랑 앞으로 돌아온 것이다.

기쁘고 행복하다.

세상에서 가장 그윽하고
성스러운 길

모든 길은 누군가 지나간 방향입니다.

특히 '산티아고 가는 길'은 800년이란 기나긴 세월 동안 수많은 사람들이 걸어서 지나간 경이로운 방향입니다.

지금 이 순간에도 이 길은 세계 각지에서 수많은 사람들이 걷기 위해 모여드는 방향이 되고 있습니다. 그것은 과거에도 그랬고, 현재에도 그렇듯이, 미래에도 그럴 것입니다. 그렇다면 도대체 무엇 때문에 이 방향으로 걸어가기 위해 사람들은 끊이지 않고 모여드는 것일까요. 순례객이라고 이름하는 이 사람들은 이 길에서 무엇을 만나고 어디에 이르는 것일까요.

2008년, 당시 저는 이미 적지 않은 나이로, 이루었다 할 것은 없어도, 이루기 위해 분투한 노력이 참으로 헛되었다는 것을 뼈저리게 알 만큼 충분한 세월을 살았습니다. 설사 누군가 세계적으로 독보적 존재가 되어 부와 명성을 얻었다 하더라도, 그 역시 어느 날 생의 무자비한 진실과의 대면을 피해갈 수는 없을 것입니다. 그 쓰라린 깨달음의 공허한 자리를 채워주는 영원한 생명성, 본질적 위안을 어디에서 찾을까요? 사실 하나님을 만나기 전에는 어디에도 없습니다, 인간이 이룬 것에는……

제가 '산티아고 가는 길' 순례에 나선 것은 오직 신앙적 이유 때문이었습니다. 성경공부를 통해 잃을 수 없는 결정적인 것을 믿게 되었지만, 살아온 습관의 타성 때문에 여전히 헛것을 좇는 어리석음과 단절하지 못하는 자신을 극極으로 내몰아, 비본질적 생각, 감정, 뜻을 버리어내고 싶었습니다.

물론 모든 사람들이 저와 같은 소망 때문에 산티아고를 향해 길을 떠나는 것은 아닙니다. 하지만 그가 무슨 소망을 품었든 간에 이 길은 그에게 반드시 해답을 줍니다. 왜냐하면, 걷기와 화살표가 그 비밀의 열쇠이기 때문입니다.

이 책은 제가 품었던 소망이 이 길을 걷는 동안 어떻게 이루어져 가는지, 그 실시간의 변화와 묵상의 기록입니다. 노란 화살표 하나하나를 따라, 걸어서 이르러야만 '산티아고'를 만납니다. 그 산티아고는 야고보의 무덤이 발견된 지역, 사도를 기념해 지은 성당이 아니라, 비본질적 요소들을 말끔히 벗어버린 우리 자신, (그가 그것을 간절히 소망했다면) 이전의 내가 아닌, 그리스도를 닮은 '나 자신'입니다.

지금의 저는, 나를 산티아고에 닿게 해준 수많은 화살표, 그 헌신의 징표에 엄청난 빚을 졌습니다. 이 빚을 갚는 방법은 한 가지, 저 자신이 또다른 화살표가 되어 뒤따라오는 사람들에게 방향이 되는 것입니다. 이 방향만이 바로 '내가 길이요, 진리요, 생명이니, 나로 말미암지 않고는 누구도 천국에 갈 자가 없다'고 말씀하신 그 으뜸 화살표에 이르게 해줍니다.

이 책이 2009년 '문학동네'에서 출간되었을 때는 여행에세이 성격으로 알려졌습니다. 그러나, 제가 이 책을 쓰게 된 동기는 세상에게 깊이 절하며, '아멘' 하고 싶은 마음 때문이었습니다. 독자들은 부디 저의 절, '아멘'을 받아주시어 제 빚을 탕감해주시기를 바랍니다.

세상에게 깊이 절하며
서영은

도움 주신 분들

백성기 이영자 정영만 강금실 김수연 이난호 신영철 방현희 박경란 김갑덕
김아진 백화민 장혜옥 박강월 진중선 한 순 여진숙 조용호 박태기 이은경

원미원 김옥남 김민경 서보열 김은혜 마유미 김명희 김킬호 이명신 이시연
라미진 변현주 김지연 김시영 조원영 어현기 박상대 박상의 이상도 이영권
권영주 김민애 김귀숙 유인숙 윤영옥 윤경희 김정야 윤관숙 윤명옥 고성숙
강진하 김정연 서옥진 박요한 김동혁 임성규 김근화 강태형 염현숙 이연실
정중모 강희진 조혜정 고윤희 박소희(無順)

노란 화살표 방향으로 걸었다

초 판 1쇄 발행 2013년 4월 22일
초 판 2쇄 발행 2016년 12월 20일
개정판 1쇄 발행 2019년 7월 25일
개정판 2쇄 발행 2021년 3월 22일

지은이 서영은
펴낸이 정중모
펴낸곳 열림원
등록 1980년 5월 19일(제406-2000-000204호)
주소 경기도 파주시 회동길 152
전화 031-955-0700
팩스 031-955-0661
홈페이지 www.yolimwon.com | 이메일 editor@yolimwon.com
페이스북 /yolimwon | 인스타그램 @yolimwon

ⓒ 서영은, 2013, 2019

ISBN 979-11-7040-003-5 03230